개정판

장애아통합보육론

정민정 저

태영출판사

머리말

장애란 불편하고 힘든 삶을 뜻하는 것이 아닌 각 개인의 다름의 차이를 인정하는 것임을 알고 아직도 만연하고 있는 장애와 장애인에 대한 편견이 하루빨리 없어지는 그래서 이 세상의 모든 사람들이 진정한 행복을 누릴 수 있는 사회가 되기를 소망하면서 서문을 열어 본다.

장애아동들은 특별한 장소에서 보호와 교육을 받아야 한다는 것이 특수교육에 대한 종래의 지배적인 인식이었으며, 아직도 많은 보육시설과 특수시설들이 비장애아동과 분리된 형태로 운영되고 있다. 결과적으로 이와 같은 분리교육은 장애아동에 대한 사회적 편견을 초래하였다. 그러나 최근에는 장애아동이 비장애아동과 같이 교육받고 생활하는 것이 바람직하다거나 당연한 권리라는 주장이 설득력을 얻어 가고 있으며, 통합보육의 효과와 그 중요성에 대한 인식과 관심도 높아지고 있다. 이에 따라 통합보육을 받고자 하는 장애아동의 수도 매년 증가하고 있다.

통합보육에 대한 관심은 1994년 특수교육진흥법(현 장애인 등에 대한 특수교육법)의 개정으로 일부 제도화되었으나, 아직도 제도적 · 행정적 지원과 사회적 관심은 미흡한 실정이다. 특히 우리 사회의 부정적인 장애인관과 태도, 교육현장, 비장애아동 부모의 장애아동에 대한 선입견과 관심의 부족, 회피 등이 이를 더욱 어렵게 만든다.

따라서 이 책은 장애통합의 이해와 통합의 변화, 장애통합의 정도 그리고 장애통합의 실천영역 전반에 걸쳐 기본적 준거 틀을 제시하고자 했으며, 예비 장애통합교사를 포함하여, 일반 보육교사 및 시설장 등 보육현장에서 활용할 수 있도록 구성하였다. 특히 장애관련 과목들을 이수해야 하는 사회복지와 아동복지과 등의 사회복지전공자 및 관련 학생들에게 도움이 될 수 있도록 하였다.

이 책은 총 6개 부분으로 나누어져 있으며, 제 1장은 장애아동에 대한 개념과 발달특성에 관한 내용으로 구성되어 있고, 제 2장은 통합보육이 무엇인지, 왜 필요한지에 대한 전체적인 통합보육에 대한 배경과 통합보육의 효과에 대한 내용으로 이루어져 있다. 제 3장은 통합보육을 하기 위한 요건과 통합을 하기 위한 준비 등 통합보육의 과정과 통합유형에 대해 설명하고 있으며, 제 4장은 통합보육의 핵심이라고 할 수 있는 개별화교육프로그램(IEP)의 개념과 구성요소 및 절차에 관해 제시하고 있다. 제 5장은 통합보육을 지원하는 가정지원과 치료교육 서비스에 대한 내용으로 구성되어 있으며, 마지막 제 6장은 앞으로의 통합보육의 전망과 과제 및 발전방안에 대해 제시하고 있다.

본 저자는 이 저서를 집필하면서 많은 시간과 노력을 아끼지 않았으나 그럼에도 불구하고 미진한 부분이 많은 것 같아 아쉬움이 많이 남습니다. 이러한 미흡한 부분에 있어서는 앞으로 계속 수정, 보완할 것을 약속드리며 더 많은 관심과 사랑으로 이해해 주셨으면 합니다.

'장애아동이 행복하면 모든 아동이 행복하다'라는 말을 늘 가슴에 담고, 하루빨리 이 땅 구석구석 어디에서도 더불어 생활할 수 있는 완전통합이 실현되는 그 날까지 열심히 최선을 다 해 끊임없이 연구하고 실천할 것을 오늘도 다짐해 봅니다.

마지막으로 이 책이 세상에 나오기까지 물심양면으로 애써 주신 태영출판사 김현태 사장님과 오세복 선생님을 비롯한 편집부 직원 여러분께 깊은 감사를 드립니다.

2009년 12월

한 해의 마무리를 하며 연구실에서
정 민 정

차 례

제1장 장애아동의 이해 — 9

1. 장애아동의 개념 …… 11
2. 장애아동의 유형과 발달특성 …… 13
   1) 시각장애아동 …… 15
   2) 청각장애아동 …… 18
   3) 언어장애아동 …… 21
   4) 지체장애아동 …… 23
   5) 지적장애아동 …… 26
   6) 자폐성장애아동 …… 29
   7) 학습장애아 …… 31

제2장 통합보육의 이해 — 35

1. 조기중재 …… 37
   1) 인간발달의 원리로 본 조기중재의 중요성 …… 37
   2) 조기중재의 접근방법들 …… 39
   3) 조기중재를 위한 발달평가 …… 41
2. 통합보육의 개념과 원칙 …… 42
   1) 통합보육의 개념 …… 42
   2) 통합관련 용어의 변천 …… 44
   3) 통합보육의 원칙 …… 46
3. 통합보육의 필요성 …… 46

4. 통합보육의 배경 ········ 49
5. 통합보육 정책 ········ 52
1) 미국 ········ 52
2) 영국 ········ 56
3) 호주 ········ 58
4) 일본 ········ 59
5) 우리나라의 통합보육 정책, 법, 제도 ········ 62
6. 통합보육의 목표 ········ 65
1) 신체활동의 기초기능과 조정능력을 갖게 한다. ········ 65
2) 기본적인 신변처리 능력을 갖게 한다. ········ 65
3) 기본적인 생활용어 이해와 자기 의사표현을 할 수 있게 한다. ········ 66
4) 주변 환경에 관심을 가지고 자신의 감정을 긍정적으로 표현하는 태도를 기르게 한다. ········ 66
5) 단체생활에 적응하는 태도를 갖게 한다. ········ 66
6) 사물을 바르게 지각하고 변별하여 사물의 기본적인 속성을 구별하게 한다. ········ 67
7) 장애아동에게 통합보육의 기회를 조기에 제공하게 한다. ········ 67
7. 통합보육의 효과 ········ 67
1) 사회적 상호작용을 통한 효과 ········ 68
2) 놀이를 통한 효과 ········ 69
3) 모방을 통한 효과 ········ 70
4) 바람직한 인성학습을 통한 효과 ········ 71
5) 부모들에게 효과 ········ 71

제3장 통합보육 과정 ———— 73

1. 통합보육 요인과 통합을 위한 준비 ········ 75
1) 통합보육에 영향을 미치는 요인 ········ 75
2) 통합보육을 위한 준비 ········ 78
2. 통합교실 배치와 통합유형 ········ 84
1) 통합교실 배치 기준 ········ 84
2) 교실구성의 형태 ········ 86
3) 통합유형 ········ 88
3. 통합보육 과정 ········ 91
1) 사례 발견(case finding) ········ 92
2) 선별검사(screening) ········ 92
3) 진단(diagnosis) 및 사정(assessment) ········ 92
4) 개별화교육 프로그램 작성 ········ 93
5) 프로그램 평가 ········ 93

4. 통합보육 프로그램 ······ 97
1) 통합을 위한 적응프로그램 ······ 97
2) 일반 보육프로그램 ······ 99
3) 개별화교육프로그램(Individualized Educational Program; IEP) ······ 151
4) 장애아동 치료지원 보육프로그램 ······ 154

제4장 개별화교육프로그램 ······ 157

1. 개별화교육프로그램의 개념 ······ 159
2. 개별화교육프로그램의 구성요소 ······ 161
3. 개별화교육프로그램의 절차 ······ 163
4. 개별화교육프로그램의 작성 ······ 164

제5장 통합지원 서비스 ······ 199

1. 가족지원 및 가정 연계 ······ 201
1) 가족지원의 개념과 인식 ······ 202
2) 가족지원의 실행 ······ 203
3) 가정연계 프로그램 활동의 예 ······ 205
4) 가족지원의 발전 방안 ······ 207
2. 개별화가족지원계획 ······ 209
1) 개별화가족지원계획(Individualized Family Service Plan; IFSP) ······ 209
2) 개별화가족지원계획의 구성요소 ······ 211
3) 개별화가족지원계획의 원리 ······ 213
4) 개별화가족지원계획의 과정 ······ 214
5) 개별화교육프로그램과 개별화가족지원계획의 비교 ······ 217
6) 개별화가족지원계획의 발전 방안 ······ 219
3. 치료지원 교육 ······ 219

제6장 통합보육의 전망과 발전 방향 ······ 223

1. 통합보육 프로그램의 흐름 ······ 226
2. 통합보육의 문제 ······ 226
3. 21세기 장애아 통합보육의 과제 ······ 227

1) 통합보육 관련 인사들에 대한 전술적 요소 ······228
2) 통합보육을 위한 교육적 준비 틀 ······230
3) 장애통합보육을 위한 정책적 지원 ······231

부 록 ——— 233

1. 장애통합 관련 법과 정책 ······235
2. 장애통합 관련 양식 ······247
3. 장애통합보육시설 목록 ······260

♠ 참고 문헌 / 274

장애아동의 이해

제 1장

1. 장애아동의 개념
2. 장애아동의 유형과 발달특성

1. 장애아동의 개념

장애란 일반적으로 무엇인가를 할 수 있는 힘이나 능력의 부족을 의미하는데, 장애의 기준에 대한 변화를 살펴보면, 과거에는 장애의 기준을 신체적, 지적 결함의 정도에 두는 것이 일반적인 견해였다면, 근래에 와서는 오히려 일을 할 수 있는 능력과 가정생활 및 사회생활의 불편 정도 등으로 장애를 구분하는 것이 타당한 것으로 받아들여지고 있다. 즉, 장애개념에 대한 정의는 그 사회가 장애를 어느 정도로 인식하고 받아들이는가에 달려 있다고 할 수 있겠다.

세계보건기구(WHO)에서는 ICIDH(International Classification of Impairments, Disabilities, and Handicaps)을 발표하면서, '장애는 질병 등에 의한 손상과 손상으로 인한 기능저하, 이로 인해 파생되어진 능력장애 그리고 기능저하와 능력장애로 인한 사회적 불리를 포함하는 것'으로 장애의 개념을 정의하고 있는데, 이것은 단순히 장애가 신체적 특성만을 나타내는 것이 아니라 사회구조적으로 이해해야 하는 것을 뜻한다.

먼저, 손상(impairment)이란 심리적, 생리적, 해부학적 구조나 기능의 손실 또는 비정상을 의미한다. 손실을 포함한다는 의미에서 질병에 비해 더 포괄적인 개념이다. 손상의 특징은 일시적 또는 영구적 손실이나 비정상이 특징이며, 사지, 기관, 피부 또는 정신적 기능체계를 포함한 것으로 병리적 상태가 외재화 된 것을 의미한다. 즉, 일반타인이 개인의 어떤 비정상성을 인식했다는 것을 의미한다. 능력장애(disability)는 손상에 의해 야기된 것으로 인간의 활동을 수행하는 능력의 제약이나 결여를 뜻한다. 일상적으로 기대되는 활동수행 능력의 제한 및 행동의 과다 혹은 결핍이 특징이다. 즉, 개인적 차원에서 활동수행능력이 감소되었다는 것을 의미한다. 사회적 불리(handicap)는 손상이나 능력장애에 의해 야기되는 것으로 연령, 성, 사회문화적 요인에 따라 정상적인 역할의 수행을 제약 또는 방해하는 개인에 대한 사회적 불이익을 의미한다. 이러한 사회적 장애는 손상이나 능력장애가 사회화된 것을 의미하며, 동일한 연령의 다른 사람들에 비해 장애인을 상대적으로 불이익에

처하게 하는 상황들을 의미한다. 그러나 이러한 개념은 지극히 개인적이라는 비판과 함께 장애를 비극적으로 바라보게 한다는 지적이나 손상에서부터 시작되지 않는 장애는 사회적 장애에 어느 정도 한계를 갖는 정의라는 비판을 받아왔다. WHO는 이러한 한계를 보완하여 1997년에 ICIDH-2((International Classification of Impairments, activities, and participation :A manual of dimensions of disablement and functioning)를 발표하였는데, ICIDH-2에서는 장애를 기본적으로 환경과 개인이라는 상황적 요인을 포함한 장애개념을 채택하고 있으며, 개인이 접하게 되는 장애를 손상(impairment), 활동(activities), 참여(participation)로 구분하고 있다. 새로운 분류의 중요한 특징은 장애를 규정함에 있어 구분류(ICIDH)와 같이 질병이나 손상만을 전제로 하여 기능장애나 사회적 불리가 발생하는 것이 아니라 환경과의 상호적인 관계성 속에서 발생한다고 정의하여 보다 포괄적인 장애규정을 하고 있다는 점이다. ICIDH-2는 장애개념이 근본적으로 크게 확대되는 것을 의미하며, 여기에서는 개인뿐만 아니라 사회 환경 맥락이 더욱 강조되고 있음을 보여 준다. 이러한 측면에서 개인의 문제는 없으나 의도적인 따돌림이나 사회적 오명 등으로 적절한 사회적 관계에 제한을 받게 되는 경우에도 참여의 제한이라는 측면에서 장애가 될 수 있다.(정무성 외, 2006). 그리고 2001년에는 ICIDH-2의 장애에 대한 사회적 측면과 철학을 그대로 계승하면서도 장애에 대한 특성으로 개인적 측면과 사회적 측면 모두를 통합했다고 할 수 있는 ICF(International Classification of functioning, disability and health)를 발표하였다. 즉 이 개념에서는 건축물의 환경이나 장애에 대한 인식 등과 같은 장애의 사회적, 상황적 측면(환경적 요인)과 함께 성, 연령 및 대처방식 등과 같은 개인적 측면(개인적 요인)의 양 측면에서 장애를 가진 사람의 기능은 영향을 받는다고 정의내리고 있다. 즉, 개인의 기능은 신체의 기능과 구조, 활동, 참여 등으로 표현되며 이 세 가지 기능은 개인적 장애나 질병과 상황적 요인(환경적 요인)과의 상호작용에 의한 기능과 장애를 설명한다. 따라서 특정 영역에서 개인들의 기능 수준은 건강 상태와 상황적 요인의 상호작용의 결과라고 보는 것이다.

한편, 장애아동에 대한 개념은 한마디로 정리하기 어려우나, 미국의 전장애아교육법 개정안(Amendments to the Education for All handicapped Children Act, 1986)에 제시된 것을 보면, '적절한 진단도구와 절차에 의해 인지발달, 신체발달, 언어발달, 심리사회적발달, 신변처리 기술 영역 중 한 가지 이상에서 발달 지체를 보이거나 신체적, 정신적으로 발달 지체를 일으킬 높은 가능성을 지닌 것으로 진단 받은 아동'이라고 되어 있다. 즉, 장애아동이란 지적특성, 감각능력, 신경근육, 혹은 신체적 특성, 사회 혹은 정서적 행동, 의사소통능력, 복합장애 영역에 있어서 평균 또는 일반아동으로 벗어난 정도가 심하기 때문에 최대의 능력으로 발달시키기 위해 교육실제의 수정이나 특수교육 서비스가 요구되는 아동을 말한다(Kirk & Gallagher, 1994). 다시 말해서, 장애아동이란 정신적 특징이나 감각적 능력, 의사교환 능력, 사회적 행동, 신체적 특징 등에서 평균치와 다소 차이가 있는 아동을 말하며, 신체적 · 정신적 결함으로 인해 일상적인 생활환경 속에서 살아가는 데 다소 어려움을 겪고 있는 아동을 일컫는다.

2. 장애아 유형과 발달특성

장애아동을 조기에 발견하고 제때에 적절한 개입이 이루어지기 위해서는 발달상 장애를 가진 아동을 정의하고 그 특성을 이해하는 것이 필요하며, 그러기 위해서는 우선적으로 장애 유형별 분류기준이 마련되어야 한다. 장애아동에 대한 유형별 분류기준은 장애부위, 장애정도, 발생원인 등 장애에 부수된 신체적, 정신적 조건에 따라 다양한데, 미국 정신의학회에서는 이상행동의 체계적인 분류를 위해 DSM-Ⅳ(Diagnostic and Statistical Manual of Mental Disorders ; 정신장애의 진단 및 통계편람)라는 정신장애 분류체계를 마련했다. 이 DSM-Ⅳ는 장애아동에 대한 진단적 규준을 제공해 주는 가장 대표적인 분류체계로 활용되고 있다(오혜경, 정소영, 2003). 또 진단분류위원회에서 제공한 진단분류 : 0-3(Diagnostic Classification : 0-3)은 영유아기 정신건강과 발달장애의 진단분류를 위한 것으로 최근에 들어 영유아기 장애아동을 진단하고 평가하는 데 많이 사용되어지고 있다.

한편, 우리나라에서의 장애유형별 분류는 장애인복지법 시행규칙에서 정하고 있는 장애인 분류와 장애인 등에 대한 특수교육법 시행규칙에서 제시한 장애인 분류가 있는데, 이것을 비교하여 제시하면 다음의 표와 같다.

이 두 법을 비교하면 장애인복지법에서는 장애를 크게 신체적 장애와 정신적 장애로 구분하여 그 안에 다시 총 15가지 유형으로 분류하고 있고, 장애인 등에 대한 특수교육법(전 특수교육진흥법)에서는 장애인복지법에는 포함되지 않은 학습장애를 비롯하여 건강장애, 발달지체, 지체장애, 시각장애, 청각장애, 의사소통장애, 정신지체, 정서 · 행동장애, 자폐성장애 등 10가지 유형으로 분류하고 있다.

〈장애유형 분류〉

<table>
<tr><th colspan="4">장애인복지법(2003. 7. 개정)</th><th>장애인 등에 대한 특수교육법 (2008. 2. 개정)</th></tr>
<tr><th>대분류</th><th>중분류</th><th>소분류</th><th>세분류</th><th>분 류</th></tr>
<tr><td rowspan="12">신체적 장애</td><td rowspan="6">외부 신체 기능의 장애</td><td>지체장애</td><td>절단장애, 관절장애, 지체기능장애, 변형 등의 장애</td><td rowspan="2">지체장애</td></tr>
<tr><td>뇌병변장애</td><td>중추신경의 손상으로 인한 복합적인 장애</td></tr>
<tr><td>시각장애</td><td>시력장애, 시야결손장애</td><td>시각장애</td></tr>
<tr><td>청각장애</td><td>청력장애, 평형기능장애</td><td>청각장애</td></tr>
<tr><td>언어장애</td><td>언어장애, 음성장애, 구어장애</td><td>의사소통장애</td></tr>
<tr><td>안면장애</td><td>안면부의 추상, 함몰, 비후 등 변형으로 인한 장애</td><td>학습장애</td></tr>
<tr><td rowspan="6">내부 기관의 장애</td><td>신장장애</td><td>투석치료 중이거나 신장 이식받은 경우</td><td rowspan="6">심장장애, 신장장애, 간장애 등 만성질환으로 인한 건강장애</td></tr>
<tr><td>심장장애</td><td>일상생활이 현저히 제한되는 심장기능 이상</td></tr>
<tr><td>간장애</td><td>일상생활이 현저히 제한되는 만성, 중증의 간기능 이상
B형, C형 간염</td></tr>
<tr><td>호흡기장애</td><td>일상생활이 현저히 제한되는 만성, 중증의 호흡기기능 이상</td></tr>
<tr><td>장루, 요루장애</td><td>일상생활이 현저히 제한되는 장루, 요루</td></tr>
<tr><td>간질장애</td><td>일상생활이 현저히 제한되는 만성, 중증의 간질</td></tr>
</table>

장애인복지법(2003. 7. 개정)			장애인 등에 대한 특수교육법 (2008. 2. 개정)
정신적 장애	지적장애인(정신지체)	지능지수 70 이하	정신지체
	정신장애	정신분열증, 분열형 정동장애, 양극성 정동장애, 반복성 우울장애	정서 · 행동장애
	자폐성장애	소아기 자폐증	자폐성장애
			발달지체

여기에서는 우리나라 장애아동의 유형과 발달특성을 알아보기 위해 장애인복지법과 장애인 등에 대한 특수교육법에 나타난 모든 장애유형들 중 아동기에 적합하다고 생각되는 장애유형들 즉, 지체장애, 시각장애, 청각장애, 언어장애, 지적장애, 학습장애, 자폐성장애를 제시하고자 한다.

1) 시각장애아동

(1) 정의 및 분류

시각장애아동이란 시력, 즉 물체의 존재와 형태를 식별하는 시각 기능에 장애가 있는 아동을 말한다. Barraga(1983)에 의하면, 시각장애아동은 학습경험의 제시 방법, 사용 자료의 성격, 학습 환경 등이 수정되지 않을 경우, 최적의 학습과 성취가 방해될 정도의 시각 손상을 가진 사람으로 정의하고 있으며, 아동이나 성인 둘 다 시각장애의 유형은 크게 맹과 약시로 구분되어진다(박화문 외, 2001).

우리나라 장애인복지법에서는 시각장애의 기준을 ① 나쁜 눈의 시력(만국식시력표에 따라 측정된 교정시력을 말함)이 0.02 이하인 사람, ② 좋은 눈의 시력이 0.2 이하인 사람, ③ 눈의 시야가 각각 주시점에서 10도 이하로 남은 사람, ④ 두 눈 시야의 2분의 1 이상을 잃은 사람으로 구분하고 있으며, 장애인 등에 대한 특수교육법에서는 ① 두 눈의 교정시력이 각각 0.04미만인 자, ② 시력의 손상이 심하여 시각에 의하여 학습과제를 수행할 수 없고, 촉각이나 청각을 학습의 주요수단으로 사용하는 자, ③ 두 눈의 교정시력은 각각 0.04이상이나 특정의 학습매체 또는 과제의 수정을 통하여서도 시각적 과제수행이 어려운 자, ④ 특정의 광학기구 · 학습매체 또는 설비를 통하여서만 시각적 과제수행을 할 수 있는 자로 구분하고 있다.

(2) 발달특성

어린시기의 시각장애는 여러 각도에서 발달에 영향을 미친다. 시각장애아동은 공간 이동, 특히 보행에 제한을 받아 운동 기능이 뒤떨어지고 사회성 발달이 느리다. 그리고 정보 습득에 제한을 받아서 개념발달이 지체되는데 특히 추상적 사고를 요구하는 과제에서 뒤떨어진다. 반면에 촉각을 사용하여 물체를 인지하므로 이 부분이 발달되어 있으며 언어발달과 인지발달은 논란이 많지만 중복장애를 가지고 있는 경우가 아니면 정상아동과 큰 차이가 없으며 신체발달에서도 거의 차이가 없다(이소희 외. 2005).

1 운동발달 특성과 지도

시각장애아동은 발달의 초기인 감각운동기부터 운동성 발달의 지연을 보이기 시작한다. 정상적인 시력을 가진 아동들은 흥미 있는 물체를 보거나 잡기 위해 자연스럽게 몸을 움직이나 시각장애아동들은 시각적 자극이 결여되어 있으므로 손을 뻗거나 움직이려는 시도를 하지 않는다. 그리고 자세가 나쁘거나 보행패턴이 어색한 경우도 많다. 따라서 시각장애아동에게는 어려서부터 시각 자극을 대신할 다양한 자극을 통해 운동발달을 촉진하고 자연스러운 자세와 걸음걸이를 가질 수 있도록 지도하는 것이 중요하다(이소현, 박은혜, 2001). 또한 주변 환경에 대한 언어적 설명과 함께 촉각적 자극을 지속적으로 제공해야 하며, 달리기, 뛰어오르기 등과 같은 기본운동은 물론 수영, 축구, 야구 등을 시각장애아동의 요구에 맞게 적절하게 수정하여 지도해야 한다.

2 개념발달 특성과 지도

시각장애아동은 시각 이외의 다른 감각을 이용하여 지식을 습득하는 경우 청각이나 촉각을 통해 알 수가 없는 부분이 있기 때문에 종종 잘못된 개념을 갖게 되는 수가 있다. 따라서 시각장애아동의 지능은 일반아동의 지능에 비해 낮지 않으나 시각의 손상으로 인해 모방과 관찰의 기회가 없으며, 다른 감각에 의존하여 주변 환경에 대해 학습하게 되므로 사물의 영속성, 인과관계 등과 같은 개념발달이 일반아동에 비해 늦어질 수 있다. 즉, 시각 이외의 감각을 이용하여 정보를 얻을 경우, 해와 달, 별과 같이 만질 수 없는 것, 또는 만지는 것으로는 전체를 알 수 없는 산이나 강, 또 개미나 거미줄과 같이 너무 작거나 부서지기 쉬운 것 등과 같은 것은 정확한 개념을 습득하기가 어렵다. 그러므로 시각장애아동에게는 주변 환경에 대한 설명을 할 때 환경 속에 있는 다른 대상과 관련시켜 설명하거나 구체적이고 실제적인 경험을 시키는 프로그램을 통해 개념을 형성하도록 도와줘야 한다.

3 사회성발달 특성과 지도

대부분의 일반아동들이 시각적 관찰과 모방을 통해 자연스럽게 습득되는 사회적 기술들이 시각장애아동들에게는 발달하지 않을 수 있고, 사회적 상호작용을 시작하는 것과 유지하는 것이 어려운 경우가 많다. 특히 사회적 상호작용은 언어적 상호작용뿐만 아니라 눈 맞추기, 미소 및 얼굴표정 등과 같은 비언어적 상호작용과 주변 환경에 따라 대화의 내용이 변할 수 있는데 시각장애아동들은 이러한 비언어적 상호작용의 발달과 주변 환경의 인식에 한계가 있다. 즉, 친구의 관심이 어디를 향하고 있는지, 누군가가 자신에게 말하고 있는지 아니면 다른 사람에게 말하고 있는지, 또는 친구가 옆에 왔는지 떠났는지를 잘 알 수 없다는 것이다. 그래서 주위에 아무도 없을 때 말을 걸기도 하고 눈 맞추기 대신 팔을 툭툭 치기도 한다. 이렇게 시각 대신 신체적 접촉을 사용하는 것이 다른 아동들에게는 거부감을 주기도 한다(Kekelis & Sacks, 1992). 따라서 시각장애아동들을 지도할 때는 이러한 비언어적 상호작용 등에 대한 교육이 포함되어야 하며, 시각장애아동들은 손가락을 자신의 눈앞에서 움직이거나 양손으로 눈을 누르는 등의 자기 자극적 행동을 하는 경우가 많은데 이런 자기 자극적 행동을 하지 않도록 다양한 활동에 참여할 수 있는 기회를 제공해야 한다. 또 비장애아동들이 시각장애아동과 상호작용 하고자 할 때는 자신이 누구인지 밝히고 상호작용을 마치고 떠날 때도 말로 알려주도록 교육해야 한다. 그리고 시각장애아동들은 관찰과 모방을 통해 자연스럽게 습득되는 사회성 기술들을 구체적인 교육을 통해 배워야 하는데, 예를 들면 말할 때 상대방을 쳐다보기, 머리를 똑바로 들고 바른 자세 취하기, 말할 때 또래나 교사로부터 적절한 거리 유지하기 등이 이에 해당된다(이소현, 박은혜, 2001).

4 읽기, 쓰기, 듣기의 발달특성과 지도

시각장애아동들 중에는 점자를 읽을 수 있을 정도의 충분한 잔존시력을 가지고 있는 아동들이 있는데, 이들에게는 잔존시력의 정도에 따라 조명의 밝기, 글자의 크기, 대비의 정도, 시간, 거리 등의 요인들을 조정해 비장애아동들이 사용하는 점자를 읽거나 쓰도록 지도해야 한다. 또 점자를 쓰기가 어려운 아동들에게는 컴퓨터의 사용법을 익혀 비장애아동들과 정보를 주고받을 수 있게 해야 한다. 시각장애아동은 점자를 읽는 속도가 느리기 때문에 녹음 도서를 권장하기도 한다. 녹음도서는 점자를 읽는 속도보다 빠르므로 훈련을 통해 듣기능력을 향상시키도록 해야 한다. 저시력인 아동을 위해서는 잔존시력을 활용할 수 있도록 광학기구 즉, 교정렌즈 안경, 확대경, 망원경 등과 적절한 조명을 제공하고, 학습 자료를 확대해 주고, 어린이집에서 안전하게 혼자서 다닐 수 있도록 충분히 환경을 탐색하고 다닐 수 있는 기회를 제공해 주어야 한다.

2) 청각장애아동

(1) 정의 및 분류

청각장애아동은 소리를 듣는 청각기관이나 들은 소리를 해석하는 중추기관에 이상이 생겨 의사소통에 어려움을 겪는 아동을 말한다(남세진, 1992). 청각에 장애가 있는 아동들은 소리를 전혀 듣지 못하거나 어느 정도의 소리를 들을 수 있는 경우로 분류될 수 있는데, 일반적으로 농아와 난청아로 분류된다. 농아는 보청기를 착용하거나 착용하지 않은 상태에서는 말을 들어서 이해할 수 없을 정도(청력검사 결과 70dB 이상)로 청각에 장애가 있는 것을 말하며, 난청아는 보청기를 착용하거나 착용하지 않은 상태에서 말을 들어 이해하기가 불가능하지는 않으나 곤란한 정도(일반적으로 35-69dB 이상)로 청각에 장애가 있는 경우이다(이소희 외, 2005).

우리나라 장애인복지법에서는 청각장애의 기준을 ①두 귀의 청력 손실이 각각 60dB 이상인 사람, ② 한 귀의 청력 손실이 80dB 이상, 다른 귀의 청력손실이 40dB 이상인 사람, ③ 두 귀에 들리는 보통 말소리의 명료도가 50% 이하인 사람, ④ 평형 기능에 상당한 장애가 있는 사람으로 규정하고 있으며, 장애인 등에 대한 특수교육법에서는 ① 두 귀의 청력손실이 각각 90dB 이상인 자, ② 청력손실이 심하여 보청기를 착용하여도 음성언어에 의한 의사소통이 불가능 하거나 곤란한 자, ③ 일상적인 언어생활과정에서 청각의 기능적 활용이 불가능하여 일반인과 함께 교육받기가 곤란한 자로 구분하고 있다.

(2) 발달특성

청각이 손상된 아동들 중에는 어린이집이나 유치원에 입학한 후에야 장애가 발견되는 경우도 있고, 병이나 사고 후에 바로 청각장애를 일으키는 경우도 있다. 따라서 교사들은 아동이 청각에 이상을 나타내는 행동을 보이는지를 잘 관찰해야 한다. 예를 들어, 말하는 사람 쪽으로 머리의 한쪽을 돌린다거나 교사의 지시를 자주 반복해달라고 하는 행동, 언어발달의 지체, 질문에 대한 부적절한 반응, 귀가 아프다고 하는 것 등이 청각장애를 의심하게 하는 행동들이라고 할 수 있다(Schultz & Carpenter, 1995).

1 언어발달 특성과 지도

청력 손실이 언어발달에 미치는 절대적인 영향 때문에 언제 청각장애가 발생했는가는 매우 중요하다. 선천적이거나 언어 형성 이전인 1-2세 때에 청각장애가 발생한 경우에는 교육적으로도 심각한 영향을 받게 된다. 반면 어휘나 언어구조, 읽기능력 등이 어느 정도 갖추어진 10세경에 청각장애가 발생한 경우에는 지속적인 발전을 기대할 수 있다. 대개 농이거나 난청인 아동들은 취학 전에 언어발달에서 두드러진 지체를 보인다(Gatty, 1992).

청각장애아동은 언어발달에서 현저한 지체를 보이고 있는데 그 이유로는 아동

자신의 소리에 대한 피드백을 받을 수 없고, 성인의 언어 모델을 적절하게 들을 수 없으며, 성인으로부터 적절한 언어적 강화를 받을 수 없기 때문이다(Hallahan & Kauffman, 2000). 즉, 청각장애아동이 갖는 가장 큰 장애는 언어로 의사소통하기가 어렵다는 것이다. 또 말과 언어의 습득에는 청력 손실의 시기가 큰 영향을 미치는데, 특히 언어표현 능력이 생기기 이전에 청력이 손실되었을 경우는 구어(oral language) 기술 습득에 어려움이 많다. 그리고 들음으로써 자연스럽게 말과 언어를 습득하는 비장애아동들과는 달리 청각장애아동들은 직접 반복과 교정훈련 등을 통해 배워야 하기 때문에 말하기 능력이 굉장히 많이 떨어지게 된다. 농아는 다른 사람들의 목소리에 반응하지 못함으로써 약 9개월 정도가 되면 발달지체 현상을 보이기 시작하고, 심한 청각장애아는 정상아동에 비해 늦게 앉고 걸으며 발을 끌며 걷기에 서투른 모습을 보이기도 한다. 그러므로 청각장애아동은 보조기구의 사용과 특수교육을 통한 조기개입이 매우 시급하게 요구되며 언어와 관련된 지적 능력의 지체, 특히 읽기와 관련된 학업성취의 지체, 의사소통 능력의 결함으로 인한 사회적 적응 등의 문제를 경험하게 되므로 언어발달장애에 관한 집중된 훈련을 통해 개선되어야 한다(송준만, 유효순, 1990).

2 사회정서발달 특성과 지도

청각장애아동들의 사회 · 정서적 발달은 비장애아동들과 유사하다. 즉, 청각장애아동은 구체적인 감각적 경험에 의해 상호작용이 일어나는 영아기 때는 비장애아동과의 사회 · 정서발달에 큰 차이가 없다. 그러나 연령이 높아지면서 언어적 상호작용이 주를 이루는 시시가 되면 친구관계의 형성과 사회정서발달에 언어를 이용한 의사소통이 큰 역할을 하기 때문에 점차로 친구들과 관계를 형성하는데 어려움을 갖게 되며 친밀한 친구관계의 유지가 어렵게 된다. 특히 비장애아동은 주변에서 일어나는 일들 중에서 많은 부분을 들음으로써 자연스럽게 습득하는 정보가 많은데, 청각장애아동은 그러한 기회가 결핍되어 있거나 부족하기 때문에 비장애아동이 알고 있는 사회적 사건이나 내용을 이해하지 못하는 경우가 많다. 따라서 교사는 비장애아동들이 청각장애아동과 쉽게 의사소통할 수 있는 방법을 가르치고 청각장애아동에게는 비장애아동이 알고 있는 정보를 쉽게 습득할 수 있도록 노력을 기울여야야 한다. 교사는 청각장애를 보완해 주기 위해 소리를 증폭시켜 주는 보청기를 활용하고, 잔존 청력을 활용할 수 있도록 청능 훈련을 실시하고, 말소리를 내어 의사소통할 수 있도록 구화교육을 실시하거나 독화와 수화 같은 대안적인 의사소통 수단을 사용하도록 해야 한다.

③ 인지발달 특성과 지도

언어발달과 인지발달은 아주 밀접한 관계가 있다. 아동발달 초기에 언어발달은 인지 기반 위에서 이루어지며, 이후 인지발달은 언어발달에 의해서 지속적으로 발달할 수 있는 것이다. 특히 초기의 인지발달은 구체적인 감각적 경험에 의해서 이루어지나, 점차 연령이 높아지고 주변 환경이 확대되어 추상적 사고가 필요한 시기에는 언어발달의 제약은 인지발달의 제약으로 올 수 있다. 청각장애아동은 말을 가르치는데 보다 많은 시간을 들이고 있으며 구화교육을 받은 아동은 구화로 다른 교과학습을 지도받게 되므로 전달되는 정보를 충분히 습득하지 못할 수도 있다. 따라서 청각장애아동에게 구화뿐 아니라 그 아동에게 가장 적합한 의사소통 방법을 교육시키는 것이 매우 중요하다 하겠다.

3) 언어장애아동

(1) 정의 및 분류

언어장애란 아동의 말이 타인들로부터 바람직하지 못한 관심을 끌거나 의사소통에 방해가 되거나 사회적 관계와 대인 관계에서 문제를 갖게 하는 경우를 말하며, 말로나 몸짓으로 또는 쓰여진 형태로 언어를 표현하거나 이해하는 데 있어서 발달이 지연된 경우를 말한다. 언어장애아동 중에는 언어의 이해 또는 언어의 사용에 어려움을 갖고 있는 아동도 있고 언어발달지체를 경험하는 아동도 있다.

장애인복지법에서는 언어장애아동을 음성 기능 또는 언어 기능을 잃은 자, 음성, 언어만으로는 의사소통을 하기 곤란할 정도로 음성 또는 언어기능에 현저한 장애가 있는 자로 구분하고 있으며, 장애인 등에 대한 특수교육법에서는 조음장애,

유창성장애, 음성장애, 기호장애 등으로 구분하고 있다. 좀 더 구체적으로 살펴보면 특정 연령에서 기대되는 정상적인 언어발달 수준에 이르지 못하는 언어발달지체와 연령에 적합한 말을 하지 못하고 발음을 생략, 첨가, 왜곡 또는 대치하여 사용하는 조음장애, 특정한 음절의 반복과 발음의 연장으로 인해 언어의 유창성에 결함을 보이는 말더듬이와 같은 유창성장애, 목소리의 질, 높낮이, 크기에 있어서 결함을 보이는 음성장애, 그리고 기호를 사용하여 통신문을 명확하게 표현하고 전하고 이해하는 능력에 장애를 보이는 기호장애로 설명할 수 있다.

(2) 발달특성

언어장애아동이 공통적으로 보여주는 행동이나 심리적 특성은 없기 때문에, 특정 언어장애가 반드시 행동상의 문제를 수반할 것이라고 가정하는 것은 타당하지 못하고 아동의 개별적인 특성에 따라 사정되어야 한다. 그러나 언어장애는 일반적으로 타인과의 의사소통에 지장을 가져오기 때문에 사회성 발달에 부정적인 영향을 미치며 아동의 학업적 성취와 관련된 기술들에 광범위하게 영향을 준다. 특히 청각장애나 지체장애 등의 중복장애를 갖고 있는 아동의 경우에는 보다 다양하고 복합적인 문제를 경험한다.

언어장애아동들은 흔히 상대방으로부터 거절당하거나, 창피를 당하거나 열등감을 경험하게 되며, 심하게는 말을 제대로 하지 못한다는 이유로 벌을 받는 경험까지도 하게 된다. 이로 인해 많은 언어장애아동들은 낮은 자존감을 형성하게 되고 이러한 부정적인 경험들은 이들로 하여금 좌절감과 분노를 경험하게 하고 때로는 적대감이나 위축행동까지도 보이게 한다(Van Riper, 1978). 따라서 언어장애아동들을 위해 더 이상의 부정적인 경험을 하지 않도록 도와주고 상대방과 좀 더 성공적으로 상호작용 하는 방법을 학습하도록 전문가와 상의하며 지도하는 것이 바람직하다.

언어장애아동의 지도는 언어장애의 유형과 원인에 따라 다르지만 기본 원리는 첫째, 아동의 말에 관심을 기울이고 아동이 말실수를 하더라도 중도에 차단하거나 거들지 않고 끝까지 들어주어야 한다. 둘째, 말의 실수에 관심을 보이지 말아야 하며 아동이 말하고자 하는 내용에 관심을 보이는 것이 좋다. 셋째, 교사는 분명한 발음과 억양, 정확한 문법을 사용하여 아동의 모델이 되어야 하며, 아동의 필요를 예측하여 미리 말을 해 주어 아동이 말할 기회를 뺐지 않도록 해야 한다. 넷째, 심부름하기 등 다른 사람에게 정보를 전달하는 기회를 갖도록 해야 한다.

4) 지체장애아동

(1) 정의 및 분류

지체장애는 기능에 별로 지장을 초래하지 않는 천식과 같은 가벼운 것에서부터 통합이 곤란한 뇌성마비의 경우처럼 지속적인 신체적, 신경학적인 장애에 이르기까지 그 정도와 수준이 매우 다양하다. 즉, 지체장애는 유형이나 원인, 질환 등의 범위가 광범위하고 장애의 정도나 부위가 다양하여 엄밀하고 정확하게 정의하기가 매우 어렵다(오혜경, 정소영, 2003).

우리나라에서는 장애인복지법 시행령(2003)에서 지체장애를 '선천적 또는 후천적 원인으로 상 · 하지, 척추, 전신 등에 절단, 마비, 관절장애, 기형 및 변형 등이 있어 일상생활 동작의 수행에 불편이 있는 것 또는 원인에 관계없이 상지, 하지, 체간에 일부 또는 전신의 운동기능장애를 갖고 있는 것'으로 정의하고 6개월 이상이라는 기간을 명시하였다. 또 장애인 등에 대한 특수교육법에서는, 지체장애아동을 '지체의 기능 · 형태상 장애를 지니고 있고, 체간의 지지 또는 손발의 운동 · 동작이 불가능하거나 곤란하여 일반적인 교육시설을 이용한 학습이 곤란한 아동'으로 정의하고 있다. 이러한 정의들을 종합해 볼 때, 지체장애아동은 신체적 제한이나 건강상의 문제로 인해 일상생활 수행이나 학습에 어려움이 있고 특별한 보호가 요구되는 아동을 말한다.

지체장애는 크게 뇌성마비와 같은 신경계 이상, 진행성 근위축증, 골형성 부전증과 같은 근골격계 이상, 그리고 이분척수와 같은 선천성 기형으로 인한 경우로 구분할 수 있다. 장애인복지법에서는 ① 한 팔, 한 다리 또는 몸통의 기능에 영속적인 장애가 있는 사람, ② 한 손의 엄지손가락을 지골관절 이상의 부위에서 잃은 사람, ③ 한 손의 둘째손가락을 포함한 둘 이상의 손가락을 모두 제1지골관절 이상의 부위에서 잃은 사람, ④ 한 다리를 리스프랑(Lisfranc : 발등뼈와 발목을 이어주는) 관절 이상의 부위에서 잃은 사람, ⑤ 두 발의 모든 발가락을 잃은 사람, ⑥ 한 손의 엄지손가락의 기능을 잃은 사람 또는 한 손의 둘째 손가락을 포함한 둘 이상의 손가락의 기능을 잃은 사람, ⑦ 왜소증으로 인하여 키가 심하게 작거나 척추에 현저한 변형 또는 기형이 있는 사람, ⑧ 지체에 위 각목의 1에 해당하는 장애정도 이상의 장애가 있다고 인정되는 사람으로 구분하고 있다.

(2) 발달특성

지체장애아동의 현저한 특성은 운동발달의 지체이며, 이것으로 인한 행동반경의 제한으로 사회성 발달이 지체된다. 언어와 인지발달은 정상아동과 차이가 없으나 뇌성마비 아동의 경우는 전체 발달영역에서 지체를 보인다. 특히 뇌성마비는 영속적인 운동기능의 장애를 일으키는데, 근육의 약화와 무기력, 불수의적 동작, 경련, 자세의 불균형을 나타낸다(이소희 외, 2005).

1 운동발달 특성과 지도

지체장애아동은 신체의 일부를 상실했거나 근육이 마비 또는 위축되어 있어서 근육의 협응이 어렵고 비정상적인 운동패턴을 가지고 있다. 이러한 신체적 손상과 기능의 결함으로 인해 이동뿐만 아니라 대근육 및 소근육 운동을 요구하는 식사하기, 화장실 사용 등의 신변처리와 필기도구를 사용하는 것에 이르기까지 많은 어려움을 가지게 된다. 또한 과도한 근육의 경직, 지속적인 사지의 떨림, 근육의 협응과 걸을 때 몸의 균형을 잡는 데 어려움을 보일 수 있다. 따라서 교사는 지체장애아동의 신체 중 어느 부위에 어느 정도의 장애가 있는지를 정확하게 파악해야 하며, 아동 스스로 할 수 있는 것과 할 수 없는 것, 활동에 제약을 받는 것과 그렇지 않은 것, 도움을 주어야 하는 것과 주지 않아도 되는 것 등을 구분하여 아동이 스스로 할 수 있는 것은 스스로 할 수 있게 해 주어야 하며 아동에게 필요한 수정과 교정을 통해 가능한 모든 활동에 참여하도록 해야 한다. 또한 아동이 이동이나 자세잡기를 위해서 다양한 보조도구를 사용하면 보조도구의 사용법과 관리법을 알아 두어서 필요할 때 아동에게 도움을 주어야 한다. 그리고 지체장애아동은 근육이 마비 또는 위축되어 있거나 신체 일부를 상실하여 혼자 움직이는 데 있어서 어려움을 보이므로 휠체어, 목발, 교정기, 지팡이 등을 사용하여 이러한 어려움을 경감시킬 수 있도록 해야 한다. 그리고 신경 근육계에 이상이 있는 경우 정상적인 운동발달이 이루어지지 않아 발달속도가 느리거나 발달이 멈추는 경우도 있으므로 조기에 물리치료와 작업치료를 제공하는 것이 좋다(이소현, 박은혜, 2001).

2 인지와 언어발달 특성과 지도

지체장애아동은 언어나 인지기술 습득에서의 지체를 수반하는 경우가 많으며, 정신지체와 같은 기타 장애를 중복해서 보일 수도 있다. 장애의 정도가 매우 다양한 만큼 인지발달의 정도도 정신지체 수준의 아동부터 우수한 아동까지 매우 다양하다. 또한 대부분의 지체장애아동은 치료를 위해 병원에 장기 입원하는 경우가 많아 학업성취도가 떨어지는 경우가 많다. 따라서 아동의 인지발달수준을 고려하여 지도내용 및 방법을 달리해서 지도해야 한다. 지체장애아동은 입 주변의 근육조절과 협응이 안되어 말을 하지 못하거나 다른 사람이 알아듣기 힘든 말을 하기도 하는데, 말을 잘 하지 못한다고 인지능력이 낮은 것으로 단정해서는 안 되며, 표현상의 문제만을 지니고 있을 수 있음을 인식해야 한다. 의사소통이 어렵게 되면 다른 사람들과 관계를 맺는데 어려움이 뒤따른다. 그러므로 말 대신 그림이나 글자를 의사소통 판에 붙여 아동이 지적하여 자신의 요구를 표현하게 하거나 실제로 말소리를 내는 컴퓨터와 같은 전자 의사소통기구를 사용하게 할 수도 있으며, 또 아동의 발음보다는 아동이 전달하고자 하는 내용에 관심을 가지고 아동이 말을 마칠 때까지 기다렸다가 반응을 하는 것이 좋다.

3 사회성 발달 특성과 지도

지체장애아동은 동작의 제한, 자세의 이상 등 신체적 한계로 인해 자신에 대한 부정적 이미지를 가지고 올 수 있으며, 지체장애아동의 외모나 발작이 또래 아동에게 이상하게 보여 질 수 있으며 또래 아동들을 당황하게 하거나 불편하게 만들

수 있다. 이것은 지체장애아동의 사회 및 정서발달에 좋지 않은 영향을 미칠 수 있다. 또한 부모 등 주변 사람의 태도에 의해서도 영향을 많이 받는데, 부모가 아동의 신체장애에 대하여 부정적으로 대하면 아동의 정서도 부정적 정서가 형성될 수 있다. 또 아동을 지나치게 과잉보호하여 비장애아동이 하는 다양한 경험들을 제한하게 되면 지체장애아동은 남에게 의존하는 무기력한 상태가 되거나 사회성이 뒤떨어질 수 있다. 그러므로 아동의 한계를 있는 그대로 수용하면서 신체적 한계를 극복할 수 있는 다양한 보조도구의 활용이나 활동의 수정을 통해서 지체장애아동이 비장애아동이 경험하는 것을 함께 경험할 수 있게 해야 한다. 비장애아동에게도 지체장애아동의 한계를 알려주고 함께 활동할 수 있는 방법을 찾게 해주도록 한다.

지제장애아동을 돌보는 부모는 육체적, 심리적으로 많은 어려움을 겪는다. 지체장애아동에 대한 과잉보호로 인해 다른 가족들의 불만도 감내해야 되고 아동이 사회적으로 소외되지 않도록 장애의 종류와 정도에 따라 적절한 교육을 실시해야 한다. 따라서 지체장애아동에게 적절한 서비스를 제공하기 위해서는 장애의 심각도, 가시도(visibility)와 장애를 갖게 된 나이를 고려해야 하는 동시에 한 아동의 지체장애가 그 아동의 학습, 발달과 행동에 어떤 영향을 미치는지를 파악하는 것이 중요하다. 그리고 지체장애아동에 대한 올바른 지식을 갖춤으로써 막연한 두려움을 없애고 지체장애아동들과 잘 어울려 지낼 수 있도록 도와주어야 한다. 또한 교사는 어린이집 내에서 아동들이 다니기에 불편함이 없는지 살펴보고, 지체장애아동이 잘 활동할 수 있도록 도와주어야 한다.

5) 지적장애아동(정신지체아동)

(1) 정의 및 분류

지적장애(정신지체)란 평균이하의 지적 기능 수준과 동시에 적응행동에 결손이 있고, 이러한 두 가지 특징이 18세 이전에 발병하는 장애이며, 미국정신지체협회(AAMR : American Association of Mental Retardation)에서는 지적장애(정신지체)가 현재의 기능

수행에 상당한 한계가 있으며, 지적 기능수행이 평균보다 유의하게 낮으며(IQ 70-75 이하), 동시에 이와 관련 있는 한계로서 적용할 수 있는 적응 기술 영역인 의사소통, 자기보호, 가정생활, 사회기술, 지역사회 활용, 자기관리, 건강 및 안전, 기능적 교과학습, 여가, 작업 중 두 가지 이상의 영역에 한계가 있는 것으로 18세 이전에 나타난다고 정의하고 정신지체를 경도(mild; IQ 55-68), 중등도(moderate; IQ 40-54), 중도(sever; 25-39), 최중도(profound; IQ 25 미만)로 분류하고 있다.

우리나라 장애인복지법에서는 지적장애아동(정신지체아동)을 정신발육이 항구적으로 지체되어 지적 능력의 발달이 불충분하거나 불완전하고 자신의 일을 처리하는 것과 사회생활에의 적응이 상당히 곤란한 아동으로 규정하고 있으며, 장애인 등에 대한 특수교육법에서는 지능검사 결과 지능지수가 75 이하이며 적응행동에 결함을 지닌 아동으로 규정하고 있다.

(2) 발달특성

지적장애아동(정신지체아동)의 발달특성은 대체적으로 비장애아동의 발달과정과 유사하나 인지, 언어, 사회성 등에서 발달속도가 일반아동에 비하여 현저하게 느리고 그 수준이 낮다. 적응 능력이 부족하기 때문에 대인 관계가 원만하지 못하고 여러 상황에 적응하지 못하며, 특히 자기 지향성, 책임감, 사회적 기술 등의 부족으로 인하여 부적절한 행동을 나타냄으로써 다른 아동들로부터 소외당하는 경향이 높다(곽준기, 1993). 지적장애아동을 돕기 위해서는 무엇보다도 조기 발견과 개입이 중요하며, 이러한 조기개입 중에 치료는 물론 특수교육도 포함된다. 많은 지적장애아동들의 부모가 단순하게 늦게 되는 아동이라고 여기고 조기교육의 기회를 놓치고 있는 편이다. 그것은 부모들이 특수교육의 효과를 바르게 인식하지 못하고 있거나 혹은 지적장애(정신지체)라는 사실을 받아들이지 못함으로써 교육의 기회를 늦추기 때문이다.

[1] 인지발달 특성과 지도

대부분 지적장애아동은 주의력과 기억력의 결함을 지니고 있다. 엉뚱한 곳에 주의를 기울이거나 주의집중 시간이 짧고 장기 및 단기 기억력도 일반아동보다 부족하다. 그러므로 일반적으로 지적장애아동들은 학습속도가 느리고, 구체적이고 의미 있는 교수자료를 사용할 때 더 효과적으로 학습할 수 있다. 또한 관찰이나 모방을 통해 배우는 능력도 부족하기 때문에 교사의 직접적이고 세심한 지도가 필요하다. 지적장애아동들은 과제에 집중하는 능력이 부족한 경우가 많으므로 주의집중력을 키워주는 것이 필요하고 반복연습을 통해 장기적으로 기억할 수 있도록 도와주어여 한다. 그리고 시각, 청각, 촉각 등의 여러 감각을 사용한 다감각적인 방법을 자료로 제시하고 구체적이고 실제적인 경험을 통해 학습할 수 있도록 지도해 주고, 간단하고 쉽게 제시하여 성취감을 느낄 수 있는 학습과제를 제시해 주는 것이 좋다(이소현, 박소혜, 2001).

2 언어발달 특성과 지도

언어발달에 있어서는 발음이 정확하지 못하거나 일반아동에 비해 언어발달이 늦어지는 것과 같은 지체되거나 비정상적인 발달 패턴을 보이는 경우가 많다. 언어발달은 인지발달 및 사회성 발달과 밀접한 관계를 가지고 있으므로 인지발달에 결함을 가지고 있는 지적장애아동은 언어발달 또한 지체되어 있다. 지적장애아동의 언어지도는 장애의 정도에 따라 다른데, 조음장애를 가지고 있는 경도지적장애아동의 경우 발음 자체보다는 내용에 관심을 갖고 자신감을 갖도록 해야 하며, 언어발달단계가 낮은 단계에 머물러 있는 아동의 경우 실생활에서 구체적인 경험을 통해 수준에 맞는 언어를 발달시키도록 해야 한다.

3 사회정서발달 특성과 지도

지적장애아동들은 다른 아동들과 어떻게 상호작용 해야 하는지를 잘 몰라서 친구를 사귀지 못하는 경우가 많으며, 어렸을 때부터 자신이 친구들과 다르다는 것을 인식하거나 거듭되는 실패 경험으로 인해 자아개념이 낮아짐으로써 사회성 발달에 부정적인 영향을 미치기도 한다. 그러나 어렸을 때부터 일반아동들과 함께 지내고 긍정적인 상호작용을 할 수 있는 기회를 제공함으로써 지적장애아동들의 사회성 발달을 촉진할 수 있다. 그리고 지적장애아동에게 일상생활 기술과 함께 사회생활을 하는데 필요한 기본적인 예절, 대화방법, 규칙 지키기 등의 적절한 사회기술을 가르치는 것이 매우 중요하다.

6) 자폐성장애아동(소아자폐아동)

(1) 정의 및 분류

자폐는 사회적으로 다른 사람과 상호작용을 하고 말이나 몸짓 등으로 의사소통하는데 있어서 장애를 보이며 활동과 관심영역이 제한되어 있는 특성을 보이는 장애이다. 현재 우리나라의 장애인복지법에서는 소아기 자폐증, 비전형적 자폐증에 의한 언어 · 신체표현 · 자기조절 · 사회적응 기능 및 능력의 장애로 인하여 일상생활 또는 사회생활을 하는데 있어 상당한 제한을 받아 다른 사람의 도움이 필요한 사람으로 규정하고 있으며, 장애인 등에 대한 특수교육법에서는 정서장애에 포함시키고 있다.

유아 자폐증은 1943년 카너 박사가 신체적 발달이나 외모는 정상인인데, 다른 사람과 어울리지 못하고 말이 늦고, 말을 하더라도 의사소통을 하지 못하고 언어사용에 혼란이 있으며, 반복적인 놀이나 행동을 되풀이하며 상상력은 부족하지만 기억력은 좋은 특이한 아이들 11명에 대해 보고하면서부터 유아자폐증이라고 부르기 시작했다. 그 이후 분류가 다양하게 바뀌다가 1994년 미국 정신의학협회 DSM-Ⅳ에서 자폐증이라고 부르게 되었다. 최근에 자폐증을 하위 유형으로 분류하려는 연구가 이루어지고 있는데, 이 같은 하위 유형을 레트 증후군(Ratt's Syndrome) 아스퍼거 증후군(Asperger's Syndrome)으로 나누기도 한다(이소희 외, 2005).

(2) 발달특성

자폐성장애아동의 가장 두드러진 점은 의사소통의 문제와 사회적 행동에서 문제를 보인다는 것이다. 이들은 언어 이해력이 열악하여 다른 사람의 말을 쉽게 이해하지 못하며, 언어 표현력도 극히 제한되어 있거나 전혀 말을 못하는 경우가 많고 말을 한다 해도 남의 말을 그대로 따라하는 반향어증을 가진다. 또한 사회적 상호작용의 결핍으로 친근한 사람과도 상호작용을 잘하지 못한다. 자폐아는 전반적으로 기억력은 우수하나 상상력이나 창의력은 거의 없으며 변화 있는 상상놀이나 탐구놀이는 하지 않고, 고정적인 동작으로 비창의적 반복활동을 주로 한다. 자폐성장애아동은 자주 반복적인 활동(응시하기, 지나치게 눈 깜빡이기)이나 움직임(장난감 바퀴 돌리기, 손을 좌우로 움직이기)을 보이며, 생활에서의 변화를 싫어하고 감각자극에 비정상적인 반응을 보인다(Cohen & Donnellen, 1987). 이소현(1999)은 자폐성장애아동들이 갖는 특징을 사회성, 사회적 관계형성, 감정의 이해 및 표현으로 나누어 다음과 같이 설명하였다. 먼저 사회성 측면을 살펴보면, 다른 사람과 관계하고자 하는 동기 및 접근의지, 모방능력 및 사회적 지식에서의 문제를 보인다. 다른 사람과의 눈 맞추는 것을 피하는데 이것은 자신의 의도나 감정을 전달하기 위해 눈 맞춤을 사용하지 못하는 것이다. 그리고 모방능력에서의 결함은 음성, 몸짓, 얼굴표정 모방 기술에서의 결함을 의미하며 사회적 지식에서의 문제는 자신에 대한 인식 및 타인에 대한 인식이 일반아동들에게서 나타나는 발달과는 질적으로 다르다. 둘째, 사회적 관계형성 측면을 보면, 자폐성장애아동들은 양육자와 기대하는 만큼의 애착관계를 보이지 않으면서 자동차 바퀴나 종이조각 등과 같은 특정사물에는 이상한 집착행동을 보이는 등 양육자 및 또래와의 관계형성에 있어서 문제를 보인다. 또한 또래와의 놀이에 문제를 보이는 데 또래가 놀자고 하는 데 적절한 반응을 보이지 못한다. 마지막으로 감정 이해 및 표현 측면을 살펴보면, 상대방의 얼굴을 보고 그 사람이 기쁜지, 슬픈지, 화가 났는지를 잘 구분하지 못하고 그 결과 그런 감정에 적절히 반응을 보이지 못하는 것과 같은 다른 사람의 생각이나 감정을 잘 이해하거나 반응하지 못한다.

자폐성장애아동의 반 이상은 말을 하지 못하는데, 말을 못하는 아동들 중에도 미숙한 말의 형태를 보이고 언어 이해력이 제한되어 있으며, 자주 의미 없는 단어들을 사용하는 경우가 많다. 또한 사람이나 사물들과 관련되어 비정상적인 방법으로 자신의 의사를 표현하기도 하며 특별하게 듣지 못하는 것처럼 보이고 학습받는 것에 저항적이고 신체적인 애정표현을 수용하지 못하고 눈맞추기를 피하며,

몸 흔들기, 머리 부딪치기와 손비틀기 등과 같은 상동행동을 보이고 자기 스스로를 깨물고 할퀴고 때리는 등의 자해행동을 보인다. 그러므로 교사들은 자폐적인 특성을 최소화시키고 환경에 적응할 수 있는 기술을 습득시키기 위해 노력하는 것이 필요하다. 또한 자폐아동의 사회성을 발달시켜 주기 위해서 정상적인 환경과 학습 기회를 제공해 주어야 한다. 즉, 자폐성장애아동의 대표적인 특성인 사회성과 의사소통 결함을 극복시키기 위해서 가능한 한 교육을 이른 시기에 실시하는 것이 좋기 때문에 자폐아동 교육 프로그램에서는 조기교육이 매우 중요하다. 이 외에 통합교육과 구조화된 교육이나 부모참여 교육 및 부모상담 등을 통해 아동과 접촉할 수 있는 방법을 배우게 하고 아동에게 나타나는 문제행동을 수정해 나가는 기술을 터득하도록 도와주어야 한다(이소현, 박은혜, 2001).

7) 학습장애아

(1) 정의 및 분류

우리나라 장애인 등에 대한 특수교육법에서는 학습장애아동이란 셈하기 · 말하기 · 읽기 · 쓰기 등 특정한 분야에서 학습 상 장애를 지니는 자로 정의하고 있으며, 미국 장애인교육법(IDEA)에서는 듣기, 생각하기, 말하기, 읽기, 쓰기, 철자법, 셈하기에 있어서 불완전한 능력으로 표현될 수 있는 말이나 글의 언어를 이해하고 사용하는 데 필요한 기본적인 심리적 과정의 한 가지 이상에서 장애를 보이는 것으로 정의하고 있다.

학습장애는 학습지진과 학습부진과 같은 용어와 혼동되어 사용되는 경우가 많은데, 학습지진은 지능이 평균보다 떨어져 학습상의 어려움을 가지는 아동을 말하며, 학습부진은 지능은 정상이나 정서 또는 환경적인 문제로 학습 성취도가 떨어지는 경우로 원인이 제거되면 정상적으로 되돌아오는 경우가 대부분이다.

학습장애는 기본적 심리과정의 장애와 학문학습의 장애로 대별하여 분류하는데, 기본적 심리과정의 장애는 유아가 성장함에 따라 나타나는 심리과정의 발달편차를 의미하며 주의장애, 기억장애, 지각장애, 운동장애, 음성언어장애, 상위인지

장애로 나눈다. 학문학습장애는 학습장애 중에서 가장 보편적으로 받아들여지는데 유아의 경우, 읽기장애와 초보적인 수준의 쓰기장애가 해당된다. 그렇지만 학습장애는 읽기-쓰기에서의 결함을 갖는 경우이기 때문에 학습지진이나 학습부진과는 질적으로 다른 경우이다(이소희 외, 2005).

(2) 발달특성

학습장애아동들은 읽기, 쓰기, 셈하기 등의 학업성취 면에서의 문제, 빈약한 자아개념과 사회적 상호작용과 같은 사회정서적인 면의 문제, 시각 · 청각 등에서의 지각장애 및 운동기술 발달의 지체, 기억력 및 인지능력에서의 문제, 주의집중장애 및 과다행동과 같은 특성을 보인다. 학습장애아동들은 학습과제 수행에 필요한 선수기술, 예를 들어 자리에 앉아 교사에게 집중하기, 지시 따르기, 형태, 색, 양, 크기, 길이, 위치 등과 같은 기본개념 습득, 간단한 언어 구사, 운동기능 발달 등을 습득하는데 어려움을 보인다. 따라서 교사는 아동들이 학습을 받는 데 필요한 준비기술들을 배울 수 있도록 도와주는 것이 필요하다.

학습장애아동은 사회 정서적 문제를 보이는 아동들이 있는데, 대부분의 학습장애아동들은 또래로부터 거부당하는 경향이 있으며, 이로 인해서 낮은 자아개념을 형성하고 사회 정서적 문제를 보일 수 있다. 또한 학습에 대한 동기가 낮고 자신감이 결여되어 있다.

학습장애아동을 지도하는데 있어서는 첫째, 아동의 특수한 욕구를 발견하는 것이 중요하다. 즉, 아동의 강점과 약점은 무엇이며 특수한 신체적, 지적, 사회적, 교육적 욕구가 무엇인지 파악해야 한다. 그리고 아동의 성취수준이나 태도, 학업의 방해요인을 알아야 한다. 둘째, 1년간 성취해야 할 연간목표와 연간목표를 성취하기 위한 하위목표들로 이루어진 단기목표를 설정하여 지도해야 한다. 셋째, 지도할 과제를 분석한 후, 복잡한 과제를 성취할 수 있는 수준의 하위과제로 나누어 아동의 수준에 따라 제시한다. 아동수준에 따른 과제를 제시할 때에는 아동에게 성공할 기회를 제공함으로써 성취감과 자신감을 갖게 한다. 넷째, 아동에게 과제를 제시하기 위한 적절한 방법을 선택해야 하는데, 자극의 종류, 자극 제시 강도,

제시할 자극의 수, 자극의 제시시간 등을 아동의 특성과 과제 수준을 고려하여 제시하는 것이 필요하다. 다섯째, 학습장애아동들의 오류 대부분이 규칙적임을 아는 오류의 규칙을 발견하여 이를 수정해 나가야 한다. 마지막으로 다양한 자료와 방법으로 반복학습을 하도록 하며, 아동이 반응했을 때 바로 피드백을 제공한다.

통합보육의 이해

제 2 장

1. 조기중재
2. 통합보육의 개념과 원칙
3. 통합보육의 필요성
4. 통합보육의 배경
5. 통합보육의 정책
6. 통합보육의 목표
7. 통합보육의 효과

장애아동 또는 장애위험 아동에 대한 조기중재(early intervention)는 조기진단 또는 조기개입이라는 종래의 특수교육 원칙과 유사한 맥락의 개념이다. 그러나 영유아기의 조기중재는 장애진단이라든지 낙인(labeling)이라는 개념의 퇴진, 그리고 장애위험 아동(at risk children)이라는 개념의 등장과 함께 새롭게 그 의미를 부여받게 되었다. 즉 장애아동 또는 장애위험 아동에 대한 뒤늦은 개입보다 조기중재는 발달 가능성을 높여주기 때문에 보육의 효율성이 높다는 근거에서 우선 큰 의미를 갖는다. 또한 조기중재는 장애아동에게 제2, 3의 추가 장애를 예방해 주기 때문에 중요한 의의를 지닌다.

조기중재는 이상의 이득과 함께 장애아동 가족의 정신적, 물질적 지원을 위해서도 중요한 가치를 갖는다. 장애아동을 둔 부모는 말할 것도 없고, 그 형제나 친족들의 심리적 부담과 손상을 감소시켜줄 뿐 아니라 가족으로 하여금 장애아동을 돕는 효과적인 방법을 전달해 줄 수 있다는 것이다. 또한 아동에 대한 조기중재는 보육기관과 가정이 함께 협력체계를 구축함으로써 기관중심 프로그램과 가정중심 프로그램의 개별적 약점을 상호 보완하는 입장에서 이루어지는 것이 보다 효과적이기 때문에 앞으로 장애아동 보육은 이러한 기본 구조를 갖추어야 할 것이다.

장애아동 보육에서 또 하나의 중요한 전제는 통합이다. 경도장애는 물론 중등도 이상의 장애아동도 완전통합(full inclusion)의 실현을 목표로 하는 것이 오늘날 선진국 보육의 일반적 추세이다. 장애아 완전통합은 하나의 추세라기보다는 21세기 장애아 보육의 대명제라 할 수 있다.

1. 조기중재

1) 인간발달의 원리로 본 조기중재의 중요성

조기중재에 대한 구체적 설명을 하기 전에, 왜 조기중재가 장애아동 보육에서 중요한 의의를 지니게 되는가를 이론적으로 받아들이는데 도움이 되는 인간발달의 원리 네 가지를 소개하면 다음과 같다.

(1) 기초성의 원리

기초성은 어릴 때일수록 그때 경험 여하가 이후 발달에 기초가 된다는 것을 말한다. 우리들 대부분은 자신의 3, 4세 이전의 일을 기억하지 못한다. 그러나 기억 못한다고 3, 4세 이전 경험의 초석적인 중요성을 부인하지는 못한다. 기억할 수 없는 어렸을 때에 자신도 모르는 자신의 중요한 기초가 형성된다는 것이 좀 답답하기도 하지만, 발달의 기제란 그런 것이다.

신체 발달의 경우, 같은 양의 영양실조도, 보다 더 어렸을 때의 영양실조가 그 후유증이 훨씬 더 심하다. 예컨대 어떤 사유로 출생 후 0–1세 1년간 잘 못 먹고 그 후 잘 먹은 아이와 생후 1년간은 잘 먹고 그 후 1년간을 잘 못 먹은 아이와 비교하면, 더 어려서 잘 못 먹은 아이가 왜소하고, 허약하는 등 신체발달상의 장애와 후유증이 더 심하다. 말을 바꾸면 어릴 때일수록 좋은 영양이 더 중요하고 장차 성장발달에 기초가 된다는 뜻이다.

(2) 적기성의 원리

적기성은 Piaget의 인지발달 단계설, Freud나 Erikson의 성격발달 단계설, Kohlberg의 도덕발달 단계설 등 인간발달에 관한 여러 단계 설에 모두 함축되어 있다. 적기성이란, 어떤 발달단계는 그때가 특정한 경험, 학습, 과업을 성취할 수 있는 적시적인 기회이며, 이에 앞서 무리를 하거나 또는 반대로 뒤늦어 이 기회를 놓치면 다른 때에는 그만큼 적시적인 효과가 없거나 적다는 것을 말한다.

(3) 누적성의 원리

누적성도 여러 단계설에 내포되어 있는데 이것은 인간발달에서의 빈익빈 부익부의 기제라고도 말할 수 있다. 즉 앞 단계에서 잘못되면 그것이 원인이 되어 다음

단계에서 더 잘 못되고, 잘못 도 잘못이 계속 누적되어 다음 단계에 더욱 잘 못된다는 기제이다. 이것도 무서운 발달기제이다. 잘못 수렁에 들어가면 점점 깊이 수렁에 빠져든다는 기제이기 때문이다. 그 반대의 경우는 잘되면 다음에도 잘되고 그 다음엔 더 잘되고 하는 마찬가지의 호의적 누적의 원리가 적용된다.

(4) 불가역성의 원리

불가회복성이라고 불리우는 불가역성도 여러 발달단계 이론에 함축되어 있다. 발달에는 일종의 '돌아가지 못하는 강'의 성질이 있는데, 발달의 한 단계에서 잘못된 것을 다음 단계에서 교정 또는 보충하는 데에는 한도가 있다는 것이다. 예컨대 0–6세까지 영양실조로 빈약해진 아이의 체격을 7–17세 동안 아무리 잘 먹인다 해도 체중은 좀 보충되지만, 신장은 보충하기 어렵다. 신장은 체중보다 불가역성이 강하기 때문이다.

2) 조기중재의 접근방법들

인간발달에 관한 네 가지 원리에서 이해할 수 있듯이 조기중재는 아동의 장애를 최소화하거나 정상으로 접근시킬 수 있는 유일한 방도이고 특수교육에 대한 국가의 재정적 부담도 최소화할 수 있는 최선의 길이다. 우리나라에서도 1994년부터 시행된 특수교육진흥법에서 장애유아교육을 공식화했는데 이러한 변화도 조기중재의 의미를 지니는 것이다. 그러나 미국과 같은 선진 특수교육 국가에서는 영아기부터 엄밀한 평가를 통해서 조기중재에 접근하려는 노력이 계속되고 있는데, 아직 우리나라는 조기중재에 대한 특별한 제한이나 지시사항이 없다. 조기중재에 대한 몇 가지 접근에 대한 논의를 살펴보면 다음과 같다.

조기중재의 형태는 가정에서 중재가 이루어지느냐 아니면 기관에서 이루어지느냐에 따라 구분되는데, 가정중심(Home Based) 조기중재와 기관중심(Center Based) 조기중재, 그리고 가정과 기관 혼합형(Combination Type)의 세 가지 형태가 그것이다.

우리나라에는 아직 조기중재 체제가 제도화되어 있지 않기 때문에 우리나라 방식의 조기중재 서비스 형태를 언급할 수는 없지만 미국과 유사한 형태를 상정해

볼 수 있다.

조기중재 체제를 일찍부터 발달시킨 미국의 경우 연구 보고(Hallaha & Kauffman, 1994)에 의하면, 기관중심 조기중재 체제보다는 가정중심이나 혼합형의 서비스를 권장하고 있다. 왜냐하면 파트타임 맞벌이 부부와 편부모 가정이 많기 때문에 전문가가 가정을 방문하여 서비스를 해주는 것이 가족들에게 편리하고, 또한 기관에서 개발된 보육기술을 부모나 아동에게 전달할 때 가정이라는 자연 상황이 더 효율적이기 때문이라고 한다. 앞으로 우리나라에서도 조기중재를 제도화시켜 본격적인 보육 서비스를 할 때 참고할 사항이다. 근래 아동상담에서 가정방문 놀이치료 등이 발달하는 것도 같은 맥락의 논리라고 할 수 있다. 방문치료사 제도는 영국에서 특히 발달되어 있고, 우리나라에서도 일부 전문가에 의하여 정서장애, 행동장애, 또는 발달장애 아동에 대한 방문치료사 제도가 연구되고 있다. 장애아동과 장애위험 아동에 대한 가정방문 중재 서비스에 대한 연구와 제도화는 우리나라 장애아 보육의 중요한 과제라고 하겠다.

조기중재의 중요한 문제는 부모 또는 보호자와의 협조관계이다. 장애아 보육의 성패 또한 부모와의 협조관계가 가장 중요한 관건이 되는데 그 중에서도 장애아 조기중재의 경우는 더 많은 부분을 부모의 협조에 의존하게 된다는 것이다. 이러한 부분을 고려하여 미국에서는 미국 공법 99-457에 개별화가족지원계획(Individualized Family Service Plan : IFSP)을 규정하고 있다. 미국 공법 99-457에는 조기중재에 대한 폭넓은 내용이 포함되어 있는데 예컨대, 이 법에는 0-3세까지 아동의 인지적, 신체적, 언어적, 심리사회적, 또는 자조행동에서의 발달지체 또는 발달지체 가능 아동에 대한 조기중재 서비스를 규정하고 있다. 조기중재 서비스에는 특수교육, 신체적 치료, 언어치료, 의학적 진단 서비스, 발달평가 서비스 등이 모두 포함된다. 이 과정에서 IFSP는 나이든 아동의 IEP와 마찬가지의 정신을 담고 있지만 아동뿐 아니라 가정과 부모를 포함시키는 것이다.

우리나라는 아직 조기중재에 관한 구체화된 제도와 구체적인 연구사례가 없기 때문에 앞으로 우리나라 장애 영 · 유아 보육의 과제를 살펴보는데 있어 미국의 예와 비교하여 분석하는 것이 필요하다고 하겠다.

3) 조기중재를 위한 발달평가

조기중재를 착수하는데 있어서 우선적 과제는 영·유아에 대한 발달수준을 평가하는 것이다. 구체적이고 엄밀한 평가가 이루어지면 아동의 발달적 요구를 파악하게 되고 이에 개입하여 발달을 촉진시키거나 교정할 수 있는 방안을 고안할 수 있게 된다.

1990년대 이후 미국에서는 영아의 발달평가를 위한 측정학적 노력과 평가결과에 따른 중재 방안에 관한 이론적 실천적 연구가 활발하게 이루어지고 있다. 발달적 문제 가능성을 조기에 발견하게 되면 교정 가능성은 그만큼 크고 국가가 부담해야하는 사회적 비용은 최소화시킬 수 있다는 것이 미국인들의 신념이고 미국의 보육 정책인 것이다.

발달평가와 조기중재에 관한 통합적 접근으로 가장 유명한 접근의 하나는 DC : 0-3 (Diagnostic Classification of Mental Health and Developmental Disorders of Infancy and Early Childhood : Zero to Three/ National Center for Infants, Toddlers, and Families)이다. 이것은 원래 시민운동으로 시작되어 학문적 뒷받침으로는 영아정신건강학회 WAIMH(World Association for Infant Mental Health)를 설립하고 조기중재를 통해 영유아의 정신건강을 증진시키기 위한 시민운동을 펴고 있다. 즉, 그들은 '미국의 갓난아기와 어린이의 건강한 발달을 촉진하기 위하여'라는 슬로건으로 회원들은 회지를 구독하고, 연례적으로 보육 프로그램에 참여하고, 워크숍에 참여하고, 여러 가지 학습모임에 참여한다는 것이다. 그리고 연방정부와 주 정부 그리고 재단에서는 재정지원을 해주고 있다. 조기중재에 대한 이러한 사회적 노력을 활발하게 꾸준히 하고 있다. 또한 영·유아 발달 평가 도구로 TABS(Temperament and Atypical Behavior Scale/ Early Childhood Indicators of Developmental Dysfunction)(Neisworth et al., 1999)를 개발하여 영아의 애착장애, 과잉행동 장애, 충동장애, 자기규제력 장애 등의 발병 가능성을 진단하고 조기에 중재하는 기술을 한층 더 발전시키고 있다(김광웅 외, 2000). 우리나라도 이제 아동에 대한 조기 발달평가와 조기 중재에 대한 본격적인 노력이 시작될 것이라는 기대를 가져본다.

2. 통합보육의 개념과 원칙

1) 통합보육의 개념

통합의 개념은 특수교육분야에서 주로 다루어져 왔는데, 통합이라는 의미를 갖는 용어는 주류화(mainstream), 최소한의 제한적 환경(least restrictive environment) 등으로 다양하게 사용되고 있으며 범위와 방법에 있어서 학자들 간의 견해는 일치하지 않는다.

Karnes & Lee(1979)는 통합보육이란 비장애아동들을 위한 프로그램 안에 장애아동들을 함께 배치하여 교육하는 것으로 정의하고 있다. 또한 통합보육은 적당한 수의 장애아동을 환경적, 교육적, 사회적으로 비장애아동과 함께 통합하는 것을 의미하며, 장애아동의 독특한 보육적 욕구를 충족시키기 위해 최선의 보육 환경을 조성하는 것을 말하기도 한다. 또한 통합보육은 장애아동과 비장애아동의 교류 기회를 확보하는 특수교육의 한 형태로 교사가 책임지고 아동 개개인의 필요에 맞춘 보육프로그램에 맞춘 시간적 통합, 공간적 통합, 사회적 통합 등을 포함한다(Kauman et al., 1975).

장애아동의 통합을 물리적 통합, 교육적 통합, 사회적 통합의 세 측면에서 살펴본 서경희(1995)는, 첫째, 물리적 통합이란 한 공간 속에 비장애아동과 장애아동이 함께 머무르는 것을 의미한다. 이런 물리적 통합을 위해서는 교육환경에 속하는 모든 장소가 장애아동을 수용할 수 있어야 한다. 둘째, 통합된 교육환경에서의 장애아동의 독특한 교육적 요구가 충족될 수 있느냐의 문제이다. 비장애아동을 위한 교육활동 중 장애아동에게 부적합한 활동은 수정이 이루어지거나 별도의 교육 프로그램과 교육 자료를 제공해야 하며 교수 방법 면에서도 장애아동에 대한 교육적 배려를 해야 한다. 셋째, 사회적 통합으로 통합보육 상황에서 장애아동과 비장애아동과의 사회적 상호작용이 잘 이루어져야 하며, 이러한 상호작용은 이를 촉진하는 계획적인 중재 하에서만이 활발히 일어날 수 있다고 하였다.

박계숙(1996)은 통합보육이란 장애아동이 비장애아동과 같은 사회적, 심리적, 교육적 경험을 갖게 하기 위한 것이며, 장애아동과 비장애아동을 함께 보육하는 것이라고 하였다. 또한 의료, 복지, 교육의 제 분야와 연계하면서 장애아동과 비장애아동을 함께 보육함으로써 아동의 전반적인 발달을 도모하는 것이라고 하였다.

홍순옥(1996)은 통합보육이란 비장애아동들을 대상으로 한 프로그램 안에 장애아동들을 함께 배치하여 보육하는 것으로 정의되며, 교육적 배치에 있어서 특수한 욕구(special need)가 충족되기 위해 취해진 단계로서 전일제 혹은 시간제로 장애아동이 정규학급에 배치되는 프로그램으로 적당한 수의 장애아동을 환경적, 교육적, 사회적으로 비장애아동과 함께 통합하는 것을 의미한다고 하였다. 그리고 장애아동의 독특한 보육적 욕구를 충족시키기 위해 최선의 보육 환경을 조성하는 것이라고 주장하고 있다.

이은혜(1998)는, 통합보육이란 통합교육보다 더 적극적인 개념으로서 통합교육이 학령기 아동들을 주 대상으로 한다면, 통합보육은 학령 전 아동을 대상으로 보호와 교육을 제공하는 것이라 하였다. 다시 말해서, 장애아동과 비장애아동이 같은 공간에서 보육되어진다는 공간적 차원의 소극적 의미뿐만 아니라 장애아동의 사회통합이라는 면에서 장애로 인해 제한되는 환경과 프로그램에서 벗어나 일반적인 사회 환경 프로그램에 참여할 수 있도록 도와주는 보호와 교육 프로그램까지를 포함하는 것이다.

이상과 같은 학자들의 의견을 종합하여 통합보육의 개념을 정리하면, 장애아동과 비장애아동이 한 장소에서 같은 보호와 교육을 받음으로써 서로 이해하는 가운데 또래와의 상호작용을 통하여 정상적인 아동을 모방하는 과정을 말한다. 그리고 비장애유아와 똑같은 구성원으로서 소속감을 느끼고, 서로 이해하며, 또래와의 상호작용을 통하여 학습효과를 증진시키는 것이라 할 수 있다. 즉, 장애아동을 비장애아동의 교육에 획일적으로 통합하여 보육하는 것이 아니라 장애정도에 따라 그들이 참여할 수 있는 정도의 보육을 받는 방법이 장애아동의 장애특성에 따라 다양하게 적용받는다는 것을 전제로 하고 있는 것이다. 또한 통합보육은 특수교육과 일반교육을 통합시켜 새롭게 지속적인 교육내용을 장애아동에게 맞게

끔 지도해 줌으로써 서로 간에 이해가 깊어지고 비장애아동들과 똑같은 구성원으로서 소속감을 느끼고 또래들과의 상호작용을 증진시켜 행복한 사회생활을 영위할 수 있게 한다. 이때 통합이란 물리적 통합 뿐 아니라, 교육적 및 사회적 통합을 이룰 수 있도록 해야 한다.

2) 통합관련 용어의 변천

지금의 통합(inclusion)이란 말이 사용되기 까지 다양한 용어가 사용되었으며 각각 포함하고 있는 의미들도 다양하였다. 그러나 장애아동들을 한 사회의 구성원으로 인정하고 받아들이는 것을 목표로 하는 것에는 공통점을 갖고 있다. 통합과 관련되어 사용되었던 용어들을 구체적으로 살펴보면 다음과 같다.

(1) 정상화(normalization)

모든 사회구성원들이 문화적으로 바람직한 행동과 성격특징을 형성하거나 유지하게 하기 위하여 문화규범 내에서 가능한 방법을 이용하는 것을 말한다. 정상화가 추구하고 있는 것은 장애아동들 모두가 사회, 경제, 문화, 여가 생활에 정상아동(비장애아동)과 함께 적극적으로 참여하는 것이며, 장애를 등급화 하여 사회적으로 낙인을 찍지 못하도록 하는 것으로 궁극적 목표는 모든 장애아동들이 정상적으로 건전하게 사회에 참여하고 적응할 수 있는 방법을 극대화시키는데 있다.

(2) 최소제한환경(LRE : least restrictive environment)

모든 장애아동을 장애정도와 상관없이 정상적인 환경으로부터 제외시키지 않으면서 장애아동 요구에 적합한 교육을 받도록 하자는 것이다.

(3) 주류화(mainstream)

분리만이 최선이 장애아동의 독특한 교육적 요구를 충족시키기 위해 가장 적절한 교육환경을 조성함에 있어 분리된 특수교육기관의 역할을 줄이고 일반학급에서 거의 전부나 대부분을 마련하자는 것을 말한다.

(4) 일반교육주도(REI : regular education initiative)

학교밖에 있는 특수교육 프로그램을 일반학교 안으로 끌어들여 일반교사들이 특수교사 역할까지 맡아서 교육하는 것이다.

(5) 통합교육(integration)

더 이상 분리형의 장애아동 교육은 원칙적으로 바람직하지 않으며 개별화교육 프로그램의 의무와 의사결정과정에 있어서 부모참여가 결정되는 등 일반적으로 통합의 확산을 말한다. 즉, 장애아동 교육의 목적이 단순히 치료교육적인 것만이 아니고 장애 범주의 폐기와 그것에 따른 특수교육의 정의의 확대, 보호자 권리의 확대와 통합의 원칙화가 이루어진 것이다.

(6) 완전통합(inclusion, full inclusion)

통합을 장애정도에 따른 교육적 배치로 정의하는 것이 아니라, 아동이 필요로 하는 특수교육서비스 정도로 정의하고 모든 장애아동이 주거지 근처의 일반학교에 통학하며, 장애에 다른 특수 교육적 배려가 일반학급 내에서 실시되어야 한다는 것을 말한다. 또한 완전통합은 일반주도 특수교육의 특별한 형태로서 장애아동이 전적으로 일반학급 내에서 일반교육은 물론 특수교육까지 겸하여 받는 것을 의미한다. 이는 일반학급 내에서 일반교사와 특수교육교사가 있어 서로 협동하여 가르치는 것으로, 가장 정상적이고 통합적이며, 장애아동들을 위한 도덕적, 윤리적, 인간적 교육의 장이 되어야 한다는 것을 의미한다.

3) 통합보육의 원칙

통합보육 개념에서 나타나는 규정에서 비추어 볼 때 우리나라의 통합보육은 다음과 같은 원칙을 갖는다(김윤정, 2004).

우선, 장애아동들에게 일반 보육시설의 학급에서 할 수 없는 새롭고 독특한 교육내용을 제시해야 하고, 다양한 교육적 욕구를 최대한 충족시켜주어야 한다.

둘째, 일반학급에 비치된 장애아동이 특수학급 자료실을 활용하거나, 순회교사의 자문 등을 통해 특수한 교육적 욕구를 충족시킬 수 있어야 한다.

셋째, 통합보육이 성공하기 위해서는 체계적으로 단계적인 과정을 통해 장애아동을 일반학급에 배치하되 조기과정부터 시작해야 한다.

넷째, 통합보육의 효과적 적용을 위해서 일반학급에 배치하기 전에 필요한 평가, 체계적인 교육계획안, 자료구입, 인적자원 활용계획, 평가과정 개발 등 철저한 준비를 해야 한다.

다섯째, 통합보육은 일반학급에 있는 장애아동에 대한 사회적 · 교육적 통합을 위한 교육 방법이기 때문에 사회적 · 교육적 욕구에 적합한 환경이 배려되어야 한다.

여섯째, 비장애아동들은 장애아동과의 상호작용을 통하여 장애아동에 대한 이해와 수용능력을 길러야 할 것이며, 보육시설 내의 일반 보육교사도 일반학급을 지도한 지식과 기술과는 다른 지식과 기술을 갖추고 있어야 한다.

3. 통합보육의 필요성

최근 장애아 통합보육은 점차로 정상화의 이념에 따라 조금씩 변화하고 있으며, 지속적으로 통합보육시설의 질적 향상에 대한 요구의 증대 및 장애아동 부모들의 권리주장 등에 의한 교육여건의 변화요소를 수용해야 할 필요성도 가속화되고 있다. 교육 분야에서도 장애아동의 교육에 대한 세계적인 추세는 장애의 유무에 관계없이 모든 아동들에게 평등한 교육적 기회를 주는 동시에 적절한 교육을 베풀어야 한다는 흐름이 더욱 강조되고 있다.

Morgan과 York(1981)는 비장애아동들이 장애아동들과 긍정적인 조기경험을 할 때 인간은 개인차가 있다는 것을 알고 수용하는 태도를 보이며, 적절히 도와주는 방법을 배운다고 하였으며, Jenkins, Odom과 Speltz(1989)는 통합보육은 장애아동의 전반적인 성장발달에 특히, 인지발달에 도움을 준다고 주장하였다. 통합된 환경에서 비장애아동은 자신의 연령에 맞는 사회적, 인지적 모델이 되며, 그것을 통하여 장애아동은 사회 · 인지발달은 물론 학업 전 기술의 발달에도 긍정적인 영향을 미칠 수 있다고 하였다.

통합보육 경험이 있는 장애아동은 분리교육만을 경험한 장애아동에 비해 전반적으로 높은 사회적응력을 보이며, 더 수용적이고 긍정적인 정서를 형성한다는 사실이 많은 연구들을 통해 입증되고 있고, 장애아동이 비장애아동과의 상호작용을 통해 이들의 생활연령과 일치되는 행동을 자연스럽게 습득하면서 얻게 되는 잠재적 이점에 대한 연구들 역시 통합보육의 효과와 필요성을 역설하는데 많은 근거를 제시하고 있다.

이처럼 장애아동과 비장애아동이 함께 생활하고 보육되어야 하는 가장 근본적인 필요성은 그들이 이 사회에서 서로를 이해하고 받아들이며 편견이 없이 상호협조하는 공동체를 형성할 수 있는 능력을 길러 나가는데 있다. 즉, 영 · 유아기에 통합보육을 통하여 장애아동의 잠재된 능력개발을 위해서는 적절한 통합보육의 제공이 필요하다고 본다. 오늘날 장애아동을 위한 통합보육은 개인이 가지는 능력의 정도나 장애를 문제 삼지 않고 모든 아동에게 성장하면서 행복한 사회생활을 영위할 수 있도록 거기에 필요한 생리적 · 문화적 욕구를 충족시킬 권리를 누리게 하는데 기본이념을 두고 있다. 이것은 장애아동과 비장애아동과의 공존의 체험을 확대함으로써 장애아동이 기존에 갖고 있는 장애를 최소화시켜 나갈 수 있는 것이다. 그러므로 효과적인 인격형성 시기에 놓인 영 · 유아기(0~5세까지)의 장애아동이 어떻게 발달해 나갈 것인가에 대한 적절한 환경구성은 필요하다고 본다. 그리고 모든 국민은 장애아동들에게 관심과 사랑으로 그들에게 조력자 역할을 해주어야 할 것이다.

장애아 통합보육의 중요성을 제시하면, 첫째, 장애아동에게 있어서는 조기에 보육을 받음으로써 이차적인 장애를 예방할 수 있으며, 행동발달을 보다 정상화할 수 있고, 사회적응능력을 발달시킬 수 있게 된다. 인생 초기의 5년이 인간의 기본자질의 발달을 결정하는 중요한 시기이기 때문에 어렸을 때의 환경이 개인의 자질과 적응하는 기술을 획득하는데 절대적인 영향을 미친다고 하였다. 특히 장애 영·유아는 그가 갖고 있는 장애로 인하여 충분한 경험을 갖기 못하게 되므로 어린나이에 교육을 시작함으로써 신체적, 정신적, 사회적 발달을 촉진시킬 수 있으며, 비장애아동과의 사회적 상호작용으로 사회성이 발달하게 되고, 학령기의 통합으로 원만하게 연결될 수 있다.

둘째, 통합보육은 장애아동 가정의 복지에 있어서도 중요하다. 장애아동의 출현으로 인한 부모 및 가족 구성원들의 어려움은 매우 심각하다. 장애아동이 있는 가정은 치료비, 치료의 장기화, 양육, 장애 문제로 긴장이 연속된다. 또한 장애아동을 위한 교육기관이 턱없이 부족하기 때문에 그나마 있는 사설교육기관에서 고액의 수업료를 부담해야 하고 저소득층 가정은 이마저 소외되고 있다. 이런 상황에서 통합보육이 활성화된다면 장애아동 가정의 육체적, 심리적 부담을 경감시켜 줄 수 있으며, 지역사회에서 적응하는데 큰 도움을 줄 수 있을 것이다.

셋째, 장애아 통합보육은 비장애아동의 장애인식을 개선할 수 있게 도와준다. 즉, 비장애아동은 장애아동과 함께 생활함으로써 장애에 대한 편견이 없어질 수 있으며, 남의 특수한 입장을 이해하고 있는 그대로 인정하며 함께 사는 공동의식을 배우게 된다.

이와 같은 통합보육의 필요성과 중요성에 의해 보건복지부에서도 1996년도에 장애아 보육활성화방안을 마련하여 지원을 확대하고 일반보육시설에서도 장애가 가벼운 아동을 통합보육 하도록 장려하고 있다. 이렇게 정부에서도 어린이집 보육사업의 주요 업무 계획에 장애아동의 보육을 제도적으로 장려하며, 장애아동을 조기 특수교육기관의 육성과 아울러 기존의 어린이집 내에 장애아동을 통합보육하는 방안도 적극 권장 · 강구하고 있어 장애아동의 통합보육은 그 공적인 책임성의 강한 요구와 함께, 머지않아 곧 일반화 될 전망이다. 특히 특수교육 분야에서 통합교육이 일반화 추세에 있고 더불어 조기통합 효과의 강조로 인하여 통합보육이 장애아 보육에서 빼 놓을 수 없는 실현과제가 될 것임은 틀림이 없다. 더구나 장애아동을 위한 별도의 보육시설만을 설립하기에는 많은 경제적인 어려움이 따르기 때문에 기존의 보육시설에 장애아동을 통합하는 것은 필연적이라고 하겠다.

21세기 장애아 통합보육을 실시하는 데는 아직까지 많은 어려움이 산재해 있다. 장애아 통합보육이 필요함을 인식하면서도 장애아 통합보육이 법적 의무조항이 아니고 권장사항으로 되어 있기 때문에 아직까지 통합보육을 실시할 수 있는 시설 및 제반여건이 빈약한 실정이며, 통합보육의 실시여부는 어린이집 시설장이나 교사의 수용태도 여하에 달려있다 해도 과언이 아니다. 특히 장애아동에 대한 사회적인 편견과 교사들의 인식부족, 일반 아동부모의 거부감정이 장애아 통합보육 발전에 걸림돌이 되고 있다.

이제 우리는 장애아도 정상아(비장애아)와 같이 자연스럽게 존중받으며 성장할 수 있도록 유아기 때부터의 통합보육 필요성을 깨닫고, 장애인에 대한 인식을 긍정적으로 변화시키며 아울러 장애인들도 정상인들과 같이 자연스럽게 성장할 수 있도록 유도하는 통합보육을 점차 확대해야 한다.

4. 통합보육의 배경

장애아 보육에 있어서 과거에는 비장애아와 분리하여 보육하는 것을 당연시하였지만 최근에는 통합보육에 대한 관심이 증가되고 있고 점차 그 실효성이 인식되어지고 있다. 이러한 통합보육의 배경은 통합보육에 대한 원리와 법적, 제도적 근거가 충분하지도 않을 뿐더러 통합보육이라는 개념도 통합교육에서 비롯되었기 때문에 통합교육에 대한 배경을 살펴봄으로써 대신할 수 있겠다.

미국에서 1960년대를 기점으로 헤드 스타트(Head Start) 프로그램을 위시하여 다양한 유아교육 프로그램에 대한 연구와 확장이 시도되었는데(구대회, 1994), 1965년 미국의 헤드스타트 운동은 저소득층 3~5세 아동과 장애아동을 대상으로 한 보상교육 프로그램으로, 빈곤의 악순환을 막고 아동의 건강과 사회-정서적 발달을 향상시키고, 인지기술과 자신감을 증진시키며, 책임감을 고무시키는 것이 목적이었다. 또한 아동에 대한 열악한 환경 탓으로 야기될 가능성이 있는 각종 장애를 조기개입 보상프로그램을 통하여 사전에 차단시키고 경감시키고자 하는데 그 목적이 있었다. 1968년에 공법 90-538, 장애아 조기교육 지원 법률(PL 90-538, Handicapped Children's Early Education Assistance Act)이 국회에서 통과되어 장애아 조기교육 서비스 모델을 설정하기 위한 장애아 조기교육 프로그램(HCEEP)이 시작되었다.

1970년대 들어와서야 장애아동과 비장애아동을 통합해서 교육하려는 움직임이 본격적으로 나타났으며, 1972년에 이르러서 모든 헤드 스타트 프로그램은 일반아동의 10% 범위까지 장애아동을 우선적으로 교육해야 한다는 의무 조항을 두게 되었고, 이는 장애아 통합교육의 효시를 이루었다.

이러한 흐름에 힘입어 1975년에는 공법 94-142인 장애인교육법(The Individuals With Disabilities Education Act : IDEA)이 통과되어 통합교육의 실현을 위한 제도적인 근거를 마련하게 되었다. 이 법은 모든 아동이 자신의 장애종류 및 정도에 관계없이 적절한 무상 공립교육을 받을 권리가 있다고 명시하였으며, 특히 '최소제한 환경의 원리'를 규정하여 장애아동은 가능한 한 최대한으로 비장애아동과 함께 일반교육기관에 배치되어야 한다고 규정하였다. 이것은 어느 누구를 막론하고 되도록 일반환경에서 생활하고 교육받아야 한다는 원리 하에 통합교육을 강조한 것이다.

1986년에는 공법 94-142를 개정한 공법 99-457을 통과시켜 공법 94-142의 모든 권리를 3~5세 장애 유아에게 확장시켰으며, 각 주가 장애를 지닌 영아들과 그들의 가족들을 위한 프로그램을 시작하도록 그 틀을 제공해 주었다.

우리나라에서도 1970년대 초반에 특수학급의 설립을 발단으로 시작된 통합교육의 의지가 해를 거듭하면서 더욱 발전되어 현재에는 아동의 발달시기에 따른 적절한 교육의 중요성이 확산되고 장애아동을 위한 장애아 교육의 통합문제도 적극 대두되고 있다.

1994년 개정된 특수교육진흥법(현 장애인 등에 대한 특수교육법)은 장애아동의 조기교육 중 조기중재에 대한 구체적인 법으로, 특수교육을 필요로 하는 사람에게 국가 및 지방자치단체가 적절하고 고른 교육기회를 제공하고, 교육방법 및 여건을 개선하여 자주적인 생활능력을 기르게 함으로써 장애아동의 생활안정과 사회참여에 기여함을 목적으로 제정되었다. 특히 이 법에서는 특수교육에 대한 정의, 대상자, 배치, 비용, 통합교육, 개별화 등에 대하여 구체적으로 제시하고 있다. 그러나 이 법은 유치원 입학대상인 만3세부터 초등학교 취학 전까지의 유아의 교육은 의무교육 대상에서 제외되며, 장애아동의 특성상 출생 시부터의 교육이 중요함에도 불구하고 0~2세 장애영아의 교육에 대한 공교육적 대책은 규정되어 있지 않다. 또한 영 · 유아 교육기관으로 유치원에 한정하고 있다.

한편 우리나라의 장애아 보육은 1994년을 기점으로 1995년부터 장애아보육시설에 대하여 영아전담시설에 준하여 지원하도록 하고 인력과 시설 기준을 제시하였고, 1996년도에 본격적으로 장애아 보육 활성화 방안을 마련하고 장애아 보육을 확대 실시하여 왔다. 현재 장애아 보육시설은 장애아만을 별도로 분리하여 보육하는 장애전담보육시설과 일반 보육시설에서의 장애아 통합보육으로 구분된다.

현재 우리나라에서 통합보육을 규정하는 법이나 제도가 별도로 마련되어 있지는 않지만, 1996년도부터 지속적으로 보육사업 지침에 장애아 관련 운영지침을 마련하여 장애아동의 보육을 위함 시범교육 지침을 마련하여 실시하고 있다. 그리고 '97년도 보육사업 지침에 의하면, 보육사업추진 계획의 방향을 첫째, 요보호아동의 보육기반 확충, 둘째, 보육여건 조성 및 교육기능 강화, 셋째, 보육료 지원대상 저소득층의 범위와 지원수준의 확대, 넷째, 방과 후 아동보육사업 실시, 장애아 보육 활성화 등 다양한 보육 서비스 제공으로 설정하고 있다. 이러한 내용은 주로 보육시설의 확충과 저소득층에 대한 지원, 보육서비스 질의 향상, 장애아의 보육 활성화 등으로 요약할 수 있다.

이러한 것들을 고려해 볼 때, 보육사업의 욕구증가에 따른 보육시설의 양적인 확충과 더불어 소외계층이나 장애아의 보육에 관한 관심이 고조됨으로써 보육사업의 질적인 향상을 시도하고 있다고 할 수 있겠다.

이처럼 우리나라에서 장애아 통합보육이 공식적으로 논의되기 시작한 지는 얼마 되지 않았으며, 장애아동에 대한 통합보육은 통합교육에 대한 관심이 증대되면서부터 싹트기 시작하였다. 그리고 1994년 특수교육진흥법(현 장애인 등에 대한 특수교육법)이 개정되면서 장애아의 통합교육에 대한 생각이 일부 제도화되었지만, 아직 우리나라에서 장애아동과 장애아 통합보육에 대한 공식적 관심 및 국가의 제도적, 행정적 지원은 너무나도 빈약하다. 장애아동의 통합교육도 열악한 상황에 놓여 있기 때문에 장애아 통합보육을 위해 우리가 해결해야 할 과제는 그만큼 상대적으로 더 많다고 할 수 있겠다(김광웅, 2001).

5. 통합보육 정책

최근 각 국에서는 장애아 통합보육 지향 정책을 개발하고 추진하고 있다. 그러나 세계 여러 나라의 역사와 환경, 국민들의 습관과 인식 등 통합보육에 영향을 미치는 요인들은 매우 다양하기 때문에 이러한 통합보육에 대한 이질적인 요소를 인정하면서 각 국이 가지고 있는 공통적인 요소들을 중심으로 살펴볼 필요가 있다. 그리고 장애아 통합보육을 적극적으로 수용하고 한국형 통합보육으로 개발 · 발전시키기 위해 각 국의 장애아 통합보육에 대한 흐름과 우리가 선결해야 할 과제를 파악하는 것은 중요하다.

1) 미국

미국에서의 장애아동을 위한 통합보육은 1960년대 중반부터 시작되었으며, 현재는 주로 1990년 연방법인 장애인교육법(Individuals with Disabilities Education Act : IDEA)

에 의하여 5세 이하 장애아동에 대한 공교육체계 구축, 무료 특수교육 및 관련 서비스 제공을 하고 있다(U.S. Dept. of Edu., 2000). 즉 정부가 5세 이하의 장애 및 장애 위험 아동에 대한 평가를 실시하고 그 결과에 따라 다양한 장애 영·유아 프로그램 중 적절한 곳에 배치하며, 전문가들의 상호협조 체제에 의하여 장애 영·유아 및 이들 가족에게 필요한 교육 및 의료, 복지 등 관련 서비스를 무상으로 제공하고 있는 것이다.

미국은 1975년 전장애아교육법(Education for All Handicapped Children Act : EAHCA, PL 94-142)을 제정 통과시킴으로써, 장애아동을 위한 무상교육을 의무화하여 특수교육의 새 장을 열게 되었다. 그러나 만 5세까지의 영·유아는 PL 94-142의 혜택범위에 포함되지 않았기 때문에 이들 장애아동은 교육의 혜택을 받지 못하다가, 1986년 PL 99-457의 제정으로 비로소 유아들에게도 적절한 무상교육의 기회가 주어지게 되었다(황용길, 2001). 다시 말해서, 1975년 전장애아교육법의 제정으로 장애아동 교육 연령을 3~21세로 정하고 장애유아 프로그램부터 특수한 교육과 관련 서비스를 제공받도록 되었으나, 이 법에서는 3~5세의 장애아 교육은 지방정부 재량에 의해 실시를 유보할 수 있도록 하였다. 그러다 1983년에 이 법을 수정·보완하여(PL 98-199) 연령을 3세에서 0세로 하향 조정하였으며, 각 주로 하여금 출생에서 5세까지의 조기특수교육에 대한 포괄적 계획을 개발·실시하기 위한 자금을 설치하도록 규정하였다. 이 법에서는 장애가 있다고 고려되는 아동은 다학문적인 배경을 가진 팀에 의하여 자연스러운 환경에서 비차별적 검사가 이루어져야 하고, 평가 및 배치 절차가 적절하여야 하며 이 과정에 부모가 참여하여야 한다고 명시하고 있고, 개별화된 교육프로그램을 최소 제한적 환경(Least Restrictive Environment : LRE)에서 실시할 것을 명시하여 통합교육의 방법을 구체적으로 제시하였다.

1986년에는 전장애아교육법이 장애아교육법(Education Handicapped Children Act : EHCA, PL 99-457)으로 전면 개정되었고, 개정안에서는 각 주정부가 1990-91학년부터 3~5세까지의 장애유아에게 특수유아 교육 서비스를 제공하도록 규정하였으며, 출생~2세까지의 장애 혹은 발달지체 영·유아와 그 가족에게 5년간 조기교육 프로그램을 시범적으로 개발·적용하고, 그 이후부터는 주정부에서 영·유아를 이한 특수교육 프로그램을 개발하여 시행하도록 하였다. 이 법은 전장애아교육법에 비하여 가족 전체에 초점을 두고 장애아동과 그들의 부모를 위하여 다양한 전문인력 팀이 참여하는 개별화가족지원계획(IFSP)을 실시하도록 하고 있다(서문희, 이상헌, 임유경, 2001).

미국은 1997년 다시 개정된 장애인교육법에 따라 장애아동 중 3~5세 아동에 대해서는 최소 제한적 환경에서 교육서비스를 받을 수 있도록 통합교육을 지향하고 있으며 개별화교육프로그램(IEP)이 주를 이루고 있다. 또한 0~2세 아동에 대해서는 자연적인 환경에서 서비스가 제공될 수 있도록 하여 주로 가정이 선호되고 있고 개별화가족지원계획이 주로 적용되고 있다. 특히 3세 미만아의 개별화가족지원계획 대상 중에는 15.5%가 장애위험아동이며, 이들의 조기중재 프로그램에 최초로 연결되는 연령은 15.5개월이고 프로그램이 계획 완료되는 연령은 17.1개월로 조사되었다(U.S. Dept. of Edu., 2000).

한편, 1990년에 제정되어 장애인의 권리장전이라고도 불리는 미국장애인법(Americans with Disabilities Act)은 장애인을 고용, 주 및 지방정부 서비스, 공공설비 및 텔레커뮤니케이션과 관련된 차별로부터 보호하는 가장 포괄적인 연방법으로, 공공설비 속에는 가정보육, 보육시설, 유아원, 유치원 등 민간시설이 포함되고, 또한 비공공기관에 의한 헤드스타트 프로그램이 포함된다. 이에 따라서 보육시설에서는 다른 아동의 건강과 안정에 직접적인 위협이 되거나 프로그램의 기본적인 변화를 요구하지 않고 합리적인 조정으로 보육이 가능한 경우 장애아동을 보육으로부터 제외시킬 수 없다(U.S. Dept. of Justice, 2000).

장애아 통합보육 정책을 살펴보면, 미국은 장애인교육법(IDEA)에 의하여 정부가 장애 및 장애 위험아동에 대한 평가를 실시하고 그 결과에 따라 장애 영 · 유아 프로그램 중 적절한 곳에 배치하는데, 1997년부터 배치기관을 조기교실, 가정보육, 가정, 입원, 외래서비스 시설, 유아원 및 보육시설, 거주시설, 기타 등 8가지로 분류하고 있으며, 학교 이외의 보육시설, 헤드스타트 등에 배치된 경우에도 학교당국에서 직원이나 서비스 제공자를 보내서 서비스를 제공하거나 상담을 하도록 하고 있다(U.S. Dept. of Edu., 2000).

1972년부터는 빈민층 아동을 대상으로 실시하는 헤드스타트 프로그램에 최소 10%의 장애아동이 포함되도록 하여 저소득 장애위험 아동에 대한 조기교육 기회의 장을 마련하였다. 특히 헤드스타트 프로그램의 아동연령이 3세 미만으로 확대됨에 따라서 효과적인 장애아동 조기중재 프로그램으로 평가받고 있다. 이외에도 저소득 취업모 자녀의 보육서비스를 지원하기 위한 아동보육 및 개발 정책보조금(Child Care and Development Block Grant : CCDBG), 장애인교육법의 B장과 C장, 헤드스타트 등 다양한 재원을 마련하여 지원하고 있다(Whitney, Groginsky & Poppe, 1999). 특히 미국 가족 및 인간개발부 보육국(Bureau of Child Care)에서는 1995년부터 보육시설에서의 장애아 통합보육에 관심을 갖고 보육시설에서 통합보육을 성공적으로 실시할 수 있도록 지원하고 있으며, 그 일환으로 1997년부터 통합아동보육사업(The Map to Inclusive Child Care Project)을 실시하고 있다. 이 사업은 최소제한적인 환경 및 자연적인 환경이 강조되면서 각 주가 장애아동에게 저렴하고 접근이 쉬운 아동 보육프로그램 안에서 서비스를 제공할 수 있는 능력을 키워주고자 하는 목적으로 실시되는 것으로, 해마다 10개 주가 이 사업에 참여하도록 재정 지원을 늘려가고 있다. 연방정부에서는 연방법의 재정 및 예산 지원 등을 책임지며 구체적인 장애아동 조기중재의 실질 업무는 모두 주 정부 책임 하에 실시되고 있고, 아동에 대한 검사, 평가, 배치, 개별화 계획 및 실시 등 일련의 교육과정은 교육부(Department of Education)의 주관 하에 이루어지고 있다. 그러나 보육시설에서의 장애아동에 대한 보육은 가족 및 인간개발부(Dept. of Health and Human Services) 아동가정국(Administration for Children and Families) 보육과(Child Care Bureau)에서 담당하고 있으며, 두 부처간의 협조는 매우 원활하게 이루어지고 있다(서문희, 이상헌, 임유경, 2001).

이와 같이 미국의 장애아 통합보육은 법에 의해 권장되고 있으며, 이를 적극적으로 수용하고 있다(Safford, 1989). 따라서 모든 장애아동은 장애의 종류와 정도를 불구하고 정상아동들을 위하여 개발된 교육시설에 수용될 수 있고, 또 이들 장애아동들이 비장애아동 대상의 교육과정을 통하여 교육될 때 더욱 학습의 효과가 높다는 확신이 미국의 특수교육을 이끌고 있는 것이다(Salisbury, 1991).

2) 영국

조기교육의 중요성을 매우 강조하고 있는 영국은 1989년 아동법, 장애인 차별금지법, 1996년 교육법 등에 근거하여 특수교육요구(Special Education Need : SEN) 아동에 대한 조기 교육을 실시하고 있고, 미국에서와 마찬가지로 보육시설도 이들 서비스를 제공하는 기관의 하나로 포함하고 있으며, 보육시설에서의 장애아 보육도 이중의 하나이다.

영국의 교육법(Education Act)은 1902년에 제정된 후 수차례의 개정을 거쳐 오늘에 이르고 있는데, 장애아동 교육, 특히 통합교육과 관련하여 가장 중요한 것은 1978년 장애인 교육조사위원회에 의해 작성된 워노크 보고서(The Warnock Report)이며, 이 보고서 내용은 1981년 교육법에 반영되어 학교와 지방교육당국에 새로운 의무를 부과하게 되었다. 이 법은 장애 분류를 폐지하고 특수교육요구(SEN) 아동에 대한 개념을 확립하였다는 점, 통합보육의 원칙을 세운 점, 그리고 부모의 관여 확충 및 결정에 대한 불복종권이 확립되었다는 특성을 갖는다.

교육법은 특수교육요구 아동의 발견, 평가, 배치 및 부모와의 관계 등 일련의 절차와 재정지원, 개별화교육프로그램, 특수요구아동 조정 인력 배치 및 그 기능 등 특수교육요구아동 보육 전반에 대한 근거가 되고 있다. 특히 특수교육요구 아동의 조기발견과 관련해서는 교육법 332조에서 특수교육요구가 있다고 생각되는 5세미만의 아동을 발견하면 부모나 각 지방교육당국(Local Education Authorities : LEA)에 알려야 한다고 하여 특수요구아동의 조기발견을 위한 노력을 명시하고 있다. 또한 교육법은 장애아동이 각 지역 조기교육기관에서 교육을 받을 수 있도록 하고 있으며, 조기교육기관 범주에는 학교뿐 아니라 다른 보건 및 사회서비스가 포함된다. 특히 특수교육 대상 중 2세 이상은 학교를 중심으로 한 통합교육을 원칙으로 하고 있으며, 2세 미만 아동은 모든 종류의 시설에서 교육이 제공되도록 하고 있다.

장애유아에 대한 특별 서비스에 대한 근거 법규 중 하나인 아동법(Children Act, 1989)은, 먼저 법 제3부 제17조는 지방당국에 대하여 요구가 있는 아동이 가능하면 정상적인 생활을 영위할 수 있는 기회를 주기 위하여 이들을 보호하고 복지를 증진시켜야 할 의무를 명시하고 있다. 이 법에서는 요구가 있는 아동을 세 가지 범주로 분류하고 있다. 첫째, 지방행정당국의 서비스 제공 없이는 합리적인 건강이나 발달 수준을 달성하고 유지하기 어려거나 그러한 기회를 갖기 어려운 경우이고, 둘째, 건강이나 발달이 손상되었거나 서비스 제공이 없을 경우 더욱 더 손상될 것으로 예상되는 경우, 그리고 셋째, 장애의 경우이다. 즉, 요구가 있는 아동의 범위에 현재 상태뿐 아니라 예방적인 차원에서의 위험가능 상태도 포함하여 포괄적으로 정의하고 있다. 지방당국은 이러한 아동에 대한 평가를 실시하여 어떠한 서비스가 아동에게 가장 적절한지를 판단하여 이에 따라 개별화교육프로그램을 수립하여야 하고, 과정에 부모가 참여할 수 있도록 하고 있다.

또한 아동법에서는 보육시설이 교육기관으로 5세 미만 아동의 교육서비스를 담당하는 기관으로 간주하고, 특히 보육시설이 장애나 특수교육요구가 있는 아동의 발달을 촉진시킬 수 있는 매우 적절한 시설이므로 보육시설에서 이와 같은 기능이 잘 이루어질 수 있도록 당국자나 서비스 관계자 등이 협력하여야 하며, 아울러 이 경우에 교사 대 아동 비율이나 물리적 환경을 고려하도록 하고 있다. 특수교육요구 아동에게는 매우 제한적으로 지방정부가 설치 운영하는 공립보육시설(Day Nursery) 입소 우선순위가 주어진다. 교사 대 아동의 비율은 1 : 4를 기준으로 하되, 3세 미만은 유아의 특수한 요구 정도에 따라서 1 : 1부터 1 : 6에 이르기까지 다양하다(Bertram & Pascal, 2000).

장애아 통합보육 정책에 있어서, 영국은 아동 중 3세 미만 아동에 대한 보육과 3세 이상 아동에 대한 교육으로 보육과 교육이 이원화된 체계를 갖고 있는 국가로 취학 전 5세 아동에 대해서는 무상교육이 실시되고 있다. 일반 3세 미만 아동에 대한 공적인 차원에서의 교육은 없으나 특수한 요구가 있다고 판단되는 아동에 대해서는 3세 미만이라도 특수한 교육의 기회를 제공하고 있다.

영국에서는 통합이 특수한 요구를 가진 아동을 위한 주된 교육 정책이지만 3세 이상 장애아를 위한 교유기관으로는 특수학교(Special School)도 통합의 한 부분으로 중요한 역할을 하고 있다. 특수학교의 교육은 무상으로 이루어지며 일반 학교처럼 학기제로 운영된다. 특수학교의 교사 대 아동비율은 1:4이다. 한편, 기회집단(Opportunity Groups)에서는 연령에 관계없이 분리된 장애아동 교육을 실시하고 있다. 기회집단은 각 지방교육당국(LEA) 또는 사회사업부(Social Service Depart)가 운영하는 것으로 특수한 요구를 가진 아동이 주류화된 유치원 또는 초등학교에서 통합교육을 받기 전에 통합을 촉진시키는 준비단계로서의 교육을 제공받는 제도이다. 이 역시 무상으로 운영되며 교사 대 아동의 비율이 1 : 4이다.

영국에서는 앞에서도 언급한 바와 같이 아동의 보육과 교육이 아동에 대한 동일한 서비스의 두 가지 측면이라는데 보편적으로 동의하고 있다. 따라서 최근에는 연방교육 및 고용부에서 교육과 보육을 통합하여 조기발달 및 보육 파트너십(Early Year Development and Child Care Plan : EYDCP) 계획을 수립하여 시행하고 있다. 이 계획에는 보육서비스 제공자도 타 교육관계자와 마찬가지로 교육 및 보육 파트너의 하나로 역할을 담당하고 있다. 이와 같은 서비스 대상에는 특수교육요구 아동도 비장애아동(일반아동)과 함께 포함하고 있다(U.K. Dept. of Edu. and Employment, 2001).

3) 호주

호주의 장애아 통합보육의 기초가 되는 법은 1986년 장애인서비스법(Disability Service Act : DSA) 및 1992년 장애인차별금지법(Disability Discrimination Act : DDA) 이다. 장애인차별금지법(DDA)은 장애를 가진 사람이 법 앞에 평등하고 장애를 가졌다는 이유로 차별 받는 것은 불법임을 나타내고 있는데, 장애아동이라는 이유로 차별받지 말아야 할 여러 가지 영역을 명시하고 있으며 제24조는 교육에 관한 것이고 제26조는 서비스 및 시설 이용 등과 관련된 것이다.

호주는 영 · 유아 보육과 교육의 이원화에 따라 장애아동의 교육과 보육도 각기 장애인차별금지법 등에 기초하여 교육정책과 보육정책이 별도로 실시하고 있다. 장애아 교육 분야에서는 1992년 장애인차별금지법 및 교육법에 기초하여 교육 및 훈련에 있어서 장애아동 교육기준을 마련하여 학교는 물론 교육제공자 모두가 이에 적용을 받도록 하고 있고, 영 · 유아 시설인 유아학교와 유치원도 적용을 받는다. 그러나 보육제공자는 제외하고 있다. 따라서 장애아동은 주의 서비스센터나 공교육제도 내에서 특수학급이나 일반학급 등에서 무상의 교육을 받을 수 있고, 보육은 무상으로 제공되지는 않으나 동일한 법에 근거하여 보육사업 지침 등을 통해 장애아동에 대한 보육 및 지원 방침을 정하고 있다.

호주의 장애아 통합보육 관련 정책을 살펴보면, 호주 보육당국은 장애를 이유로 차별하는 것을 불법으로 정한 장애인차별금지법에 의하여 장애아동 보육을 비장애아동과 통합하여 실시하고 있다. 또한 정부 지원에 의하여 통합보육이 비교적 활발하게 실시되고 있다.

1994년 호주 연방정부의 장애전략은 '통합과 열린 접근을 위한 전략'이라는 제목으로 장애인에 대한 정책의 방향을 통합으로 정하고 있음을 밝힌 바 있고 그 대상의 하나로 어린이를 포함하고 있다. 호주 장애아동 조기중재는 아동의 장애범주보다는 아동의 문제 중심의 비범주적 접근, 통합, 다학문적인 전문가 팀에 의한 접근, 자연적 환경에서의 교육을 지향하고 있고, 최근에 부모의 참여가 강조되고 있고 치료 중심에서 교육중심으로 변화하고 있다(정동영, 1998).

호주는 장애아동에게 장애아동수당을 지급하고 있고, 또한 아동보육수당제도(Child Care Benefit)를 통하여 가구소득, 보육비용, 보육자녀수, 보육시간 등에 따라 자산조사에 기초하여 보육료를 차등 지원하고 있는데, 장애아동을 보육하는 경우에는 이를 추가적인 요구(additional need)를 가진 아동 보육지원 계획에 포함시켜서 장애아 보육에 추가적으로 소요되는 비용을 별도로 지원하고 있다.

장애아동 관련 행정은 보육과 교육의 이원화에 따라 장애아동 교육은 연방정부 교육부(Dept. of Education)에서 총괄하고 있고, 장애아 보육에 대한 정책은 연방 보건 및 가족서비스부(Dept. of Health and Family Services)에서 책임을 진다. 연방정부는 연방 법규의 재정이나 예산의 지원을 담당하고 있으며 실제의 모든 구체적인 계획의 수립 및 정책은 각 주에서 책임을 지고 실시되므로 각 주마다 많은 차이가 있다(서문희, 이상헌, 임유경, 2001).

4) 일본

일본은 교육기본법과 장애자기본법, 모자보건법 및 아동복지법 등 여러 가지

법적 근거를 통하여 장애 영 · 유아에 대한 각종 서비스를 제공하고 있으며, 특히 모자보건법에 의한 모자보건사업은 장애아동의 조기발견과 조기개입의 탁월한 기능을 가지고 있다.

1947년에 아동복지법의 제정으로 탁아소, 각종 장애아동을 위한 통원시설 등 복지시설의 근거 법률이 되면서 장애아동에 대한 조기중재가 시작되었다. 1957년에 '정신박약아 통원시설 규정'이 제정되어 6세 이상 학교교육법에 의하여 취학의무 유예 또는 면제를 받는 아동 이외의 장애 영 · 유아들의 교육시설로 활용할 수 있게 되었다.

신생아를 대상으로 선천성 대사이상 검사를 실시하는 것 이외에도 1961년부터 의사에 의한 3세아 종합건강검진을 실시하고 있고 1990년부터는 여기에 시청각 검진을 추가하였다. 그리고 1977년부터는 1년 6개월이 되는 아동의 건강진단을 실시하고 있으며, 1987년부터는 건강검진 결과 이상이 인지되는 아동은 각 진료과별 전문의사에게 정밀 건강진단을 받도록 하고 있다. 이는 아동 초기의 신체 운동기능, 감각기능 및 정신발달의 장애나 지체를 조기에 발견하여 조기치료, 조기교육을 실시함으로써 장애의 감소 및 예방을 할 수 있는 중요한 체제가 마련된 것이라 할 수 있다. 한편 1979년부터는 심신장애에 대한 상담, 지도, 진단, 검사를 실시하여 심신장애아의 조기발견, 조기교육 체제의 실현을 위해 심신장애아 종합통원센터가 각 지방에 설치되어 특수유아교육의 일익을 담당하게 되었다. 따라서 오늘날 각종 시설이나 통원 시설들이 특수학교 유치부나 유치원보다 더 활발하게 장애아동에 대한 교육을 담당하고 있다.

일본의 특수교육은 교육기본법 및 학교교육법에 의하여 특수학교에 유치부를 설치하고 있어서 이들에 대한 의무교육이 실시되고 있다. 1969년 특수학교에 유치부 설치 5개년 계획을 추진하였으며, 또 1979년부터는 양호학교 전면 의무교육화가 시행되었다. 그러나 일본은 치료교육이 대전제이며, 장애아동에 대한 이해나 계몽에 관한 이해나 통합을 장려하는 법이 없다. 또한 각각의 법률들이 개별적으로 사업을 실시하고 보육과 교육이 이분화 되어 있기 때문에 통합적이고 효율적인 서비스의 전달 측면이 취약하다는 평가를 받고 있다.

일본의 장애아 통합보육 관련 정책을 살펴보면, 우선 일본에서 장애아 보육은 1974년부터 시작되었다. 1974년에 '장애아 보육사업 실시요강'이 시행되어 이에 일정한 보육소를 통합보육소로 지정하여 4세 이상 경증 장애아동을 보육대상 아동으로 장애아 보육을 시범적으로 실시하였다. 1978년에는 보육시설에서의 장애아 보육을 보다 원활하게 추진하기 위하여 종래의 지정 보육소 제도를 없애고 일반 보육소가 장애아동을 보육할 경우에는 모두 가산방식으로 보육비용을 지원하였다. 또한 대상 아동도 종래의 경도 장애아동에서 중도의 특별아동부양수당 지급대상 중에서도 집단보육이 가능한 아동이면 보육시설에서 받아들이도록 하여 보육대상을 확대하였다. 1982년에는 보건의료, 교육 및 복지 등으로 분산되어 있는 장애아동에 대한 서비스를 개선하여 통합적인 서비스를 효율적으로 제공하기 위하여 '장애자 대책에 관한 장기계획' 등을 통하여 장애아 조기발견, 조기치료, 조기교육을 위하여 의료, 복지, 교육의 각 분야 즉, 의료기관, 보건소, 아동상담소, 심신장애아 종합통원센터, 아동복지시설, 특수교육센터, 각종 특수학교 부설 유치원 등을 각 역할과 지역의 실정에 따라 통합 · 정비하였으며, 일반 유치원에서의 통합교육의 강화를 위한 제도를 보완하였다.

그리고 1998년부터는 후생보험특별회계에 의하여 매년 30억원의 예산을 확보하여 장애아 보육촉진사업을 추진하고 있는데, 장애아동 4명당 보육사 1인을 배치하는데 드는 비용 보조와 새로이 장애아 보육을 실시하고자 하는 보육시설에 대한 개보수, 도구 구입, 교사교육 등에 소요되는 경비를 지원하고 있다.

이러한 정책에 따라 장애아 보육시설 수 및 아동수도 증가되어 왔는데, 보육시설에서의 장애아 보육은 모두 통합보육이다(후생성, 1999).

지금까지 국외 여러 나라의 장애아 통합에 관련된 법, 제도 및 정책을 살펴본 바에 의하면, 통합이라는 개념은 1970년대 이후 전 세계 특수교육의 방법론과 교육프로그램 구성에 관한 논의에서 가장 중요한 논쟁의 초점이 되어 왔음을 알 수 있다. 장애아동의 통합교육을 제도화하기 위한 전문적 압력은 1960년대 후반부터 대두되기 시작하였으나 통합교육 운동으로 인하여 특수교육이 커다란 발전적 변화를 겪게 된 것은 70년대부터이다(김광웅, 2001).

5) 우리나라의 통합보육 정책, 법, 제도

우리나라의 장애아 통합교육은 1971년 일반학교에 특수학급이 설치된 이래 일반교육의 환경에 장애아동을 통합시키려는 노력이 지속되어 왔다. 우리나라의 장애영 · 유아 교육 및 보육과 관련된 법률은 교육기본법, 초 · 중등교육법, 특수교육진흥법, 영유아보육법, 장애인복지법, 그리고 아동복지법 등이다.

모든 국민에게 능력에 따라 적절한 교육을 받을 권리를 헌법으로 보장하고, 특수교육진흥법과 동법 시행규칙에 의해 장애아동과 그 보호자가 교육환경을 선택할 수 있도록 규정함으로써 장애아동의 교육권 보장에 주력해 왔다. 특히 특수교육진흥법의 제정은 정부가 장애아동을 일반교육 환경에서 교육하려는 의지를 표명하고 정책적으로 접근하게 된 중요한 계기가 조성되었다. 이것은 우리나라의 특수교육이 분리교육을 통한 교육기회 확대 차원에서 통합교육을 지향함과 동시에 아동 개인의 교육적 욕구를 적절히 보장해 줌으로써 특수교육의 질적 향상을 도모하려는 국가적 의지라 할 수 있다(신진숙, 1998).

1994년 개정된 특수교육진흥법(현 장애인 등에 대한 특수교육법)은 장애아동의 조기교육 중 조기중재에 대한 구체적인 법으로, 특수교육을 필요로 하는 사람에게 국가 및 지방자치단체가 적절하고 고른 교육기회를 제공하고, 교육방법 및 여건을 개선하여 자주적인 생활능력을 기르게 함으로써 그들의 생활안정과 사회참여에 기여함을 목적으로 제정되었다. 장애인 등에 대한 특수교육법(전 특수교육진흥법)에서는 특수교육에 대한 정의, 대상자, 배치, 비용, 장애에 대한 조기 발견, 통합교육, 개별화교육 등에 대하여 구체적으로 제시하고 있다. 교육방법으로 특수학교 외에도 일반학교에서의 통합교육을 실시하도록 하고 있으며, 학교 이외의 장소, 즉, 장애인복지시설, 아동복지시설, 치료기관, 가정 등에 순회교육도 실시 가능하다고 명시하고 있다. 특수교육 대상자는 그 특성에 적합한 개별화교육을 받게 되며, 특수교육대상자가 배치된 학교는 개별화교육지원팀을 구성하여 개별화교육프로그램(IEP)을 작성해야 한다. 여기에는 대상 아동의 인적사항, 특별한 교육지원이 필요한 영역의 현재 학습수행 수준, 장 · 단기 교육목표, 교육내용, 교육방법, 평가계획 및 제공해야 할 특수교육 관련 서비스 내용과 방법 등이 포함되어야 한다. 이 외에도 동법 시행령 제2조에 의하면, 교육부장관, 보건복지부장관 및 노동부장관은 특수교육의 내용 및 방법의 연구 · 개선의 규정에 의하여 특수교육에 관한 정보를 교류하는 등 특수교육의 진흥에 필요한 상호협력을 위하여 협의체를 구성 · 운영한다고 규정하여, 장애아동에 대한 특수교육 협의체의 구성 · 운영의 근거를 마련해 놓고 있다.

그러나 이 법은 유치원 입학대상인 만3세부터 초등학교 취학 전까지의 유아의 교육은 의무교육 대상에서 제외되며, 장애아동의 특성상 출생 시부터의 교육이 중요함에도 불구하고 0~2세 장애영아의 교육에 대한 공교육적 대책은 규정되어 있지 않다. 또한 영 · 유아 교육기관으로 유치원에만 한정하고 있으며, 장애아동 특수교육에 관하여 부처 간 협의체가 구성되어 있지 않다(서문희, 이상헌, 임유경, 2001).

그리고 통합보육과 관련하여 아동복지법에서는 국가와 지방자치단체는 장애아동의 권익을 보호하기 위하여 필요한 시책을 강구하여야 한다고 하고 있으나 장애아동의 통합보육과 직접 관련된 조항은 없다. 또한 장애인복지법도 장애아동에 대해서는 교육과 장애아동 부양수당에 대한 조항을 두고 있으나 장애아 통합보육에 대해서는 언급하지 않고 있다.

영유아보육법에서도 장애아 보육이나 통합보육에 대한 별도의 언급은 없고, 동법 시행규칙에서 장애아 보육을 위한 보육교사 배치기준 및 시설 설치 기준, 통합이 어려운 아동을 위한 장애전담 보육시설 설치 및 종사자 기준에 대하여 정하고 있다. 이것은 보육시설이 중증 장애아동을 위한 분리된 시설로서의 기능을 한다는 것을 명시한 것이다. 그리고 보육사업 안내로 장애아 기준, 장애전담보육시설에 대한 지원 방침 및 보육료를 제시하고 있을 뿐이다.

우리나라의 장애아 통합보육 관련 정책을 살펴보면, 우리나라의 장애아 보육은 1994년을 기점으로 1995년부터 장애아보육시설에 대하여 영아전담시설에 준하여 지원하도록 하고 인력과 시설 기준을 제시하였고, 1996년도에 본격적으로 장애아 보육 활성화 방안을 마련하고 장애아 통합보육을 확대 실시하여 왔다. 현재 장애아

보육시설은 장애아만을 별도로 분리하여 보육하는 장애전담보육시설과 일반 보육시설에서의 장애아 통합보육으로 구분된다.

통합보육시설에 대한 설치기준은 보육사업 안내에서 장애아동 20명 이상 보육하는 시설은 보육시설 설치 기준 이외에 「장애아, 노인, 임산부 등의 편의 증진보장에 관한 법률」이 정하는 시설 및 설비를 갖추어야 한다고 정하고 있으며, 장애아 보육의 교사 대 아동 비율은 영유아보육법 시행규칙에서 1:3으로 규정하고 장애아 9인당 특수교사 자격을 가진 자 1명이 포함되도록 하고 있다(부록 참조).

이상과 같이 우리나라 장애아 통합보육 관련 법, 제도 및 정책에 관해서 살펴보면 결과, 우리나라의 장애아동에 대한 보육은 특수유치원, 보육시설, 복지관 등 사회복지시설, 사설 조기교육기간 및 병의원 등 치료기관을 중심으로 실시되고 있으나, 종합적인 장애의 조기발견, 진단, 배치 등에 대한 체계가 마련되어 있지 않다. 장애아 교육 및 보육도 비장애아동의 교육 및 보육과 마찬가지로 모두 분리된 형태 위주로 실시되고 있으며, 최근에 들어서야 비로소 통합보육에 대한 관심이 높아지고 있는 실정이다.

또한 법적 · 행정적인 통합으로의 정책수립과는 달리 교육실천면에서는 교사들의 전문성과 자율성이 위축되어 있고 일반교사와 통합교사 간의 상호협력을 위한 분위기가 조성되어 있지 못하다. 또 과밀한 학급당 인원수, 장애아동에 대한 비장애아, 교사, 및 부모의 편견 등과 같은 장벽들은 완전통합보육의 실현을 어렵게 하고 있다.

이처럼 우리나라에서 장애아 통합보육이 공식적으로 논의되기 시작한 지는 얼마 되지 않으며, 장애아동에 대한 통합보육은 통합교육에 대한 관심이 증대되면서부터 싹트기 시작하였다. 1994년 특수교육진흥법(현 장애인 등에 대한 특수교육법)이 개정되면서 장애아동의 통합교육에 대한 생각이 일부 제도화되었지만, 아직까지도 우리나라에서 장애아동에 대한 공식적 관심과 국가의 제도적, 행정적 지원은 너무나도 빈약하다. 장애아 통합교육이 열악한 상황에 놓여 있는 만큼 장애아동의 통합보육을 위해 우리가 해결해야 할 과제는 그만큼 상대적으로 더 많다고 할 수 있겠다(김광웅, 2001).

6. 통합보육의 목표

장애아 통합보육의 목표는 장애아동에게는 장애를 조기에 발견하고 교육하여 장애의 정도를 최소화하며, 1차적인 장애로 인해 2차, 3차의 장애를 미연에 방지할 수 있도록 하며, 가능한 조기에 장애아동에게 사회적 통합의 기회를 부여함으로써 장애아동의 잠재능력을 최대화하는 한편, 사회적 적응기회를 확대시킴으로써 사회적 기술을 좀 더 향상 시킬 수 있도록 하는데 있다. 반면에, 비장애아동에게는 장애아 통합보육을 하게 됨으로써 장애가 있는 아동들과 함께 생활함으로써 장애에 대한 선입관이나 사회적 인식을 극복하여 더불어 사는 올바른 인성과 건강한 사회의식을 갖게 하는데 있다. 이러한 장애아 통합보육의 성공을 위한 통합보육의 목표에 대해 구체적으로 설명하면 다음과 같다.

1) 신체활동의 기초기능과 조정능력을 갖게 한다.

아동의 신체발달은 다른 모든 발달의 출발점이 된다. 그러므로 통합보육은 앉기, 기기, 걷기, 뛰기 등의 대근육운동과 손가락을 민첩하게 움직이는 등의 소근육운동의 발달을 체계적으로 촉진하여 원활한 신체조정능력을 가지게 하고 감각과 운동 간의 협응력을 길러 간단한 사물을 조작하게 하며 신체활동을 느끼고 적극적으로 참여하는 태도를 갖게 하는 것에 있다.

2) 기본적인 신변처리 능력을 갖게 한다.

먹고 입기, 씻기, 대소변처리하기 등의 기초생활기능은 의존적인 태도에서 벗어나 스스로 자기 자신을 돌보아 독립적인 생활을 하게 하는 가장 기초적인 영역이다. 따라서 통합보육을 통해 특정 시간뿐만 아니라 보육시설의 일상적인 생활 속에서 반복적으로 지도하고 가정과의 긴밀한 연계 속에서 신변처리 능력이 향상되도록 지도록 하는데 있다.

3) 기본적인 생활용어를 이해하고 자기 의사표현을 할 수 있게 한다.

장애아동은 대부분 언어발달에 지체를 나타내는데, 통합보육을 함으로써 비장애아동들의 말에 관심을 가지고 주의 깊게 듣는 태도를 가지게 하고 자신의 의사를 적절한 표정과 몸짓으로 반응하게 한다. 또한 일상생활과 관련된 말을 이해하고 자신의 의사를 말로서 적절하게 표현하게 하는데 있다.

4) 주변 환경에 관심을 가지고 자신의 감정을 긍정적으로 표현하는 태도를 기르게 한다.

표현활동은 아동의 생각과 느낌을 다양한 활동을 통하여 자발적, 창의적으로 표현하도록 지도함으로써 정서적인 안정감과 심미감을 기르기 위한 영역이다. 그러나 장애아동의 경우 이러한 활동을 지나치게 기능습득 위주의 활동으로 치우치기 쉬우므로 장애아동에게도 자신의 느낌을 놀이나 음악 및 미술활동 등을 통하여 자유롭게 표현하도록 하여 정서적 안정감을 갖도록 하는 것이 필요하다. 따라서 통합보육을 통해 이러한 표현활동을 하는 과정에서 자신의 감정을 자연스럽고 적절하게 조절하여 올바른 방법으로 표현하도록 하게 하는데 있다.

5) 단체생활에 적응하는 태도를 갖게 한다.

대부분의 장애아동들은 비장애아동에 비해 사회성이 지체되어 있는데, 이와 같은 사회성 결여는 장애아동들이 성장 · 발달해 가는데 많은 제한을 가져온다. 따라서 가정 위주의 활동에서 벗어나 통합보육을 경험함으로써 보육시설이라는 단체에서 다른 아동들과 사이좋게 지내고 다른 아동으로부터 거부당하지 않도록 상황에 맞는 규칙을 지키며 행동하도록 지도하는데 있다. 그러므로 장애아동을 위해 부적절한 행동보다는 바람직한 행동을 하게 될 때 즉각적인 반응으로 지도해야 한다.

6) 사물을 바르게 지각하고 변별하여 사물의 기본적인 속성을 구별하게 한다.

장애아동의 인지발달은 다른 영역의 발달지체로 인하여 비장애아동에 비해 매우 지체되어 있고 제한되어 있다. 그러므로 통합보육을 함으로써 감각훈련을 통해 사물을 바르게 지각하고 변별하게 하고, 다양한 조작활동을 통하여 사물의 속성과 수량에 관심을 갖게 하는데 있다.

7) 장애아동에게 통합보육의 기회를 조기에 제공하게 한다.

통합보육은 개별적이고 집중적인 교육활동을 통해 장애아동이 가지고 있는 장애정도를 최소화하고 비장애아동과 교류함으로써 사회적응력을 최대한으로 촉진시켜 조기에 비장애아동과 함께 교육받을 수 있는 기회를 제공하는데 있다.

7. 통합보육의 효과

통합보육의 효과는 장애의 종류와 정도, 연령 교육 프로그램의 성격 효과 평가의 내용, 교사 사회 · 문화적 배경 등 여러 요인에 따라 그 결과가 다를 수 있다.

장애아 통합교육 효과에 대한 연구에서 김광웅(1990)은 장애아동의 통합은 나이 든 장애아동의 경우보다 긍정적인 사회적 상호작용의 증가, 비장애아동 행동의 모방학습, 사회적 친숙성의 증진 등에 있어서 효과적이라고 하였다.

장애아동의 통합보육은 가변성이 아주 큰 발달초기에 결핍된 문화적 자극을 갖기 쉬운 장애아동에게 꼭 필요한 교육방법일 뿐 아니라 비장애아동에게 있어서도 장애아동의 개성과 독특성을 인정하며 어떠한 편견도 갖지 않고 그와 더불어 함께 살아갈 수 있는 기회를 마련해 줄 수 있는 교육방법이라고 볼 수 있다.

사회적 상호작용, 놀이, 모방을 통한 장애아동의 통합보육의 효과를 살펴보면 다음과 같다.

1) 사회적 상호작용을 통한 효과

통합의 목적은 장애아동을 단순히 비장애아동과 같은 생활환경에서 지내도록 하는 물리적 통합에 있는 것이 아니라, 상호간의 이해와 교육을 통해서 장애아동이 정상에 가까운 활동과 태도를 갖게 하고, 장애아동뿐만 아니라 비장애아동도 장애아동과의 긍정적인 상호작용을 통해 이익을 얻게 하는데 있다.

Jenkins(1985) 등은 자유놀이에서 나타나는 장애아동의 또래에 대한 언어적 · 신체적 접근행동과 협동놀이 행동이 통합된 학급과 분리된 학급에서 어떤 차이를 보이는가를 관찰했는데, 새로운 친구 사귀기 상황에서 통합된 학급의 장애아동이 협동놀이 행동과 같은 고도의 사회적 행동을 유의하게 보다 많이 나타내었음을 발견하였다.

Buysee와 Bailey(1993)는 장애아동과 비장애아동의 통합과 분리에 관한 비교연구한 22편의 결과물을 종합 검토한 결과, 장애아동의 사회적 행동 중 동료를 쳐다보고 접근하는 시간의 연장, 동료관련 행동의 증가, 동료와의 적극적인 상호작용의 증가, 사회적 참여수준의 향상, 동료에 대한 대화의 증진, 교사의 주의를 끄는 행동이 현저하게 줄어드는 등 사회적 생동의 결과가 월등히 좋아졌는데 이는 사회적 상호작용의 긍정적 효과 때문이라고 하였다. 또한 통합보육을 실시하게 될 때 부딪치는 문제 중 하나는 비장애아동을 장애아동과 함께 교육시킬 때 그들에게 부정적인 영향을 미치게 되지는 않을까 하는 우려가 있는데, 이러한 우려를 해결하기 위한 많은 연구에 의하면 통합보육이 비장애아동에게 미친 부정적인 영향은 없었으며, 오히려 교과과정과 교육방법에 대한 신중한 배려로 인해 발달면에서 혜택을 받은 것으로 나타났다(Odom & McEvoy, 1988; Bailey & Wolery, 1992).

이상과 같이 통합경험에 의한 사회적 상호작용의 효과는 장애아동이 비장애아동의 행동을 관찰하고 모방하여 비장애아동과의 바람직한 상호작용을 통해 바람직하지 않은 행동 감소시키고 사회적으로 수용할 수 있는 다양한 행동들을 배울 수 있다는 것이다. 또한 장애아 통합보육 프로그램이 신중하게 계획되고 실시되어 질 때 장애아동에게 뿐만 아니라 비장애아동에게도 교육적으로 긍정적인 영향을 미치고 있음을 알 수 있다.

2) 놀이를 통한 효과

아동은 놀이를 통해 학습하고 놀이는 학습과 발달을 위한 동기적 요인이 되며, 아동에게 있어서 생활 그 자체이면서 동시에 학습과정에서도 필수적인 역할을 한다. 아동 대부분은 놀이를 통하여 새로운 지식을 얻게 되고 타인이나 환경과 상호작용하는 법을 배우며 신체적 발달 및 정서적, 심미적 경험을 습득하고 표현할 수 있게 된다.

또한 놀이를 통해서 신체, 정서, 언어, 인지 및 사회성 등 모든 영역의 발달은 물론 아동의 부적응 행동을 치료할 수 있다. 또한 놀이상황에서 비장애아 또래들은 지체된 아동들에게 놀이기술이나 놀이행동의 모델로서 성인보다 훨씬 적절하고 효과적이다.

Beers와 Weharmn(1985)은 장애아동에게 있어서 놀이는 운동 · 언어 · 인지 · 사회적 기능에 있어서 바람직한 행동발달을 촉진하며, 하나의 기능이 학습되면 아동에게 즐거움을 주는 방법으로 그 기능을 연습하고 강화하기 위한 수단을 제공하며, 아동이 놀이 활동에 적극적으로 참여하게 된다면 사회적으로 용인되기 어렵다고 생각되는 행동(자기자극하기, 자해행위, 전형적인 흔들기 행위)이 놀이를 통해 억제되거나 감소되며, 또한 놀이는 모든 연령의 사람들에게 재미, 즐거움, 일상으로부터 기분전환을 제공해 주며 장애아동에게도 즐거움을 제공해 주는 등의 기능을 가지고 있다고 하였다.

Fewell과 Kaminski(1988)는 지체장애아동의 놀이를 연구한 결과 지체장애가 있는 아동은 이동능력의 한계로 인해 환경을 탐색하거나 사회적 놀이를 할 기회가 제한되어 있다는 것을 알아내었다. 그들의 놀이는 덜 복잡하고 주위를 배회하거나 멍하니 쳐다보는 시간이 많아 동료와의 사회적 놀이보다는 혼자 노는 영향이 많다고 하였다.

이상의 결과로 보아 장애아동과 비장애아동의 놀이를 비교해 보았을 때 장애아동은 장애영역이 달라도 놀이발달이 비장애아동에 비해 뒤떨어져 있으며, 이러한 놀이의 지체는 장애아동의 언어, 인지, 사회성과 높은 상관이 있는 것으로 나타났다. 따라서 장애아동과 비장애아동의 놀이에 의한 통합에 있어서 교사의 의도적인 주장은 장애아동의 놀이를 통한 효과를 증진시켜 줄 수 있을 것이다.

3) 모방을 통한 효과

모방은 행동학습의 중요한 기제로서 특히 나이가 어린 아동들에게서 더욱 활발하고 일어나며, 모방학습이 바람직한 행동을 습득, 증가시키거나 부적절한 행동을 감소시키는 등 장애아동의 행동변화에 중요한 역할을 수행한다는 것에 관한 연구는 1960년대부터 수행되어 왔으며, 그 결과는 상당히 일치된 견해를 보여준다. 즉, 장애아동이 비장애아동의 행동을 관찰함으로써 새로운 적절한 행동을 습득한다던지 부적절한 행동이나 반응을 감소시켜준다는 독자적인 교육의 의도도 있을 수 있지만 장애아동과 비장애아동 사이의 사회적 상호작용을 유도하거나 증가시키는데 모방효과는 크다고 할 수 있다.

Cooke(1997) 등은 3년 동안 몇 개의 통합 프로그램이 진행되는 과정을 계속 관찰 · 평가하여 얻은 결론에서 장애아동의 행동을 모방하도록 직접적인 강화가 주어지지 않은 한, 장애아동의 행동에 대한 비장애아동의 모방은 일어나지 않는다고 하였다.

김광웅(1990)은 발달지체아동은 비장애아동과 함께 생활함으로써 더욱 훌륭한 역할모델을 갖게 되며 단순한 분리교육은 오히려 발달에 적합한 행동을 익히는데 제한된 환경이 된다고 하였다. 언어지체아동은 연령에 적합한 언어기술을 가진 비장애아 집단에서 말하기를 보다 더 쉽게 익힐 수 있다는 것이다.

이와 같이 모방과 이에 대한 강화는 장애아동의 새로운 행동의 습득이나 행동의 변화에 기본이 되는 기제로서, 통합보육의 효과를 설명하거나 증진시키는데 중요한 개념이라는 점과 통합된 상황에서 아동은 모두 장애아동보다는 비장애아동을 행동모델로 선택함으로써 모방학습으로 인한 비장애아동에 대한 부정적인 영향을 발생하지 않는다.

4) 바람직한 인성학습을 통한 효과

요즈음은 혼자서 자라는 아동이 많기 때문에 자기중심적이며 남을 이해하는 면이 낮다. 그러므로 장애아동과 함께 교육을 함으로써 배려심, 이타심, 리더십, 공동체의식 등 장애에 대한 이해와 수용 및 인간에 대한 존중을 배우는 등 성장기 아동에게 정서적으로 매우 필요하다 하겠다. 이런 측면에서 장애아 통합보육은 비장애아동에게 인간의 다양성과 존엄성을 장애아동을 통해 생각해 볼 수 있도록 해 주며, 배려에 대한 마음과 태도발달에 도움을 준다. 또한 인간의 다른 점에 대해 수용하는 마음과 다른 사람에 대한 배려가 더 증가하고 성장하게 되며, 장애인에 대한 관심과 자원이 더 많이 향상된다고 하겠다.

장애아 통합보육의 경험은 비장애아동에게 장애아동에 대한 두려움이나 오해가 감소되어 장애아동을 자연스럽게 대할 수 있게 되며 비장애아동 자신의 건강함에 대한 감사하는 마음을 가지게 한다. 또한 다른 사람들을 도울 기회를 갖게 되어 다양한 사회적 행동을 배우게 되며 장애아동을 이해하고 함께 어울리는 통합보육 자체가 비장애아동에게는 다른 어떠한 교육보다도 바람직한 인성교육의 지름길이 된다고 할 수 있겠다(1996. 이소현).

5) 부모들에게 효과

통합보육은 장애아동의 부모에게 긍정적인 효과를 가져온다. 장애아동의 부모들은 장애아동 양육에 많은 시간과 노력을 요구받으며, 일상생활에서 부모에 대한 의존도가 높아 추가적인 양육부담이 크기 때문에 육체적 · 정신적 피로를 더 많이 느낀다. 그러나 통합보육을 받게 됨으로써 장애아동 교육과 치료에 부가되는 경제적 부담을 줄이고 장애아동 가족 자체의 정서를 안정시킴으로써 양질의 교육을 가능하게 하는 효과를 가져온다.

또한 비장애아동의 부모에게도 많은 영향을 미친다. 통합경험을 통하여 비장애아동들이 장애인에 대해 더 많은 이해를 하고, 자신의 자녀에게 인간 성장과 발달의 차이점을 가르치는데 좋은 경험이 된다. 또한 장애아동을 둔 부모들에게서 자녀 양육에 대한 문제점 등을 극복하는 방법을 터득하게 된다.

통합보육 과정

제 3 장

1. 통합보육 요인과 통합을 위한 준비
2. 통합교실 배치와 통합유형
3. 통합보육 과정
4. 통합보육 프로그램

1. 통합보육 요인과 통합을 위한 준비

1) 통합보육에 영향을 미치는 요인

Guralnick(1982)가 제시한 통합보육 프로그램에 영향을 미치는 요인으로는 교사와 아동의 비율, 비장애아동과 장애아동의 비율, 장애의 유형, 통합보육을 위한 준비와 교사의 훈련수준, 발달단계에 따른 프로그램, 교실공간구성과 교재교구의 배치, 장애아동의 발달수준과 장애정도, 함께 참여한 비장애아동의 생활연령, 유아교육의 질/중재 프로그램, 통합을 위한 장애아동과 비장애아동의 준비, 자원전문가, 아동과 상호작용에 필요한 대인관계기술, 장애아동과 비장애아동 사이에 있어서 발달수준의 조화 등이다.

성공적인 장애아 통합보육에 영향을 미치는 중요한 요인을 설명하면 다음과 같다.

(1) 장애아동과 비장애아동의 비율

통합보육에 포함된 장애아동의 비율에 대한 문제는 여러 가지 복합적인 요인이 작용하기 때문에 일률적으로 적용하기는 곤란하다. 실제로 여러 연구들에 의하면 통합된 환경에서 장애아동의 비율은 1명에서부터 5-10%로 다양한데, 현재 우리나라에서는 장애아동 비율을 아동 정원의 20%까지 허용하고 있다. 즉, 통합보육에서 장애아동과 비장애아동의 비율을 일률적으로 말하기는 어렵다. 따라서 통합보육 프로그램에서 장애아동과 비장애아동의 비율은 장애아동이 통합된 환경이나 통합보육을 지원하는 교사의 수, 교사의 능력 그리고 장애아동의 장애정도, 생활연령 등에 따라 융통성 있게 적용하는 것이 바람직하다 하겠다.

(2) 장애아동의 준비

많은 장애아동들은 통합된 학급에 적응하는데 필요한 사회적 기술이 부족하기 때문에 곤란을 겪게 된다. 다시 말하면, 장애아동의 경우는 사회적 단서에 대한 해석 능력이 부족하고, 대인관계에서 적절한 전략을 사용하는 기술이 부족하기 때문에 사회적 문제해결 과정에서 여러 가지 곤란을 겪게 된다. 따라서 장애아동이 성공적인 통합보육을 받을 수 있으려면 최소한의 기본적인 사회적 기술을 가지고 있어야 한다.

Leffrt와 Siperstein(1996)의 연구결과에 의하면 장애아동의 경우 갈등 장면에서 적대적인 단서에는 민감하게 반응했으나 호의적인 단서를 해석하는 데는 어려움이 있는 것으로 나타났다. 또 다른 연구에서는 장애아동의 경우 갈등 장면에서 대안적 전략을 사용하는 능력이 부족하고 전략 사용이 미숙한 것으로 나타났다. 더구나 장애아동은 공격성, 주의력결핍, 불안, 열등감 등의 부적응행동을 나타내기 때문에 이들이 비장애아동들에게 접근하는 데는 한계가 있으며, 지속적인 상호작용을 유지하는데 어려움이 있는 것으로 나타났다. 즉, 장애아동은 사회적 문제해결 과정에서 사회적 기술이 부족하고 전략사용이 미숙하기 때문에 또래와 적절한 사회적 관계를 형성하기 어렵다. 그러므로 이들이 통합된 장면에서 비장애아동과 적절한 사회적 관계를 갖도록 하기 위해서는 이들이 사회적 맥락에서 또래아동과 적절한 상호작용을 하는데 필요한 기본적인 사회적 기술을 학습할 수 있도록 해야 한다.

(3) 비장애아동의 태도

장애아동의 통합보육에서 중요한 요인 중의 하나는 통합되어 있는 또래(비장애아동)들의 태도이다. 그런데 많은 연구결과에 의하면 장애아동은 비장애아동으로부터 거부되고, 차별받는 것으로 나타나고 있으며, 비장애아동은 통합보육을 시작하기 전부터 장애아동에 대한 일종의 편견을 가지고 있다는 것이다.

장애아동에 대한 이러한 편견의 원인에 대해 김광웅(1990)은 장애아동이 언어, 적응양식, 사회적 행동, 대인관계 및 인지기능에서의 미숙하기 때문이라고 했고, Graffi와 Minnes(1988)는 명칭붙임, 학업수행능력, 신체적 특징과 사회경제적 지위, 접촉여부 등이 태도에 영향을 미치는 요인이라고 하였다. Thurman과

Lewis(1979)는 장애아동에 대한 비장애아동의 부정적인 태도는 서로 다르다는 차이의 지각에 의한 편견으로부터 온다고 하였다. 그러므로 비장애아동이 장애아동에 대해 보다 긍정적인 태도를 형성하도록 하기 위해서는 모든 인간은 여러 가지 면에서 차이가 있다는 것을 이해시키고, 수용하도록 하는 것이 필요하다.

(4) 부모의 태도

통합에 대한 부모의 태도와 행동은 통합보육의 성공에 대단히 중요한 영향 미치는데, 특히 부모들의 협력은 통합의 초기단계에서 매우 중요하다. 장애아동의 부모들은 통합에 직접 참여하여 가정과 보육시설에서 조력자로서의 역할을 수행해야 하고, 비장애아동의 부모들은 자신의 자녀를 통해 간접적인 협력을 해야 한다.

교사와 마찬가지로 부모들도 장애아동에 대한 이해와 특수교육과 통합에 대한 긍정적 태도를 가지고 이어야 한다. 특수교육 전문가의 자문을 받아 통합보육과 관련하여 부모 또는 지역사회에서 야기될 수 있는 문제를 사전에 예견하고 극복하는 방법을 준비할 필요가 있다. 이러한 문제를 전문가 뿐 아니라 부모들과도 상담하고 의논해야 한다.

우리나라처럼 장애인 관이 부정적이고 운명론적인 문화 풍토에서는 통합이 많은 난관을 겪을 수밖에 없다. 또한 유아기 교육부터 지나치게 성취 지향적이고 경쟁 지향적일 뿐 아니라 내 자식 위주의 극단적인 가족 이기주의 풍토에서 깊은 인간적인 이해와 도움을 필요로 하는 통합보육은 애초부터 어려움을 갖고 있는지도 모른다.

(5) 교사의 역할

통합보육에 대한 일반 보육교사의 역할이 중요한데, 일반 보육교사가 통합보육을 수행하는데 필요한 자질을 지식, 기술 및 태도의 세 가지로 구분하여 설명할 수 있다. 지식은 장애아동의 발달과 특성 그리고 특수교육에 관련된 지식을 의미하며, 기술은 통합에서의 교수 전략과 교수 기술 그리고 특수교육에 필요한 설비 및 자료의 활용능력을 의미한다. 그리고 태도는 장애아에 대한 긍정적 태도는 물론 발달가능성에 대한 신념, 그리고 통합보육의 효과에 대한 확신과 집념이 포함된다. 이처럼 통합보육이 성공적으로 이루어지기 위해서는 교사의 자질과 교수적 요인이 중요하다.

Cole와 Chan(1990)이 제시한 통합교사가 갖추어야 할 자질을 설명하면 다음과 같다.

첫째 장애아동을 위한 구체적인 교수목표를 정할 것, 둘째, 비현실적인 기준은 세우지 말고 적어도 초기 단계에서는 교과기술을 습득하는 수준이 낮다는 것을 기꺼이 수용할 것, 셋째, 잘 구조화된 프로그램을 마련할 것, 넷째, 교육을 지원해 주는 여러 인사들과 원만한 관계를 가질 것, 다섯째, 특수교육 연수과정에 적극 참여할 것, 여섯째, 장애아동의 행동은 같은 또래의 비장애아동과 다를 수 있다는 것을 인정하고 장애아동과 더욱 긍정적인 관계를 발달시킬 것, 일곱째, 장애아동과 비장애아동이 함께 통합과정을 경험하도록 조직할 것 등이다.

2) 통합보육을 위한 준비

통합보육이 효과적으로 수행되기 위해서는 몇 가지 전제되는 필수 조건이 갖추어져야 하는데, Salend는 통합교육의 조건으로 장애아동의 준비, 비장애아동의 준비, 교사들 간의 의견교환 촉구, 아동진도 평가 및 교사연구 등을 들고 있다. Guralnick은 통합 프로그램의 성공적 수행에 영향을 주는 요인으로서 교사와 아동 수, 비장애아동과 장애아동의 비율, 장애 유형, 통합교육을 위한 교사의 훈련정도, 발달 단계에 따른 프로그램, 교실공간과 교구의 물리적 배치, 장애아동의 발달 수준과 장애정도, 학습아동의 생활 연령, 교육프로그램의 질, 통합교육에 대한 비장애아동의 준비도, 자원 전문가, 학습 구성원간의 인간관계, 비장애아동과 장애아동 사이의 발달 수준의 일치도 등을 들고 있다.

한편, 우리나라 장애아 통합보육을 위해 준비해야 할 전반적인 사항을 몇 가지 제시하면, 첫째, 장애아동 교육의 목표를 개별 장애아동의 발달적 요구와 개성을 존중하고, 경쟁이 아닌 협력체제 속에서 삶의 질을 향상시키는 차원에서 설정하도록 한다.

둘째, 교사 교육체제를 개선해야 한다. 통합보육을 하려면 일반 보육교사의 교육수준을 높여야 한다. 특수교사와 함께 협동 체제를 이룬다고 하더라도 일반 보육교사의 교육적 준비도는 현재로서는 미흡하다고 할 수 있다. 현직 보육교사들에게 순차적으로 통합보육에 대한 보수교육이 실시되어야 하며, 통합교사는 유아교육, 보육교사 과정을 전공한 이후에 대학원 수준의 상급 과정에서 특수교육에 관한 지식과 기술을 학습할 수 있도록 제도적으로 보완되어야 한다. 그리고 이들에게는 통합보육교사 자격증을 하나 더 수여하는 등 지위상의 해택을 주어야 할 것이다.

셋째, 보육시설을 공교육체제로 전환해야 한다. 공교육체제로 완전하게 자리를 잡지 못하면 국가의 여러 가지 지원이나 사회 심리적 지위 혜택을 공식화하기 어렵기 때문이다.

넷째, 장학사, 장학관 원장 등 보육행정 책임자들에 대한 보수교육(통합교육)이 실시되어야 하며 보육행정 체제도 장애아 통합보육으로 일원화 시켜야 한다.

이상과 같이 성공적인 통합보육을 위한 조건으로서 구체적인 준비사항을 제시하면 다음과 같다.

(1) 통합교사의 보육관

보육은 아동들의 대리 어머니의 책임감과 사명감을 요구하고 있다. 특히 사명감은 지식 이상으로 중요한 것이다. 보육교사 관이 확실한 교사는 아동의 보육에 흥미와 확신을 느끼며 보람을 느낀다.

통합교사의 보육관을 확인하기 위해서 다음 몇 가지 확인할 필요가 있다.

첫째, 통합교사는 보육관이 확실해야 한다.

둘째, 투철한 보육은 보육관을 가진 교사만이 사명감을 얻을 수 있다.

셋째, 통합교사는 그 직업에 만족감을 얻어야 한다.

넷째, 자기의 전문성을 개방할 수 있다.

다섯째, 통합교사가 된 것에 대해 자랑스럽게 생각해야 한다.

여섯째, 통합교사는 자신을 사랑하는 사람이다.

(2) 통합교사의 자질

통합교사의 자질은 일반 영 · 유아교사 자질과 차이가 없다. 일반 영 · 유아 보육교사의 자질에 장애아동에 대한 필요한 지식이 추가된다.

우선, 통합교사는 신체적, 정신적 제약이 더 많은 장애아동에게 보육의 가치를 확신하고 치료 보육의 기술과 방법에 대한 요구를 최상의 보육의 프로그램으로 구성할 수 있어야 한다. 즉, 장애아동에게 반복적인 지시와 엄격성을 유지하는 시련을 능히 이겨내기 위한 준비가 되어 있어야 한다.

통합교사의 인성적 부분의 특징은 사랑과 온정, 참을성, 민주적 태도이다. 성공적인 장애아 통합교사는 인간에게 무한한 흥미를 가지고 일하고자하며 새로운 의견과 남의 의견을 존중하는 개방성을 가지고 있음으로써 장애아동의 전인 발달을 위하여 능력을 발휘하게 된다.

통합보육의 전문성을 높이기 위해서는, 첫째, 통합교사들은 통합보육의 전문성에 대한 인식이 바르게 정착되어야한다. 통합보육은 보호와 사랑을 넘어서 발견, 진단과 분석을 통하여 보육 프로그램으로 과학적인 보육을 수행할 수 있어야 한다. 단편적인 지식이 아니라 발달과 교수 이론, 보육방법, 자료 개발이 어떤 이론 관계에서 제작하고 개개 장애아동에게 필요한 자료들을 구조적으로 이해하여야 한다.

둘째, 전문가 보육을 위하여 각 대학이 어떤 보육 내용을 몇 년간 보육하여 현장에 적응할 수 있는지 재평가되어야 한다. 특히 보육실습, 임상실습의 강화와 실습지도자, 지도 내용, 평가들이 재검토되어 보육의 전문성에 다가가야 한다. 보육교사뿐 아니라 통합교사의 사회 경제적 지위 평가, 통합보육의 효과나 성과들이 장차 상급학교 교육에서 중요한 효과로 검증하는 일, 통합보육이 공교육에 이어지도록 그 중요성을 높이고 이를 제도적인 뒷받침이 반영해야 한다.

통합교사는 장애아동 개인의 소질, 신체조건, 흥미, 특성을 종합적으로 이해하고 합리적인 방향을 선택을 할 수 있도록 많은 지식과 기술을 요구하고 새로운 이론을 받아들이고 적용하는 능력이 요구된다. 따라서 통합교사는 전문분야의 도움을 주고받아야 한다.

(3) 통합보육 실시를 위한 아동과 부모의 준비

통합보육을 위해 장애아동이 최소한의 준비가 필요한데, 교실 내에서 또래들과 상호작용 하는데 필요한 기본적인 사회적 기술이 습득되어야 한다. 왜냐하면 장애아동은 교실 내의 규칙을 파악하여 지켜야 할 경우 이로 인해 여러 가지 스트레스 표시가 나타날 수 있고 심리적으로 위축될 수 있다. 경도의 장애아동은 시간이 증가함에 따라 잘 적응하나 중도나 중등도의 장애아동은 잘 적응하지 못한다. 그러므로 어린이집 환경 적응에 필요한 기술들을 미리미리 습득하도록 해야 할 것이다. 이러한 기술들은 통합 이전의 유아특수교육 환경에서 학습되어질 필요가 있으므로 유아특수교사가 통합 이전에 이러한 기술을 준비시킨다면 장애아동의 통합보육에 더욱 효과적이다.

비장애아동과 마찬가지로 비장애아동 부모들도 통합보육을 위한 준비가 필요하다. 특히 장애아동과 비장애아동이 통합되면 비장애아동이 장애아동의 비사회적 행동을 모방하는 등 부정적인 영향 미칠 것이라는 염려를 하는데, 강화가 주어지지 않는 한 비장애아동이 장애아동의 바람직하지 않은 행동은 모방하지 않으므로 염려하지 않고 편안하게 생각해야 한다.

장애아동의 부모 또한 장애아동을 일반 어린이집에 보내면서 염려나 불안을 갖지 말고 적극적인 자세로 통합보육에 동참해야 한다.

이와 같이 조기 통합교육의 기본요소인 부모, 가족의 아동에 대한 자세, 아동과의 관계, 부모의 자아능력, 가족의 기능, 다른 부모와의 관계 등은 통합교육의 효과에 큰 영향을 미친다. 즉, 아동에 대한 부모의 자세에 있어서 만일 아동의 장애에 대해 매우 신경질적인 반응을 보이는 부모이거나 기질적, 정서적으로 호의가 없는 부모들은 아동의 발달에 부정적인 영향을 미치게 된다고 한다.

장애아동의 통합보육에 대한 프로그램들은 사실상 비장애아동과 그들의 부모들에게 장애아동에 대한 긍정적인 태도를 기르기 위한 기회제공의 역할을 하고 있다 (Home, 1985). 하지만 단순한 프로그램의 시행을 통한 장애아동과의 접촉 경험이 긍정적인 태도를 확실하게 향상시키는 것은 아니라는 사실 또한 지적되고 있다.

즉 긍정적 태도의 향상은 장애아동의 경험, 장애에 대한 올바른 정보전달, 부모와 교사를 포함하는 성인들의 태도에 의존한다는 것이다. 그러므로 부모나 교사를 포함하는 성인들이 장애의 의미를 바르게 이해하도록 아동들을 도와줄 때 긍정적인 태도의 향상을 가져오게 되는 것이다. 따라서 부모는 장애아동의 통합보육에 중요한 역할을 할 수 있는 제 2의 교사이므로 부모교육이 이루어지지 않았을 경우에는 장애아동이 비록 전문기관에 의하여 결손의 보완이 가능한 경우에도 이 결과가 긍정적인 방향으로 지속적인 발달을 꾀하는 데에는 어려움이 있을 것이다. 이러한 관점에서 장애아동교육과 부모교육은 서로 밀접한 하나의 체계를 이루게 되고 이것은 장애아동 교육 실행에 있어서 중요한 특징이 된다.

이와 같이 장애아동 부모들은 통합에 직접 참여하여 가정과 보육시설에서 조력자로서의 역할을 수행해야 하고, 비장애아동의 부모들도 자신의 자녀들을 통해 간접적인 협력을 해야 한다. 특히 부모들의 협력은 통합의 초기단계에서 중요하다. 교사와 마찬가지로 부모들도 장애아동에 대한 이해와 특수교육과 통합에 대한 긍정적인 태도를 가지고 있어야 한다(김윤정, 2004).

(4) 교사의 준비

통합보육이 제대로 이루어지기 위해서 가장 중요한 것이 교사의 자질과 태도인데, 이것은 사실상 교사의 질이 장애 통합보육 수업의 질을 결정하기 때문이다. 통합보육에서 교사가 갖추어야 할 요소를 몇 가지로 나누어 보면 인성적 측면, 수업 능력적 측면, 특수교육전문가들과의 원만한 인간관계유지의 세 가지로 나누어 볼 수 있다.

먼저, 교사의 인성문제로서 교사들은 가능한 한 장애아동을 비장애아동과 꼭 같이 다루도록 해야 한다. 장애아동을 기피한다던지 무관심한 것도 문제가 있지만 너무 과잉보호하는 것도 아동을 위해 좋지 않다. 많은 일반교사들이 장애아동들을 통합 교육하는 것을 싫어하는데 이는 특수학급이 따로 있음으로 해서 그들은 장애아동에 대한 책임감에서 벗어날 수 있지만, 통합보육이 이루어지면 장애아동에 대한 책임이 담임교사에게 있기 때문이다.

둘째, 교사의 수업능력문제로서 교사는 장애아동을 위해 다양한 종류의 수업기법을 이용할 수 있어야 한다. 가르치는 활동은 학습과정에서 장애아동들이 좀 더 동참할 수 있도록 비장애아동과 더 상호작용적인 과제를 많이 포함시키고 아동 성취의 최적화를 위한 동료집단 활동의 분석을 포함하는 협력학습전략이 모든 아동을 위한 교육의 공평성을 높일 수 있다.

Freagon(1993)도 통합보육에 효과적인 교사는 혁신적 수업전략을 자주 이용한다고 했다. 이를테면 협력학습, 동료지도, 노직활동, 통합 교육과정의 이용 등이 있는데 이러한 전략들은 학습과정에서 장애아동의 활동적 참여를 유도하여 일반교육에서 장애아동의 교육을 촉진하며 이러한 전략이 이용되어질 때 교육과정의 수정 및 개발의 요구는 점차 줄어들게 된다(진미경, 1997).

미국장애아동협회(1993)에서는 교사들이 개개인의 학생의 요구에 맞는 교육과정과 수업법을 선택하고 개발하는데 필요한 지식과 기술을 익혀야만 한다고 했으며, 이때 통합보육을 위한 효과적인 수업방법의 예로서 팀티칭, 또래교수법 등을 제시했다.

이상의 내용들을 종합해볼 때 장애아동의 학문적 사회적 발달을 위해 효과적 교수능력을 갖춘 교사의 역할이 큼과 아울러 개별아동의 요구에 부합하도록 계획된 교수방법의 다양성도 필요함을 알 수 있다. 또한 이러한 교사의 질적 수준을 높이기 위해서는 교사연수가 필수적으로 필요함을 알 수 있다.

셋째, 일반 보육교사와 통합교사의 협력문제로서 장애아동과 비장애아동 모두를 위한 효과적이고 적절한 교육의 목적을 성취하기 위해서는 일반 보육교사와 통합교사가 함께 손을 잡고 나아가야 한다는 것이다.

장애아동에 대한 일반 보육교사의 긍정적 태도의 중요성이다. 일반 보육교사가 새로 교실에 들어와서 공부하게 될 장애아동에 대해 어떤 태도와 느낌을 갖는가 하는 것은 즉각 그 반의 아동들에게 영향을 미친다. 일반 보육교사가 정당하고 공정하게 장애아동을 대하는 것, 다른 아동과 마찬가지로 똑같은 도구를 사용하게 하거나 똑같은 활동이나 작업 등을 하게 하는 것 등, 장애아동의 실수나 발달이 뒤쳐진 면에 대해 일반아동을 이해시키려고 하는 노력 등은 그대로 비장애아동의 태도에 영향을 미친다. 장애아동에 대한 비장애아동이 긍정적인 태도를 갖는 것은 통합보육의 승패에 매우 중요하다. 비장애아동의 호의적인 태도는 장애아동이 어린이집 생활에서 안정감을 갖고 생활할 수 있게 해 주기 때문이다.

또한 통합 상황에서 일반 보육교사는 아동 발견자의 역할을 해야 하며, 장애아동과 비장애아동의 상호작용 촉진자로서의 역할과 평가와 개별화 교육계획을 통한 장애아동의 발달 촉진자로서의 역할을 해야 한다. 또한 비장애아동의 지지자로서, 특수교사 및 통합교사와 가족에 대한 협력자로서의 역할을 수행해야 한다.

통합보육 시 일반 보육교사가 유의해야 할 점으로는 첫째, 너무 과잉보호하지 말 것, 둘째, 더욱 더 흥미진진한 교재를 사용할 것, 셋째, 비장애아동을 보조교사로 이용할 것, 넷째, 장애아동의 자리배치를 적절하게 구성할 것, 다섯째, 규칙적으로 매일 반복되는 활동에 장애아동이 잘 적응함을 알고 장애아동도 학급에서 동료들을 위해 할 수 있는 일을 준비하도록 해야 한다.

Freagon(1993)은 통합보육에서 통합교사는 일반학급에 통합된 장애아동에게 여러 가지 지원을 제공하고, 일반학급 내에 필요한 여러 가지 지원의 양과 그 형태를 일반 보육교사와 함께 결정하며, 개별화교육프로그램(IEP)의 개발 · 운영 · 평가를 모니터할 책임이 있다고 하였다. 그리고 특수교육 전문가들의 지도 및 협력도 중요하다. 특수교육 전문가들은 통합교사들의 교육과정 개발 및 수정 작업의 자문을 맡고 장애아동의 치료에 직접 참여하기도 한다. 이상과 같이 통합보육은 일반 보육교사, 통합교사, 특수교육 전문가들이 서로 협력해야 제대로 이루어질 수 있다.

2. 통합교실 배치와 통합유형

1) 통합교실 배치 기준

일반적으로 교실배치를 위한 기준을 장애아동의 장애정도에서 찾게 되는데 그

보다 우선적으로 고려되어야 할 부분은 보육시설이 장애아동의 통합 환경을 위해 어느 정도 준비되어 있는가 하는 문제와 통합 환경에서 장애아동에게 필요한 조치가 계속되어질 수 있는가 하는 것으로 보육시설 상황에 대한 전반적인 고려가 있어야 한다.

(1) 적절한 통합 비율

비장애아동과의 통합에 적절한 비율은 전체인원 수의 10%가 적당하다고 보나 이는 다른 조건과의 관계에서 재조정될 수 있는데, 예를 들어, 훈련된 통합교사와 이미 장애아동과의 생활에 적응되어 있는 비장애아동이 형성되어 있을 경우 장애아동 통합의 비율은 10%이상으로 높일 수 있고, 그 반대의 경우는 더 낮은 비율로 조정될 수 있다. 현재 우리나라 '2010년 보육사업안내'에서는 통합시실의 징애아동(미취학, 취학 장애아동 포함)은 시설정원의 20% 이내이어야 한다고 규정하고 있다.

장애아동 통합과 관련하여 통합을 하기에는 심리적, 기술적으로 훈련되어진 통합교사가 있어야 하는데, 교사의 훈련정도는 장애아동 교실배치 여부 및 수를 결정하는 데 매우 중요한 영향을 미친다.

(2) 장애아동의 생활연령

장애아동이 비장애아동과 비교하여 발달이 뒤떨어진다고 해도, 장애아동이 생활연령을 고려해서 교실배치를 해야 한다. 제 나이에 따른 교실배치가 어려울 경우라도 장애아동과 비장애아동의 나이 차이가 1년 이상 초과하지 않으면 좋다. 지체장애나 시각장애 등과 같이 신체적 도움이 필요한 장애아동의 경우에는 자신의 연령보다 한 단계 많은 교실에서 더 원활한 도움을 받기 쉬울 수도 있다.

(3) 장애아동에 대한 지속적인 지원

장애아동 교실배치 기준을 결정짓는 기준으로 중요한 또 하나는 장애아동에게 필요한 지원을 계속적으로 할 수 있는가 하는 문제이다. 일반교실의 통합 환경을 지원하고, 일반 보육프로그램을 적절하게 수정하여 장애아동에게 효과적으로 제공할 수 있고, 장애발달 특성에 따른 보다 전문적인 접근을 할 수 있는 장애전담교사(통합교사)가 상근할 수 있을 때 장애아동의 교실배치는 보다 원활하게 진행될 수 있다.

2) 교실구성의 형태

(1) 소그룹 통합교실

1 소그룹 통합교실의 구성

장애아동들로만 구성되어 일반교실과 선택적으로 통합하여 프로그램을 진행하는 경우이다. 통합교사와 장애아동의 비율이 1 : 3 정도로 전체 교실의 장애아동수가 10명을 넘지 않도록 구성한다. 기본생활 중심의 지도와 일상생활 중심의 통합활동이 진행되도록 한다.

일반교실과의 통합은 비장애아동들이 소그룹 통합교실로 오는 역통합 프로그램과 소그룹 통합교실의 장애아동이 비장애아동 교실로 이동되면서 이루어지는 다양한 형태의 통합 프로그램으로 진행되어질 수 있다. 보육시설에 처음 오는 장애아동의 경우는 소그룹 통합교실에 배치되어 선택적으로 통합프로그램에 참여하고, 그 참여의 기회를 확대해 나가는 것이 바람직하다.

2 장애아동의 발달특성

사회성, 정서, 언어영역의 발달이 다른 영역에 비해 상대적으로 지체되어 있는 경우로 보육시설 환경에 익숙해져 있지 않은 신입원아가 소그룹 통합교실로 배치된다.

3 프로그램

소그룹 통합교실에서는 동화듣기, 이야기 나누기, 사회체육, 노래, 악기 다루기, 음악 감상, 작업, 관찰, 기본생활, 안전교육, 사회적응, 감각훈련 등으로 계획,

실행된다. 보통 통합은 프로그램을 선택하여 일반교실과 선택적으로 실시하는데, 이는 자유놀이통합, 영역별 통합, 반대반 통합, 역통합의 방법으로 실시한다. 소그룹 통합에서 사용되어지는 프로그램으로는 개별화교육프로그램(IEP), 가정연계지도(IFSP), 작업치료, 언어치료 등이다.

④ 교실특성

장애아동의 개별특성에 맞추어 교실의 면적과 교구배치, 교사배치 등이 한층 여유롭게 구성하며, 장애아동 특성에 맞추어 일반교실과 선택적으로 통합이 가능하다. 또한 교사의 개별적인 접근 용이하며, 안정적으로 교실에 적응할 수 있다. 장애아동 발달정도 및 성취정도에 따라 프로그램을 개별적으로 선택할 수 있고, 프로그램 진행 속도의 조정도 가능하다.

(2) 완전 통합교실(일반 통합교실)

① 완전 통합교실반의 구성 비율

완전 통합교실의 반구성은 영아(만 2세 이하)반의 경우 비장애아동 10-15명에 장애아동 1명, 유아반(만3-5세)의 경우에는 비장애아동 10명에 장애아동 1명의 비율로 구성한다. 일반교실의 일과에 따라 프로그램이 진행되며 장애아동과 비장애아동을 소그룹으로 구성하여 소그룹 단위의 개별화교육프로그램을 병행하여 진행한다.

② 장애아동의 발달특성

사회, 정서, 언어영역이 다른 영역보다 상대적으로 정상발달에서 이탈이 적은 경우로 보육시설 환경에 익숙해져 있는 재원생을 중심으로 배치하는 것이 좋다.

③ 프로그램

완전 통합교실에서는 담화, 동화, 언어, 사회생활, 음악, 작업, 사회체육, 기본생활, 안전생활, 수·과학 등으로 계획되어 실행한다. 주로 개별화교육프로그램,

가정연계지도(개별화가족지원계획), 작업치료, 언어치료 등이 실행된다.

4 교실특성

완전 통합교실은 교실면적, 교구배치 등이 비장애아동에 대한 규정에 맞추어져 있어, 장애아동이 적응하기에 불편한 점이 많다. 장애아동의 특성이나 요구에 관계없이 무조건 통합되어지며, 프로그램의 내용과 속도가 비장애아동에게 맞추어서 진행되고, 장애아동은 통합교사의 도움으로 이를 따라가야 하는 부담 가지게 된다. 또한 교실면적과 교구의 수량 등이 장애아동에게는 부적절할 수 있다. 따라서 정서적 불안과 스트레스를 극복할 수 있는 어느 정도의 훈련 필요하다.

3) 통합유형

(1) 역통합

역통합이란 장애아동 교실에 또래의 비장애아동을 함께 참여시키는 프로그램을 말한다. 장애아동에게는 안정된 분위기에서 비장애아동과의 통합을 경험할 수 있게 하고, 비장애아동은 소그룹 상황에서 장애아동과 통합을 함으로써 상호작용의 기회를 더 많이 제공받을 수 있다. 궁극적으로 역통합은 장애아동과 비장애아동의 사회적 통합을 증진시키는 데 목적이 있다고 할 수 있다. 이때 비장애아동은 장애아동에게 모델의 역할을 하고 장애아동은 비장애아동의 행동을 보고 느끼며 그것을 모방하여 표현할 수 있게 된다. 즉 관찰을 통해 학습을 하고 동기유발을 하게 되는 것이다.

역통합의 대상 아동은 소그룹 통합반의 장애아동과 생활연령이 비슷한 비장애아동을 선정하며 역통합의 초기에는 담임교사가 아동을 선정하고 프로그램이 안정되면 스스로 원하는 아동이 지원하여 올 수 있도록 프로그램의 융통성을 살릴 필요가 있다. 장애아동의 적응정도를 고려해 일정기간 동안 같은 아동들이 지속적으로 오는 일이 필요하고, 이 시기는 아이들의 특성과 적응 정도에 따라 조절해야 한다. 비장애아동의 수는 점차적으로 늘리는 것이 장애아동의 적응에 도움이 되고 완전통합을 실시하기 전에 통합의 준비단계로서 역통합을 실시하는 것도 아동의 적응에 도움이 된다.

역통합에서 이루어지는 프로그램은 아침등원 후 자유놀이로 시작해 화장실 사용하기 간식 먹기와 대그룹 수업과 소그룹 수업으로 진행된다. 교사는 프로그램 계획 시 장애아동과 비장애아동 모두에게 흥미를 유발시키며 성취감을 느낄 수 있는 프로그램에 대한 고려를 반드시 해야 한다. 작업 시 요구되는 기술들이 너무 어려운 것이면 장애아동이 흥미를 잃고 또 너무 단순한 기능이면 비장애아동이 흥미를 잃게 됨으로, 간단한 기능과 함께 아동의 창의성을 발휘할 수 있는 프로그램으로 구성하는 것이 필요하다. 작업 이외의 모든 활동에서도 개별적으로 목표를 수행할 수 있는 활동보다는 함께 협동해 할 수 있는 활동으로 구성하는 것이 중요하다.

역통합 시 고려할 점은 비장애아동에게 장애아동에 대해 어떻게 설명할 것인가 하는 문제이다. 비장애아동에게 장애아동을 무조건 양보하고 참아야 하며 항상 도와주어야 하는 대상으로 설명하는 것은 문제가 있다. 아이들이 쉽게 이해할 수 있도록 아동 개개인의 다양성의 입장에서 설명해 주어야 한다. 두 번째로 고려되어야 할 사항은 일반 보육교사와 통합교사의 협력이다. 통합교사는 역통합 시 오는 비장애아동들에 대한 정보를 일반 보육교사로부터 전해 듣고 이에 따라 프로그램을 조정할 수 있어야 하며, 또 역통합 프로그램 때 비장애아동이 나타내는 행동들에 일반 보육교사에게 정보를 줌으로써 일반 보육교사가 그 장애아동을 이해하는 데 더 도움을 줄 수 있어야 한다. 또한 역통합 프로그램을 통해 장애아동의 발전상황에 대한 정보를 나눔으로 일반교사와 함께 역통합 프로그램에 대한 필요성을 함께 인식하는 것이 중요하다. 이렇게 서로 아동들에 대한 정보를 함께 나누고 그에 대한 평가가 이루어짐으로 그 다음 프로그램에 대한 계획을 할 수 있다.

(2) 반대 반 통합

이 유형은 적응기간이 지나고 어느 정도 안정되게 보육시설 일과를 지내고 있을 때 실시하는 것이 효과적이며, 장애아동 개별화교육프로그램에 따라 자유놀이 통합에서 전체수업 통합 활동까지 점차적으로 시간을 늘려서 조정하며 진행하도록 한다. 소그룹활동 및 개별학습을 통해 습득한 개념 등을 일반 상황에서 일반화시켜 볼 기회가 되며 장기적으로는 통합 상황에서 나타날 수 있는 장애아동의 문제점을 사전에 파악하여 바람직한 방향으로의 사회성 발달을 키우는 목적을 가지고 있다.

1 자유놀이 반대반 통합

자유놀이 반대반 통합이란 일반학급의 자유놀이 시간에 장애아동이 참여하여 함께 자유놀이를 하는 것으로 교사가 함께 자유놀이에 참여해 아동들의 놀이와 서로간의 상호작용에 도움을 준다. 아동의 적응정도에 따라 교사의 개입과 중재정도를 조절할 수 있다. 자유놀이는 말 그대로 아동들이 원하는 영역을 선택하여 자유놀이를 하는 상황으로 서로 자연스럽게 어울릴 수 있는 기회가 된다. 비장애아동과 함께 소꿉놀이, 동화책보기, 간식 먹기, 아침체조 등의 프로그램을 함께 한다.

일반 보육교사는 비장애아동에게 장애아동을 소개해 주어 서로에 대한 이해를 돕는다. 또한 교사는 새로운 교실에서의 교구사용이나 영역 탐색방법, 그리고 놀이상황에 적절히 중재하여 비장애아동과 장애아동이 서로 상호작용 할 수 있도록 돕는다. 자유놀이의 횟수와 시간을 장애아동의 개별적인 특성과 반의 상황에 맞추어 조절할 필요가 있다. 그리고 장애아동이 수업에 통합되기 전에 미리 자유놀이 통합을 갖는 것이 아동의 통합 상황 적응에 도움이 된다.

2 전체수업 반대반 통합

자유놀이 반대반 통합을 통해 소그룹반의 장애아동이 일반교실의 환경과 아동에게 적응이 되면 그 다음 단계로 전체 수업 즉 이야기 나누기, 신체활동, 작업, 동화듣기 등에 참여하게 된다. 전체수업 시 아동에 따라 시간을 조정해 가며 다양한 형태로 프로그램을 진행할 수 있다. 이러한 통합 상황이 효과적이기 위해서는 일반반과 소그룹 반 교사들은 서로 부담이 되지 않도록 수업 활동의 내용이나 진행과정, 아동의 반응 등에 관해 계속적인 의견교환과 협력이 필요하다.

3 영역별 반대반 통합

장애아동의 경우 자신이 특별히 즐겨하는 활동이 있을 때 그리기, 독서, 만들기, 블록놀이 등의 활동이 집중적으로 일어나고 있는 시간에 그 활동이 이루어지고 있는 교실에서 통합 활동을 진행할 수 있다.

(3) 소그룹 활동 통합

소집단 활동 통합은 장애아동이 쉽게 참여할 수 있는 환경을 조성할 수 있어 프로그램에서 적절히 이용할 수 있다. 완전통합반의 경우 20명까지 구성되는 한 반의 상황에 통합된 장애아동은 자칫하면 소외되는 아동이 될 수 있다.

적절하고 원할한 상호관계가 형성되도록 장애아동이 포함된 그룹의 크기를 조절해 주는 노력이 필요하며 대집단 속에서 나와 심리적 안정감을 얻을 기회를 제공해야 한다.

장애아동과 비장애아동은 1 : 1 혹은 1 : 2-3 정도까지의 비율로 짝을 정해주어 활동에 함께 한다. 수업내용은 주로 사회성 발달을 위한 프로그램으로 이루어지며 교육의 주제는 일반반의 주제를 활동으로 구체화시키면 효과적이다. 보육시설을 나와 현장학습의 기회를 갖는 것도 장애아동의 참여도를 늘릴 수 있다.

3. 통합보육 과정

장애아동에게 효과적이고 적합한 교육 프로그램을 계획하고 실행하기 위해서는 아동의 발달과 학습 및 행동에서 어떤 문제가 있는지 먼저 파악하는 진단평가를 실시한 뒤 이것을 바탕으로 교수계획을 작성해야 한다. 그리고 실행 과정에서 장애아동의 진전도를 지속적으로 모니터하는 평가를 실시한다. 또한 이 평가 결과를 바탕으로 교육계획을 수정하거나 보완해서 실행하는 순환적인 과정을 거친다.

1) 사례발견(case finding)

장애통합보육을 실시하기 위해서는 먼저 장애아동 대상자를 발견하는 것이 중요하다 하겠다. 보육시설에서 아동들과 가장 많이 접하는 보육교사나 아동들의 부모가 자신의 자녀들의 다른 행동들을 관찰하여 조기에 발견하는 것이 무엇보다 중요하다고 하겠다.

부모나 교사, 의사, 사회복지사 등에 의하여 특수교육서비스에 의뢰를 한다. 일반 보육교사는 시설장, 상담자 또는 아동평가팀(개별화교육지원팀)에 보고하며, 아동평가팀은 제시된 자료를 재검토한다. 아동에게 서비스 제공이 결정되면 부모에게 평가수락을 위한 문서를 부모에게 송부하여 동의를 받는다.

2) 선별검사(screening)

통합보육을 실시하기 위해 장애아동을 배치하기 전에 선별검사를 시행해야 한다. 즉, 세밀한 진단 평가가 선행되어야 한다. 선별검사는 장애아동이 선별되기 전에 부모에게 선별목적과 절차를 자세하게 알려주어야 하며, 필요한 경우 검사 시에 부모의 배석을 허용해야 한다. 선별검사는 그 사용 목적에 부합되도록 신뢰롭고 타당해야 한다.

3) 진단(diagnosis) 및 사정(assessment)

선별과정에서 밝혀진 장애 정도와 아동의 건강문제 등에 대한 체계적이고 자세한 진단을 실시해야 한다. 이 진단과정에는 부모의 참여를 통한 면담이나 정보제공이 포함되어야 하며, 진단 협력자나 협력기관에서 진행하는 것이 바람직하다 하겠다.

이 단계에서는 아동의 장애여부, 특수교육의 필요성 여부 및 특수서비스나 관련서비스를 결정하기 위하여 다양한 검사와 비형식적 과정을 통해 관련 자료를 수집

한다. 이 단계에서는 아동의 요구에 따라 다양한 전문가들이 참여해야 한다. 또한 진단과정에서는 표준화된 검사 도구를 사용하여야 진단해야 한다.

진단이 끝나면 아동의 장애여부를 판별하고 장애를 분류한다. 장애아동의 모든 검사점수와 사회적, 학업적 및 운동과 언어발달 그리고 가족사와 같은 다른 기능들을 근거로 한다. 이러한 장애아동의 상태를 판별 후에 장애아동의 요구에 따라 특수교육서비스와 필요한 관련서비스를 결정하는 서비스 분석인 교육진단을 한다. 이는 진단을 통해 수집된 자료에 근거하며 사정이라고도 한다.

교육적 진단 즉, 사정이 끝나면 제한된 환경의 최소화, 무상의 적절한 공교육 원칙에 따라 장애아동을 배치한다. 경우에 따라서 장애아동 본인이나 부모를 참석시켜야 하고 그들의 의견을 존중한다.

4) 개별화교육프로그램 작성

장애아동의 학습을 위한 배치가 이루어지면 수업계획을 세워 아동이 받게 될 개별화교육프로그램을 결정한다. 연간목적과 목표, 현재의 능력에 관한 기술, 아동의 요구에 맞는 교수자료 등을 준비한다. 개별화교육프로그램 작성을 위해서는 먼저 교수목표를 세워야 하는데, 교수목표는 장애아동에게 의미 있는 생활과 기능적인 활동과 관련되어야 한다. 그리고 장애아동의 개별적 목표뿐만 아니라 학급 내 교과영역간의 통합이 반영되어야 하며, 가정과 연계하여 실제적인 교수활동이 되어야 한다. 또한 또래와의 상호작용 증진을 강조하는 사회성 영역에 중점을 두어 세워야 하며, 장애아동의 자발적인 수행을 강화하는 목표가 설정되어야 할 것이다. 이러한 교수목표를 바탕으로 개별화교육프로그램에는 장애아동의 현행 성취수준을 바탕으로 장 · 단기목표를 영역별로 설정하여 각각의 목표에 맞는 활동내용들이 구체적으로 작성되어야 한다.

5) 프로그램 평가

장애아 통합을 위한 다양한 프로그램들에 관해 평가할 수 있는 지침이 있어야 하는데, 이러한 지침들은 각각의 평가도구들을 사용하여 수행할 수 있을 것이다. 교사들은 장애아동의 전체적인 수준을 총괄 평가해야 하며, 장애아동의 수행정도를 평가하여 기록해야 한다. 또 평가과정에는 가정에서의 상황 등을 평가할 수 있도록 부모를 참여시켜야 하며, 장애아동의 수행정도와 발달정도 및 평가결과 등에 대해서는 부모에게 알려주고 의사소통할 수 있도록 하여야 한다. 그리고 전체적인 프로그램의 평가를 통하여 다음 단계로 진행할 것인지 아니면 다시 교수목표를 수정하여 진행할 것인지에 대한 논의를 하여 장애아동에게 적절한 프로그램을 서비스 할 수 있도록 지속적인 관심과 노력이 필요하다.

우리나라의 통합보육 현장에서 직접 사용할 수 있는 개발된 몇 가지 표준화 검사와 평가를 위한 도구들의 종류를 소개하면 다음과 같다.

〈진단 및 평가도구의 종류와 목적, 준거 그리고 결과〉

종류	목적	준거	결과
선별도구 - 덴버 Ⅱ(Frankenburg & Dodds, 1992) - ASQ(Bricker, Squires, Mounts, Potter, Nickel, & Farrell, 1995)	검사가 더 필요한 아동을 파악	표준화 규준참조 시간이 적게 걸림 경제적	앞으로 검사가 더 필요한지를 결정
진단도구 - 베일리 영아 발달 척도 Ⅱ (Bayley, 1993) - 바텔 발달 검사(Newborg, Stock, Wnek, Guidubal야, & Sviniki, 1988)	정상적인 집단과 비교하여 문제와 지체를 확인하고, 서비스를 위한 적격성 여부를 판단	표준화 규준참조 훈련된 전문가	서비스를 위한 적격성을 결정
프로그램 평가도구 - 하와이 조기 학습 프로파일 (HELP) (VORT Corp, 1995) - 초학문놀이 중심 평가(TPBA) (Linder, 1993) - 진단, 평가, 그리고 프로그램작성 체계(AEPS) (Bricker, 1993; Bricker & Pretti-Frontczak, 1996)	IEP/IFSP 목적과 목표를 정하고, 중재 내용을 개발	준거참조 교육과정중심 포괄적(발달의 주요영역을 포함)	현재 기능 수준을 결정 중재 목적을 선택, 중재 전 계획

종류	목적	준거	결과
평가 도구 - 진단, 평가, 그리고 프로그램작성 체계(AEPS) (Bricker, 1993; Bricker & Pretti-Frontczak, 1996) - 바텔 발달 검사(Newborg, Stock, Wnek, Guidubal야, & Sviniki, 1988)	중재의 효과를 측정	준거참조 교육과정 중심	IEP 및 IFSP 목적과 전반적 향상을 결정, 프로그램 효과 평가

* Diane D. Bricker, 허계영, 이영철 옮김(2004). 교육과학사.

〈유아를 위한 진단도구의 종류〉

영역	검사명	대상연령	제작자	출판사
지능	고대-비네 지능검사(K-BINET)	4-14세	선용신	도시출핀특수교육
	그림지능검사(K-PTI)	4-7세	서봉연, 정보인, 최옥순	중앙적성 출판사
	유아지능검사	3.5-6.5세	차재호	전인교육발전연구소
	인물화 지능검사	3-12세	김재은, 김동극, 여광응	교육과학사
	인반 지능검사(가)	4-7세	김호권	K.T.C.
	지능진단 검사	3-8세	강위영	한국심리적성연구소
	키파지능검사(KIPA)	3-9세	강위영	도서출판특수교육
	KEDI-WISK (한국교육개발원 -웩슬러지능검사)	5-15세	박경숙, 윤점룡, 박효정 박혜정, 권기옥	도서출판특수교육
	K-WISK	5-16세	이창우, 서봉연	교육과학사
	유아용 웩슬러지능검사 (K-WIPPSI)	3-7세	박혜원 외 2인	도서출판특수교육
	카우프만 아동용 개인 지능검사 (K-ABC)	2.5-12세	문수백, 변창진	학지사
	TONY 지능검사	3-8세	강위영	한국심리적성연구소
발달영역	교육진단검사(PEP)	CA 1-12세 MA5세이하	김정권	도서출판특수교육
	유아발달 준비도 검사 (유아학습 성취도 검사)	3-8세	강위영	한국심리적성연구소
	포테이지 관찰표	0-6세	강순구, 조윤경	도서출판특수교육
	Denver 발달평가(DDST)	0-6세	이근	
	기초학습기능검사	4-12세	박경숙 외 2인	도서출판 특수교육
	종합인지능력검사	4-7세	송인섭, 문정화, 박정옥	학지사

영역	검사명	대상연령	제작자	출판사
언어영역	언어이해인지력검사	3-5세11개월	정혜성, 임선숙, 백현정	서울장애인종합복지관
	언어학습능력검사(ITPA)		여광응 외 2인	도서출판특수교육
	아동기 자폐증 평정척도	2-7세	김태련, 박량규	도서출판특수교육
기타	사회성숙도검사	0-30세	김승국, 김옥기	중앙적성출판사
	시각-운동통합발달검사(VMI)	3-11세	박화문, 구본권	도서출판특수교육
	시지각발달검사(DTVP)	4-8세	여광응	도서출판특수교육
	이화-자폐아동행동발달평가도구		김태련, 박량규	도서출판특수교육
	이화-Viland 적응행동검사 (EWHA-VABS)	0-12세	김태련	도서출판특수교육
	자아개념검사	1-12세	정원식	K.T.C.
	지각-운동발달진단검사(PVDT)	3-11세	박화문, 구본권	도서출판특수교육
	적응행동검사	정상아3-15세 MR3-17세	김승국	중앙적성출판사
	한국판 아동용 회화통각검사	3-11세	김태련 외 3인	이화여대출판부
	한국판 오세레츠기운동능력검사	4-16세	김정권, 권기덕, 최영하	도서출판특수교육
	BGT 성격진단법 (Bender-Gestalt 아동용검사)	5-11세	이상로, 변창진, 이희도	중앙적성연구소
	유아성격 검사	4-7세	송인섭	학지사

※ 정정진(1997). 장애 영 · 유아 보육 프로그램. 경기도 : 강남대학교 인문과학연구소(재인용).

★ 외국에서 널리 사용되는 도구 중에서 어린이 집 상황에 적절하기 때문에 번역해서 적용할 수 있는 도구들은 다음과 같다.

(1) Assessment, Evaluation, and Programming System for Infants and Children : AEPS Ⅱ

- 대상 : 0-6세 발달 지체아
- 영역 : 소근육, 대근육, 적응, 인지, 사회적-의사소통, 사회성
- 연간 목표(goal)에 대한 단기 목표(objectives)로 구성
- AEPS TEST와 AEPS CURRICULUM이 연계(linking)되어 있으므로 진단 후에 바로 교육과정과 연계하여서 지도할 수 있음
- 일반 교사, 통합 지원교사, 치료사가 선택된 목표들을 삽입할 일과와 계획된 활동을 통한 개별 및 그룹 지도를 할 수 있음(Bricker, & Pretti-Frontczak, 1996)

(2) Vulper Assessment Battery, Revised Edition (VAB-R)
- 대상 : 0-6세
- 영역 : 대근육, 소근육, 언어, 인지, 적응행동과 매일 생활의 활동
- 유아의 기능(functional abilities)을 강조한 종합적, 과정 중심, 준거 중심 평가
- 평가과정을 통해서 유아의 능력을 확인, 환경 평가를 통해서 부모의 강점을 확인, 격려, 유아와 부모가 잘 수행 가능한 프로그램을 수립할 수 있도록 하는 것임

4. 통합보육 프로그램

1) 통합을 위한 적응프로그램

장애아동이 가정과는 다른 새로운 환경인 보육시설에 잘 적응하기 위해서는 낯선 환경에 잘 적응하면서 정서적인 안정감을 갖고 교사나 비장애아동들과 익숙해지기 위한 세심한 배려가 필요하다. 즉, 장애아동 스스로 적응하도록 돕기 위해서는 불안의 감정을 자연스럽게 해소할 수 있는 일정 기간동안의 적응프로그램이 마련되어야 하는 것이다.

이러한 적응프로그램을 실시하는 목적은 첫째, 장애아동은 적응프로그램을 통해서 보육시설에서의 생활방법이나 또래와의 상호작용 하는 방법을 배우고, 정서적으로 편안한 상태를 경험하게 함이다. 둘째, 장애아동 부모는 새로운 보육시설에 대한 불안감을 줄이고 교사와의 협력자로서 통합보육시설의 일과운영에 대한 이해를 갖게 한다는데 있다.

셋째, 통합교사도 장애아동의 개별적인 특성과 보육시설에의 적응정도를 파악하여 필요한 교수목표를 세우고 적극적으로 참여할 수 있는 전략을 계획하며 협력자로서 부모와의 관계를 형성하게 하는데 있다.

이처럼 통합보육을 위한 적응프로그램은 교사와 부모와의 긴밀한 협조를 통해서 이루어질 수 있는데, 교사와 부모의 협력은 낯설고 새로운 환경에 적응해야

하는 장애아동에게 보육시설의 환경을 충격에서 수용의 감정으로 전이되도록 하는 중요한 역할을 하며 공동생활을 맞이하며 겪을 수 있는 정서적 손상을 가능한 줄이고 적극적인 활동의 참여를 가능하도록 구성되어야 한다.

통합 적응프로그램의 적절한 기간은 일률적으로 정하여 실시하는 것보다는 장애아동의 보육시설 적응정도나 부모의 요구에 따라 충분한 협의를 거쳐서 보육시설에 있는 시간을 조정해 가는 노력이 필요하다. 대부분이 한 달 정도를 적응 기간으로 잡는 것을 기본으로 하지만 장애아동 개별적인 특성과 적응정도에 따라 조절하는 것이 필요하다. 장애아동의 적응프로그램 수행 기간은 장애아동의 개별적인 상황에 따라 달라질 수 있으나 주 단위로 기준을 적용 해 볼 수 있을 것이다.

통합 적응프로그램을 구성하기 위해서는, 먼저 장애아동이 새로운 환경인 보육시설에서 잘 적응하도록 돕기 위해 교사가 장애아동이 어려워하지 않고 할 수 있는 활동을 제의하는 것과 장애아동이 하고 싶은 활동이나 놀고 싶은 교재나 교구, 가고 싶은 장소를 선택할 수 있게 배려해 주는 것이 적응기간을 줄일 수 있는 가장 효과적인 방법이 된다. 적응프로그램을 수행하는 동안에는 장애아동의 현 수준을 파악하여 미리 계획된 활동에 장애아동이 따르는 내용보다는 자연스러운 상황에서 장애아동이 다양한 교육에 참여할 수 있도록 구성하는 것이 바람직하다. 적응프로그램 실시하는 동안 중점적으로 지도해야 할 내용으로는 첫째, 기본적인 일과나 다양한 활동참여하고 놀잇감을 탐색하며 화장실 사용하기 등을 부모와 함께 하는 활동, 둘째, 교사의 관찰 기록, 평가 등 교육진단 자료 수집할 수 있는 아동의 현행 수준 파악하는 활동, 셋째, 장애아동의 교실 일과 적응정도를 평가하는 활동, 넷째, 부모와의 이메일이나 교환 활동일지 등을 통한 부모-교사 의사소통 방안 논의하는 활동, 다섯째, 보육시설의 교실 외의 장소 둘러보기 활동, 여섯째, 장애아동 혼자서 일상적인 일과 참여하는 활동, 일곱째, 장애아동 가정방문 활동 및 부모교육 실시 등과 같은 내용으로 구성되는 것이 적절하다(이창미 외, 2003).

2) 일반 보육프로그램

(1) 장애아 보육프로그램의 구성

장애아 보육프로그램은 보육교사가 장애아 통합보육의 효율적인 운영을 돕기 위해 다음과 같은 구성 원칙을 설정하였다(중앙보육정보센터).

① 0–2세 장애영아와 3–5세 장애유아 모두 다 5개 기능영역, 즉 자립기능, 감각 · 운동기능, 언어기능, 인지기능, 사회 · 정서적 기능 등을 골고루 포함한 보육활동을 선정한다.

② 0–2세 장애 영아와 3–5세 장애 유아 모두가 여섯 가지 발달장애 유형, 즉 발달미숙 유형, 정신지체 유형, 자폐증 유형, 의사소통 유형, 과잉 행동 유형 등을 모두 포함할 수 있는 보육활동을 선정한다.

③ 보육활동의 선정 기준은 장애아의 일상생활에서 관심과 호기심을 끄는 대상이나 사물, 사람, 환경적 자극이나 사건 등을 중심으로 삼았고 특히, 장애아 – 교구 · 교재, 장애아와 정상아, 그리고 장애아 – 교사 및 부모간의 상호작용을 높일 수 있는 것으로 삼는다.

④ 보육활동의 선정은 현장 보육시설기관에서 장애아를 위해 보편적으로 활용되는 활동들 중에서 장애아의 반응성을 쉽게 유발하는 활동들을 선정한다. 따라서 선정된 활동들은 구체적인 기능들이나 지속적인 장애 보육활동을 위한 선행 필수 기능들이 포함되어 있다.

⑤ 0–2세 장애 영아의 경우, 장애보육활동들은 연령에 따라(0세, 1세, 2세 등) 제시하지 않고 통합 활동으로 선정한다. 다시 말해, 연령에 따라 보육활동을 계열적으로 제시하지 않는다.

⑥ 3–5세 장애유아의 경우도 장애보육활동들은 연령에 따라(3세, 4세, 5세 등) 또는 장애유형에 따라(자립기능, 감각 · 운동기능, 언어기능, 인지기능, 사회 · 정서적 기능) 제시하지 않고 통합 활동들을 선정한다.

⑦ 0–2세 장애 영아의 경우, 주 단위 5개 통합 활동(통합 활동의 의미는 다섯 가지 기능

영역의 통합 주제를 말함)을 선정하되, 그 중 1개 활동은 정상아와 장애아가 함께 보육이 가능한 활동주제를 정한다.

⑧ 3-5세 장애유아의 경우, 주 단위 6개 통합 활동을 선정하되, 그 중 1개 활동을 정상아와 장애아가 함께 보육이 가능한 활동주제를 정한다.

⑨ 0-2세 장애영아의 보육프로그램은 240개 활동으로 구성하고, 3-5세 장애유아의 보육프로 그램은 288개 활동으로 구성된다.

(2) 장애아 일반보육프로그램의 목표

장애아 일반보육프로그램의 장기적 목표(long-term objectives)는 장애 영 · 유아를 위한 장기적 목표와 보육교사 및 학부모를 위한 장기적 목표로 구성되어 있다. 즉, 장애 영 · 유아를 위한 장기적 목표는 장애 영 · 유아의 발달적 미숙이나 발달적 장애 행동들을 극복할 수 있는 다양한 보육활동들을 통합적으로 제공하여 장애 영 · 유아의 문제 행동이나 장애 증상들을 조기에 예방 · 처방 · 교육함으로써 장애 영 · 유아의 발달 가능성을 적극 계발 · 육성하자는 것이다. 그리고 장애 영 · 유아를 위한 보육교사 및 학부모를 위한 장기적 목표는 장애아의 훈련 · 보육의 전문가로서, 사명과 역할을 인식하게 하고, 나아가서 장애 영 · 유아의 장애 특성에 적절하게 대처하고 개입(intervention)할 수 있는 지도능력을 배양하는데 있다.

이와 같은 프로그램의 장기적 목표 하에 장애아 일반보육프로그램의 구체적 목표로 다음의 다섯 가지 목표들을 설정하였다.

첫째, 장애 영 · 유아의 용변, 식사문제, 착 · 탈의, 청결 등에 관한 보육활동의 제공으로 장애 영 · 유아의 자립기능을 길러준다.

둘째, 장애 영 · 유아의 감각기능, 대근육운동, 소근육기능 등에 관련된 보육활동의 제공으로 장애 영 · 유아의 감각 · 운동 기능을 길러준다.

셋째, 장애 영 · 유아의 발성, 비언어적 의사소통, 수용언어, 표현언어 등에 관련된 보육활동을 제공하여 장애 영 · 유아의 언어적 기능을 길러준다.

넷째, 장애 영 · 유아의 신체, 대물인지, 대상영속성(object permanence), 표상(지표, 상징, 부호 등), 기본개념 습득(분류, 서열, 비교, 공간, 시간, 수 등) 등에 관한 보육활동을 제공하여 장애 영 · 유아의 인지적 기능을 길러준다.

다섯째, 장애 영 · 유아의 애착, 상호작용(또래 간, 아동과 성인 간), 친사회적 행동, 기본정서 분화(희, 노, 애, 락), 정서 수용 및 표현 등에 관한 보육활동을 제공하여 장애 영 · 유아의 사회 · 정서적 기능을 길러준다.

(3) 장애아 일반보육프로그램의 내용

장애아 일반보육프로그램의 내용체계는 다음과 같이 조직되었다.

<장애아 일반보육프로그램의 내용체계>

대영역	소영역
1. 자립기능	1) 용변 2) 식사 3) 착 · 탈의 4) 청결
2. 감각 · 운동기능	1) 감각 2) 대근육 3) 소근육
3. 언어기능	1) 발성 2) 비언어적 의사전달 3) 수용언어 4) 표현언어
4. 인지기능	1) 신체 · 대물인지 2) 대상영속성 3) 표상(지표, 상징, 부호) 4) 개념습득(분류, 서열, 비교, 공간, 시간, 수 등의 기초)
5. 사회 · 정서적 기능	1) 애착 2) 상호작용(또래, 성인) 3) 친사회적 행동 4) 기본정서 분화 5) 정서수용 및 표현

(4) 장애아 일반보육프로그램의 교수-학습방법

우선 장애 영 · 유아를 위한 보육방법을 제시한 후 장애 영 · 유아를 위한 보육방법의 구체적 지침들을 제시하고자 한다.

1 장애 영 · 유아를 위한 보육방법

다섯 가지의 장애아 영 · 유아를 위한 보육방법들을 제시하면 다음과 같다.

① **관찰 교수-학습 방법** : 관찰법이란 아동의 흥미, 욕구, 발달 수준 등을 객관적으로 파악하여 각 장애아동의 특성에 알맞은 교육을 하기 위한 방법이다. 특히 장애 영 · 유아는 개인 간의 발달적 차이가 정상 영 · 유아보다 크다고 볼 때, 관찰법은 매우 유익한 장애아의 보육방법이 될 수 있다. 관찰법의 일종으로 보육교사가 자주 사용하는 교수-학습방법으로 사례법이 있다. 이 방법은 각 장애 영 · 유아의 개별 행동을 심층적으로 이해하는 수단으로 널리 사용되고 있기도 하다. 사례법은 통합교사가 특정 장애 영 · 유아를 선택하여 비교적 장기간에 걸쳐 그 영 · 유아의 심층적 문제행동의 근원들을 행동 특성을 파악하는 방법이다. 사례법이 갖는 주요 장점을 열거하여 보면 다음과 같다.

- 신체적, 지적, 정서적 곤란을 갖고 있는 장애 영 · 유아의 문제점을 찾아내는데 유익하다.
- 장애 영 · 유아의 성장, 발달, 또는 분화를 세밀하게 진단하는데 유익하다.
- 개별 장애 영 · 유아의 인지양식 및 학습양식을 파악하여 그 장애 영 · 유아의 생활지도 및 학습지도를 계획하는데 유익하다.
- 이 방법은 보육교사에게 개별 장애 영 · 유아의 장애지도를 위한 기초적 정보 및 자료를 제공해 준다.
- 이 방법은 보육교사 양성교육 및 재교육 과정에서 보육교사 스스로의 교수-학습 자질을 향상시키는데 도움을 준다.

보육교사의 첫 임무는 지도하고자 하는 장애 영 · 유아의 머릿속에 무엇이 일어나고 있는지를 파악하는 일이다. 따라서 관찰법은 가장 기초적, 핵심적 교수–학습 방법이라고 볼 수 있다.

② **놀이교수–학습방법** : 놀이 교수–학습 방법은 장애 영 · 유아를 다양한 놀이 활동에 참여할 수 있게 놀이 환경을 제공하는 방법을 말한다. 장애 영 · 유아들은 무한한 발달적 잠재력을 가지고 있지만 적절한 표현수단이나 표현기능이 제한되어 장애 행동으로 나타나는 경우가 잦다. 놀잇감을 통해 자연스럽게 장애아동들의 발달적 욕구들을 표출할 수 있는 계기를 제공하여 준다. 이 놀이 교수–학습 방법은 평소에 어른들의 잘못된 권위적 양육태도 때문에, 또는 형식적으로 구조화된 환경 때문에 쉽게 좌절되거나 억압되기 쉬운 장애 영 · 유아나 장애 유아들에게 가장 유익한 교수–학습 방법으로 알려져 왔다. 유아교육 학자들은 놀이 교수–학습 방법이 지니고 있는 장점을 다음처럼 지적하고 있다.

- 놀이는 영 · 유아의 성장을 도와준다.
- 놀이는 영 · 유아에게 활동의 자유를 제공한다.
- 놀이는 영 · 유아의 언어학습의 기회를 제공한다.
- 놀이는 영 · 유아의 대인관계 기술을 증진시켜 준다.
- 놀이는 영 · 유아에게 호기심과 주의집중력을 길러준다.
- 놀이는 영 · 유아에게 성인의 역할을 익히게 한다.
- 놀이는 영 · 유아의 판단력을 길러준다.
- 놀이는 영 · 유아에게 주변 세계를 탐색할 수 있는 기회를 제공한다.
- 놀이는 영 · 유아에게 정서적 안정감과 만족감을 제공하여 준다.
- 놀이는 영 · 유아의 욕구, 바램을 억제하지 않으므로 무한한 공상력, 상상력을 길러준다.

③ **모델링 교수–학습 방법** : 모델링 교수–학습 방법이란 장애 영 · 유아에게

가장 영향력 있는 교사, 부모와 친구들과 같은 학습 촉진자의 행동을 본떠서 학습하는 것을 말한다. 장애 영 · 유아에게 일상생활 속에서 영향을 가장 크게 주는 촉진자는 다양하다. 보육시설 교사, 부모, 형제 · 자매, 또래친구, 이웃사람, 할아버지와 할머니, 텔레비전의 주인공, 스포츠 스타, 연예인 등이다.

다음은 모델링 교수–학습 방법에서 모델이 갖추어야 할 요건들이다.

- 영 · 유아에게 친숙한 사람이어야 한다.
- 영 · 유아의 흥미 · 욕구를 잘 알고 이를 충족시켜 주는 사람이어야 한다.
- 외모, 옷치장, 말씨 등이 영 · 유아의 관심을 자아낼 수 있는 사람이어야 한다.
- 유머 감각이 있고 자상한 면모를 갖고 있는 사람이어야 한다.
- 표정이 맑고 항상 명랑한 성품을 갖고 있는 사람이어야 한다.
- 영 · 유아의 질문이나 호기심을 즉시 해결할 수 있는 문제해결력을 보이는 사람이어야 한다.

④ **강화 교수–학습 방법** : 강화학습 방법이란 행동주의 심리학자인 Skinner(스키너)의 강화원리에 의해 아동의 학습행동을 조건화시키는 방법을 뜻한다. 강화에는 두 가지가 있다. 그 하나는 긍정적 강화이며, 이는 강화물을 사용하여 아동의 바람직한 행동을 지속적으로 조건화시키는 것을 말한다. 부정적 강화란 강화물을 철회시키거나 혹은 아동에게 불쾌감을 유발하는 자극을 주어 바람직하지 못한 행동을 줄어들게 하는 것을 말한다.

교사가 강화 학습방법을 사용할 시에 두 가지 방략을 채택하여 강화계획을 마련할 수 있다. 그 하나는 아동에게 강화를 제공하는 간격(interval)을 고정하느냐(fixed) 또는 변동시키느냐(variable) 하는 방략이고 다른 하나는 강화의 비율(ratio)을 고정시키느냐 변동시키느냐 하는 방략이다.

교사의 강화방법 계획은 강화의 간격을 고정적으로 정하여 주느냐 변동적으로 강화를 주느냐에 따라 그 절차가 달라질 수 있다. 예를 들면, 고정–간격 강화전략은 매 5분마다 또는 매 5일마다 일정한 간격을 정해서 아동에게 강화를 제공하는 것을 뜻하며, 변동–간격 강화전략은 정해진 시간 간격 없이 2분마다, 또는 20분마다 비규칙적으로 강화를 제공하는 것을 말한다. 그리고 강화계획을 간격이 아닌 비율에 따라 제공하는 것은 강화제공의 준거로써 시간간격이 아닌 아동의 반응 수에 따라 강화계획을 잡는 것을 뜻한다. 고정–비율 강화계획을 예로 들면, 아동이 매 10과제를 정확하게 해결할 때마다 강화를 주는 것을 말하며, 변동–비율 강화는 일정한 반응 수마다 강화를 주지 않고 비규칙적으로 강화를 주는 것으로 처음에는 5과제를 맞추면 강화를 주다가 다른 때에는 7과제마다 강화를 주는 등 일정하지 않게 강화를 주는 계획을 말한다.

일반적으로 강화 간격이나 비율이 고정적인 것보다 변동적으로 강화를 주는 것이 훨씬 강화효과가 크며, 형성된 학습행동이 더 오래 지속되는 경향이 있다. 하지만, 장애 영 · 유아에게는 변동적 강화계획이 어렵게 느껴질 수 있어 오히려 고정적 강화계획보다 학습습관의 형성에 효과가 적을 수도 있다. 장애 영 · 유아의 특성에 따라 강화계획의 선택은 다양해질 수 있다.

⑤ **협동교수–학습방법** : 협동학습이란 아동자신의 학습효과와 또래의 학습효과를 최대로 하기 위해서, 학습상황에서 상호작용 하도록 하는 소집단 학습방법이다. 협동학습은 또래 상호작용에 기초한 협동적 학습활동을 적용하여 구성한 교수방법이므로 개별 활동보다는 또래와의 상호작용이 원활한 아동들의 발달에 효율적이다.

보육시설에서의 소집단 활동과의 차이는 집단의 크기를 임의로 정하고 각 집단별로 동일한 학습, 또는 각기 다른 활동을 하는 그룹 활동임에 반해 협동학습은 아동이 스스로 생각하고 생각을 교환하며, 서로의 관점을 나누고, 공동의 관심을 갖고 있는 목표를 달성하게 하는 활발한 집단 활동이라는 것이다.

Lyman & Folye(1990)는 협동학습이 아동의 발달에 미치는 영향을 다음과 같이 정리하였다.

첫째, 자기중심적인 아동은 협동학습을 함으로써 다른 아동과의 상호작용이 증가하고 이러한 상호작용의 결과로 다른 아동의 욕구나 관점을 이해할 수 있다.

둘째, 협동학습은 긍정적인 사회적 참여를 가능하게 하고 개인뿐만 아니라 집단 간의 상호작용을 증가시킬 수 있기 때문에 아동이 또래, 교사에 대해 긍정적으로 생각할 수 있게 하고, 이러한 요인은 아동의 이후의 학교생활의 성공적인 수행에 영향을 미친다.

셋째, 협동학습 과정에서 아동의 교수자료를 함께 나누어 사용하고, 함께 활동함으로써, 친사회적 행동을 발달시킨다.

넷째, 협동학습은 다른 아동과 직접적인 상호작용의 빈도가 높기 때문에 타협, 협동, 관용 등의 직접적인 사회적 기술을 발달시킨다.

다섯째, 협동학습은 소집단간의 활발한 의사소통을 그 전제로 하기 때문에, 실제로 말할 기회를 많이 갖게 되고 이는 아동의 언어발달에 영향을 미친다.

여섯째, 협동학습은 발달수준이 낮은 아동이 집단 안에서 높은 발달수준의 아동과 과제를 수행함으로써 발달수준을 높일 수 있고 성공의 경험을 갖게 됨으로 자아존중감을 발달시킬 수 있다.

일곱째, 협동학습은 같은 욕구와 같은 과제에 직면한 아동끼리 서로 도움을 주고받는 것에 의해서 학습하기 때문에 아동의 성취동기를 발달시킨다.

2 구체적 보육방법 지침

① 0-2세 영아의 보육방법 지침

- 어느 장소에서 계획된 보육활동을 진행할 것인지를 사전에 계획하는 것이 좋다.
- 제공된 장애보육활동은 일주일에 4-5회 정도 반복적으로 제시하는 것이 바람직하다.
- 보육교사는 보육활동 진행 중에 항상 아이의 이름을 부르며 항상 자상하고 부드러운 목소리로 대화를 지속한다.
- 보육활동 중에 장애아동이 불안해하거나 놀라는 반응을 보이면 즉각적으로 안아주거나 얼러준다.

- 장애영아와 보육활동을 전개할 때, 항상 아동의 시선을 마주보면서 진행한다.
- 장애영아가 보육교사가 기대한 반응을 보일 때 즉각적으로 칭찬하거나 만족감을 보여 주도록 한다.
- 장애영아가 좋아하는 행동이나 싫어하는 활동들을 항상 부모에게 알려주는 등 매일매일 아이에 대한 정보를 부모에게 보고한다.
- 장애영아의 울음은 문제를 알려주는 중요한 정보이므로 울음에 대한 적절한 반응을 선택하여 즉각적인 반응을 한다. 보육교사의 즉각적 반응은 장애영아가 항상 교사로부터 사랑과 관심을 받고 있다는 신뢰감을 갖게 한다.
- 처음부터 덜 친숙한 장난감이나 사람과의 접촉을 피하고 장애영아의 관심에 알맞은 학습 자료를 제시하여 준다.
- 장애영아와 만나거나 헤어질 때, 항상 꼭 껴안아 주고, 애정을 충분하게 보여주어야 한다.
- 장애영아를 위한 보육활동 전개는 영아의 신체리듬에 따라 놀이 중심으로 실행하되, 놀이 활동 시간은 10분 정도로 하는 것이 바람직하다.
- 수유 시에는 영아를 안고 먹이며, 수유 후에는 가스배출을 확인한다.
- 기저귀는 규칙적으로 갈아주며 변의 양과 질을 보아 가면서 영아의 건강상태를 점검하고 참고자료도 활용한다.
- 바람직한 장애영아의 행동은 즉각적인 모방을 보여주어 영아의 반복적인 행동을 자발적으로 유도한다.
- 정기적으로 영아체조와 일광욕을 시키며 필요시엔 영아가 다른 영아의 손과 몸을 만지며 놀 수 있는 기회를 주어 또래관계 형성의 기초를 도와준다.
- 요람이나 침대 위에 설치하는 모빌은 영아가 누워있는 상태에서 25-30㎝ 정도가 좋으며, 초기에는 모빌을 영아의 오른쪽에 설치하였다가 점차 왼쪽과 오른쪽으로 번갈아 가며 설치하여 주는 것이 좋다.
- 딸랑이 같이 쥘 수 있는 장난감을 쥐어주거나, 캐스터네츠, 트라이앵글 같은 악기 소리를 들려주어 영아의 반응을 유발하게 한다.

- 장애영아는 아직 자기 자신 또는 장난감을 관리하는 능력이 없지만, 정리정돈하는 생활습관을 키우기 위해 활동이 끝나면, 항상 장애영아와 함께 정리정돈 하는 시간을 갖는다.
- 장애영아는 분리불안이 심한 경우가 허다하므로 엄마의 사진을 가져오게 하거나 또는 엄마의 목소리를 듣도록 전화를 하는 등의 세밀한 배려가 요구된다.

② 3-5세 장애유아의 보육활동 지침

- 자신의 욕구를 충분히 의사소통 못하는 장애유아의 경우, 가능한 한 장애유아가 선택한 활동을 중심으로 보육활동을 계획하는 것이 바람직하다.
- 개별 장애유아의 발달적 욕구 고려, 정적인 활동과 동적인 활동의 고려, 자유놀이와 교사 계획 활동의 균등, 유아와 교사와의 상호작용 조절, 그리고 정상아와 장애아동과의 적정한 교류를 배려하는 것이 필요하다.
- 장애유아를 위한 보육활동들은 1회의 제시에 그치지 않고 개별 장애유아의 흥미, 욕구, 관심도, 발달수준 등에 따라 주 2-3회 정도 반복적으로 제공하는 것이 바람직하다.
- 장애유아는 정상아에 비해 개인차가 비교적 크므로 개별보육활동을 원칙으로 하되, 필요시엔 2-3명의 장애유아로 구성된 소집단의 통합 보육활동을 시도하는 것이 좋다.
- 보육교사는 장애유아의 가정에서의 생활과 행동 등에 관한 전반적 정보를 등·하교 시에 부모와의 면담 등을 통해 수집하여 매일매일의 보육일과 계획에 반영한다.
- 보육교사는 장애유아의 욕구에 즉각적으로 반응하는 태세를 가지며 장애유아가 우연히 관심을 갖는 우발적 사건 등을 보육활동으로 계획하는 순발력을 가져야 한다.
- 등원 시에 반갑고 기쁜 마음자세로 장애유아를 맞이하며 적절한 스킨십으로 애정을 느끼게 한다.

- 보육교사는 또래의 정상아(비장애아동)를 또래교사로 활용하여 장애아동의 활동을 조력하도록 보육계획을 함으로써 또래 유아에 대한 관심의 폭을 넓혀 나가게 한다.
- 하루의 보육계획은 정적인 활동과 동적인 활동 간의 균형, 실내 활동과 실외 활동의 균형, 개별 활동과 집단 활동 간의 적절한 배합 등이 유지되도록 보육활동계획을 구성한다.
- 보육교사는 보육활동 전개 시에 가능한 장애유아의 자발적 반응을 유도하며, 자발적 시도나 반응이 일어날 때까지 애정과 인내를 갖고 끝까지 참여하는 자세를 취한다.

(5) 장애아 일반보육프로그램의 평가

장애아 일반보육프로그램의 평가는 장애아 보육시설기관 평가의 한 형태로써 보육교사에 의해 계획된 보육활동의 전개가 원래 의도한 보육목적이나 보육목표가 어느 정도 효과적으로 달성하였는지 최종적으로 점검하는 과정이다. 장애아 보육시설기관의 평가와 보육프로그램의 평가 간의 차이점을 제시하면 다음과 같다.

1 장애아 보육시설기관의 평가영역

① 물리적 환경
- 실내 · 외 환경
- 시설 · 설비 · 비품
- 공간 구성 및 배열 상태

② 심리적 환경
- 보육실의 분위기
- 교사의 사기
- 교사–영아, 영아–영아의 상호작용

③ 교구 · 교재의 양과 질
- 교구 · 교재의 관리상태

- 교구 · 교재의 다양성
- 교구 · 교재의 적합성

④ 보육과정의 운영
- 보육계획
- 일과 보육시간표 운영
- 보육활동의 전개 과정
- 평가 실시 및 활용 여부

⑤ 운영관리
- 행정관리
- 교사관리
- 재정관리

⑥ 건강 · 위생 · 영양 · 안전
- 건강 및 위생
- 영양
- 안전

⑦ 가족 및 지역사회 서비스
- 부모 서비스
- 지역사회 서비스

2 장애아 보육프로그램의 평가 영역

① 영 · 유아 보육과정 평가
- 보육목표의 평가
- 보육과정 계획의 평가
- 교수–학습평가
- 보육평가의 평가

② 영 · 유아 행동평가
- 자립기능의 평가
- 감각 · 운동기능의 평가

- 언어기능의 평가
- 인지기능의 평가
- 사회 · 정서 기능의 평가

③ 보육교사의 평가

- 보육계획의 평가
- 교수-학습과정 평가
- 보육자료 평가

④ 보육실 환경 평가

- 보육실 환경구성 평가
- 교구 · 교재의 적정성 평가

⑤ 부모의 평가

- 어린이집의 통합보육과정 이해
- 통합보육과정의 참여도
- 장애 영 · 유아 발달과정의 이해
- 가정과 보육시설 보육의 연계

위에서 보는 것과 같이 보육시설기관 평가와 보육프로그램의 평가는 중복되는 부분이 있지만 평가의 목적과 평가의 대상에서 뚜렷한 차이가 있음을 알 수 있다. 다시 말해, 장애아 보육프로그램의 평가는 통합교사에 의해 조직된 보육활동이 장애 영 · 유아의 성장 및 발달에 직접적인 관련성이 있느냐에 그 목적이 있고, 평가의 대상도 통합교사에 의해 계획된 보육활동의 목표를 장애 영 · 유아가 달성하느냐에 맞추어져 있다. 그러나 보육시설기관의 평가는 보육프로그램의 평가보다 보육시설기관의 질 관리라는 장기적 목적에 있으며, 보육시설기관의 질 관리가 장애 영 · 유아의 성장과 발달의 증진에 덜 직접적인 면을 갖고 있다.

다음은 장애아 보육프로그램의 평가에 그 초점을 맞추어 보육교사가 육성해야 할 사항들, 즉 장애아 보육프로그램의 영역, 장애아 보육프로그램의 평가 절차, 그리고 평가 방법 등에 대해서 제시하고 있다.

(6) 장애아 보육프로그램의 평가 영역

장애아 보육프로그램의 평가는 보육목표→보육과정 계획→교수-학습과정→평가 등 세 가지 요소에 대한 평가로 이루어진다.

1 보육목표의 평가

- 기본적인 가치 철학을 잘 반영하고 있는가?
- 장애 영 · 유아들의 필요와 요구에 맞는 목표인가?
- 사회의 이념이나 문제가 목표에 강조되고 있는가?
- 기능영역으로서의 특성이 잘 나타난 목표인가?
- 장기 보육목표는 무엇이고, 단기 보육목표는 무엇인가?
- 성취 가능한 목표인가?

2 보육과정 계획의 평가

- 과정계획은 목표가 제시하는 대로 그 활동을 전개할 수 있는 계획인가?
- 절차, 방법, 자료의 계획이 상호 밀접한 관련이 있는가?
- 과정계획은 충분할 정도로 자세하게 되어 있는가?
- 과정계획은 누구나 쉽게 이해할 수 있도록 되어 있는가?
- 과정계획은 교사나 장애 영 · 유아에게 적합한가?

3 교수-학습 과정의 평가

- 교수 · 학습활동은 과정계획과 어느 정도 일치하고 있는가?
  (만일 일치하지 않는다면 그 이유는 무엇인가?)
- 교수 · 학습과정 분석을 위해, 관찰시 유념해 두어야 할 주요점은 무엇인가?
- 교수 · 학습과정 진행 중 장애 영 · 유아들의 참여도는 어떠한가?
- 과정내용은 적절한가?
- 과정계획의 주요방법 및 자료는 과정내용을 영 · 유아에게 학습시키기에 적합한가?

4 평가의 평가

- 평가계획은 교육목표의 모든 분야를 포함하고 있는가?
- 평가 목표에는 포함되어 있지 않았지만, 중요한 변화를 일으킨 잠재적 보육과정은 있는가? (만일 있다면, 구체적으로 무엇인가?)
- 평가의 절차는 타당하고 신뢰로 운가?
- 평가 결과에서 시사하는 바를 어떻게 목표나 과정계획에 반영시킬 것인가?

(7) 장애 영 · 유아의 평가

장애 영 · 유아의 평가는 교사에 의해 제공된 다양한 보육활동을 통해 장애 영 · 유아가 어느 정도의 발달 성취 수준을 보이고 있는지를 지접 장애 영 · 유아를 대상으로 평가하는 것을 말한다. 따라서 장애 영 · 유아 프로그램을 장애 영 · 유아에게 투입한 후, 그 프로그램이 장애 영 · 유아의 행동에 어떤 변화를 보였는지를 확인하여 장애 영 · 유아 보육프로그램의 성공부를 확인하는데 사용되는 평가이기도 하다. 일반적으로 학부모 및 일반 사회인은 장애영 · 유아 평가 자료를 통해 어린이집 교육의 효과를 확인하기도 한다.

어린이집 보육과정에서 결정한 5개 기능 영역의 목표들을 장애 영 · 유아가 어느 정도 성취하고 있는지를 평가하게 된다. 일명 장애 영 · 유아평가를 장애 영 · 유아 발달 성취도 평가 척도라고 부르기도 한다. 다음은 장애 영아 발달 성취도 평가 척도의 일부 항목들이다.

<장애 영아 발달 성취도 평가척도>

성 명 : ____________ 생년월일 : ____________ 성 별 : ____________
평 가 자 : ____________ 평 가 일 : ____년 ____월 ____일 ~ ____년 ____월 ____일

본 척도는 장애 영아들의 생활기능별 발달 성취도 수준을 평가하는 척도입니다. 평소에 장애 영아의 보육활동을 통해 보여진 장애 영아발달 진전 상황을 정확하게 체크하여 주십시오.

* 각 문항에 제시된 영아 능력이

매우 우수할 때	1 2 3 4 5 (∨ 5)	우수할 때	1 2 3 4 5 (∨ 4)
보통일 때	1 2 3 4 5 (∨ 3)	낮을 때	1 2 3 4 5 (∨ 2)
아주 낮을 때	1 2 3 4 5 (∨ 1)		

평가영역	평가내용	평 가 항 목	평 점 도
자립기능(신변처리기능)	1. 용변	·'화장실을 가고싶다'고 표현할 수 있다.	1 2 3 4 5
		· 대 · 소변을 다르게 표현한다.	1 2 3 4 5
		· 혼자서 화장실을 찾아간다.	1 2 3 4 5
		· 소변기와 대변기를 구분할 수 있다.	1 2 3 4 5
		· 화장실을 사용하여 뒤처리를 한다.	1 2 3 4 5
	2. 식사	· 자리에 앉아서 기다릴 수 있다.	1 2 3 4 5
		· 접시와 컵을 흘리지 않고 자리로 가져 갈 수 있다.	1 2 3 4 5
		· 간식 노래를 따라 부를 수 있다.	1 2 3 4 5
		·'잘 먹겠습니다.'라고 인사를 할 수 있다.	1 2 3 4 5
		· 음식을 흘릴 때, 휴지로 닦을 수 있다.	1 2 3 4 5
		·'더 주세요'라는 제스처와 말을 할 수 있다.	1 2 3 4 5
		· 장난치지 않고 가만히 앉아서 먹을 수 있다.	1 2 3 4 5
		· 친구들의 음식을 빼앗아 먹지 않는다.	1 2 3 4 5

평가영역	평가내용	평 가 항 목	평 점 도
	3. 착·탈의	· 양말을 벗을 수 있다.	1 2 3 4 5
		· 모자를 벗을 수 있다.	1 2 3 4 5
		· 머리에 모자를 쓸 수 있다.	1 2 3 4 5
		· 끈이 풀어진 신발을 벗을 수 있다.	1 2 3 4 5
		· 똑딱 단추를 열 수 있다.	1 2 3 4 5
		· 지퍼를 내릴 수 있다.	1 2 3 4 5
		· 지퍼를 채울 수 있다.	1 2 3 4 5
		· 도움을 받으면 신발을 신을 수 있다.	1 2 3 4 5
		· 도움을 주면 바지를 내릴 수 있다.	1 2 3 4 5
		· 도움을 주면 바지를 올릴 수 있다.	1 2 3 4 5
		· 도와주면 옷을 벗을 수 있다.	1 2 3 4 5
		· 도와주면 옷을 입을 수 있다.	1 2 3 4 5
자립기능	4. 청결	· '정리정돈 시간'이라는 신호에 반응을 보일 수 있다.	1 2 3 4 5
		· 물건치우는 것을 도와줄 수 있다.	1 2 3 4 5
		· 손을 씻을 수 있다.	1 2 3 4 5
		· 손을 수건에 닦을 수 있다.	1 2 3 4 5
		· 목욕하려는 반응을 보인다.	1 2 3 4 5
		· 냅킨을 사용할 수 있다.	1 2 3 4 5

평가영역	평가내용	평 가 항 목	평 점 도
		· 도와주면 코를 풀 수 있다.	1 2 3 4 5
감각 · 운동기능	1. 감각	· 물체의 움직임을 추적할 수 있다.	1 2 3 4 5
		· 2~3 가지 색을 변별할 수 있다.	1 2 3 4 5
		· 무거운 것과 가벼운 것을 구분할 수 있다.	1 2 3 4 5
		· 촉감으로 사물의 차이를 느끼고 식별할 수 있다.	1 2 3 4 5
		· 단맛과 짠맛을 구별할 수 있다.	1 2 3 4 5
		· 냄새를 식별할 수 있다.	1 2 3 4 5
	2. 대근육 운동	· 작은 의자에 혼자서 앉고 일어날 수 있다.	1 2 3 4 5
		· 전후, 좌우로 방향을 전환하면서 걸을 수 있다.	1 2 3 4 5
		· 두 발로 점프할 수 있다.	1 2 3 4 5
		· 발로 공을 찰 수 있다.	1 2 3 4 5
		· 걸으면서 물체를 밀고 잡아당길 수 있다.	1 2 3 4 5
		· 던져지거나 가까이 온 사물을 잡을 수 있다.	1 2 3 4 5
		· 공을 어깨 위로 손을 들어 던질 수 있다.	1 2 3 4 5
		· 난간을 잡고 도움없이 계단을 오르고 내릴 수 있다.	1 2 3 4 5
		· 균형을 잡으면서 물건을 집어 올릴 수 있다.	1 2 3 4 5
	3. 소근육 운동	· 찍찍이를 붙이고 뗄 수 있다.	1 2 3 4 5
		· 2~3개 정도의 블록이나 고리를 위로 쌓거나 중심 대에 끼울 수 있다.	1 2 3 4 5

평가영역	평가내용	평 가 항 목	평 점 도
		· 큰 구슬 구멍에 끈을 꿸 수 있다.	1 2 3 4 5
		· 작은 꾸러미의 포장을 뜯을 수 있다.	1 2 3 4 5
		· 크레용이나 물감으로 마음대로 그릴 수 있다.	1 2 3 4 5
		· 문고리를 돌릴 수 있다.	1 2 3 4 5
		· 도구를 이용하여 흙을 파낼 수 있다.	1 2 3 4 5
		· 컵에 물을 따를 수 있다.	1 2 3 4 5
감각 · 운동 기능	3. 소근육 운동	· 병뚜껑을 열 수 있다.	1 2 3 4 5
		· 그림책의 책장을 한 장씩 넘길 수 있다.	1 2 3 4 5
		· 병 속의 작은 물건을 꺼낼 수 있다.	1 2 3 4 5
언어기능	1. 발성	· 잘못 발성된 소리를 고쳐주면 따라 할 수 있다.	1 2 3 4 5
		· 상황에 따라 음성 크기 및 음색의 강약을 조절할 수 있다.	1 2 3 4 5
		· 놀 때 운율 있게 재잘거린다.	1 2 3 4 5
		· 일정한 운율로 중얼거린다.	1 2 3 4 5
		· ㅂ, ㅍ, ㅁ, ㅋ, ㄱ, ㅇ, ㅎ, ㄴ, ㅌ, ㄷ 등의 소리를 바르게 낼 수 있다.	1 2 3 4 5
	2. 비언어적 의사소통	· 욕구를 나타내기 위해 자발적으로 소리를 내거나 몸짓을 한다.	1 2 3 4 5
		· 가리키거나 몸짓을 할 때 말소리를 내려고 한다.	1 2 3 4 5
		· 자기 자신을 언급할 때 말소리를 내려고 한다.	1 2 3 4 5
		· 의사소통을 하려고 시도한다(예 : 상대방이 이해를 못 하였을 때 짜증을 부린다).	1 2 3 4 5

평가영역	평가내용	평 가 항 목	평 점 도
		· 다양하게 지껄일 수 있다.	1 2 3 4 5
		· 지껄임이나 단어를 사용하여 자신의 경험을 전달할 수 있다.	1 2 3 4 5
	3. 수용언어	· 간단한 질문(예 : 누구, 어디에, 언제 등)에 대답할 수 있다.	1 2 3 4 5
		· 말을 듣고 중요한 단어나 마지막 단어를 따라 하라고 하면 따라 할 수 있다.	1 2 3 4 5
		· 간단한 단어나 구를 모방한다.	1 2 3 4 5
		· 간단한 지시어를 이해하고 따라 한다.	1 2 3 4 5
		· 동화 듣기에 참여하려고 한다.	1 2 3 4 5
		· 또래 또는 다른 사람의 말소리에 관심을 보인다.	1 2 3 4 5
	4. 표현언어	· 간단한 질문을 할 수 있다.	1 2 3 4 5
		· 주변의 친숙한 사물이나 대상을 단어, 말소리로 표현할 수 있다.	1 2 3 4 5
		· 경험한 것을 짧은 문장으로 나타낼 수 있다.	1 2 3 4 5
		· 두 단어 또는 세 단어 구로 자신의 의사를 표현할 수 있다.	1 2 3 4 5
		· 복수형이나 동사시제를 사용할 수 있다.	1 2 3 4 5
		· 거의 80% 정도 타인이 알아 듣게 의사를 표현할 수 있다.	1 2 3 4 5
인지기능	1. 신체·대물인지	· 거울 속에 나타난 자신의 모습에 관심을 보일 수 있다.	1 2 3 4 5
		· 색깔(예 : 파란색, 노란색, 빨간색)에 따라 물체를 식별할 수 있다.	1 2 3 4 5
		· 나와 너를 구별할 수 있다.	1 2 3 4 5
		· 신체부위의 명칭을 바르게 지적할 수 있다.	1 2 3 4 5

평가영역	평가내용	평 가 항 목	평 점 도
		· 남자의 옷 여자의 옷 등 남녀의 특징에 관심을 보일 수 있다.	1 2 3 4 5
	2. 대상 영속성	· 보는 앞에서 여러 장소에 이동시켜 숨긴 물체를 찾아낼 수 있다.	1 2 3 4 5
		· 시야에서 사라진 물체를 추적하여 찾아낼 수 있다	1 2 3 4 5
		· 숨바꼭질 놀이를 즐겨한다.	1 2 3 4 5
		· 물체의 부분을 보고 그 물체가 무엇인지를 알아낼 수 있다.	1 2 3 4 5
		· 그림책 속에 있는 아는 사물이나 대상을 지적할 수 있다.	1 2 3 4 5
		· 사진 속에서 친숙한 사람을 찾아낼 수 있다.	1 2 3 4 5
	3. 표상	· 동물의 소리를 의성어, 의태어로 나타낼 수 있다.	1 2 3 4 5
		· 주변에 있는 사물이나 물건의 소리를 듣고 그것이 무엇인지를 알 수 있다.	1 2 3 4 5
		· 표시, 발자국 등을 보고 그 사물이나 동물을 알아맞출 수 있다.	1 2 3 4 5
		· 부분을 보고 전체를 알 수 있다.	1 2 3 4 5
		· 보고들은 것을 흉내낼 수 있다.	1 2 3 4 5
		· 하루 전 또는 오전의 사건이나 경험들을 기억해낼 수 있다.	1 2 3 4 5
		· 역할 극 놀이를 시도할 수 있다.	1 2 3 4 5
		· 전화기로 통화하는 시늉을 낼 수 있다.	1 2 3 4 5
	4. 개념습득	· '내 것', '엄마 것', '아빠 것'을 구분하기 시작한다.	1 2 3 4 5
		· 세 가지 종류의 색이나 세 가지 종류의 도형들을 주면 같은 종류끼리 색을 모을 수 있다.	1 2 3 4 5
		· 기능이 같은 물건들끼리 짝지을 수 있다.	1 2 3 4 5

평가영역	평가내용	평 가 항 목	평 점 도
		· 3-4개의 포개기 물체(예 : 포개기 컵)를 순서대로 포갤 수 있다.	1 2 3 4 5
		· 세 가지 물건들을 크기 순서대로 나열할 수 있다	1 2 3 4 5
		· 보육실의 일과활동 진행 순서를 따라할 수 있다.	1 2 3 4 5
		· 밤과 낮을 구별할 수 있다.	1 2 3 4 5
		· 하루일과 속에서 일어난 일들을 순서대로 말할 수 있다.	1 2 3 4 5
		· 4-5개의 네모블록으로 짓기 놀이를 할 수 있다.	1 2 3 4 5
		· 안과 밖, 앞과 뒤, 가운데의 개념을 식별할 수 있다	1 2 3 4 5
		· 사물의 위, 아래, 앞, 뒤를 구별할 수 있다.	1 2 3 4 5
	4. 개념습득	· 사물의 안과 밖의 차이를 식별할 수 있다.	1 2 3 4 5
		· 사물의 안과 밖의 차이를 식별할 수 있다.	1 2 3 4 5
		· 사물의 대소크기를 비교할 수 있다.	1 2 3 4 5
		· 수의 명칭을 알고 10까지 셀 수 있다.	1 2 3 4 5
		· 1-5 범위의 수의 양 개념을 알 수 있다.	1 2 3 4 5
사회·정서적 기능	1. 애착	· 선생님에 대한 관심과 신뢰를 보일 수 있다.	1 2 3 4 5
		· 또래 아이들에게 친근감을 표시할 수 있다.	1 2 3 4 5
		· 낯선사람과 친한 사람을 변별할 수 있다.	1 2 3 4 5
		· 엄마와 떨어져 보육실의 활동에 적응할 수 있다.	1 2 3 4 5
		· 등·하교 시에 선생님에게 '안녕' '뽀뽀' 등의 표현을 할 수 있다.	1 2 3 4 5

평가영역	평가내용	평 가 항 목	평 점 도
	2. 친사회적 행동	· 또래 곁에서 노는 것에 관심을 보일 수 있다.	1 2 3 4 5
		· 선생님에게 자신의 요구를 표시하고 도움을 요청할 수 있다	1 2 3 4 5
		· 또래와 함께 놀이할 때, 놀잇감을 친구에게 건네 줄 수 있다.	1 2 3 4 5
		· 다른 아이들의 놀이 행동을 방해하지 않는다.	1 2 3 4 5
		· 또래행동, 선생님의 행동을 모방하기를 좋아한다.	1 2 3 4 5
		· 울거나 화가 난 또래들을 달래줄 수 있다.	1 2 3 4 5
	3. 기본정서 분화	· 상황에 적절한 정서(기쁨, 슬픔, 화냄, 즐거움 등)를 표현할 수 있다.	1 2 3 4 5
		· 거부감이나 질투감 등을 점차 완화할 수 있다.	1 2 3 4 5
		· 공포대상에 대한 친근감을 보일 수 있다.	1 2 3 4 5
		· 다양한 감정을 얼굴로 표현할 수 있다.	1 2 3 4 5
	4. 정서수용 및 표현	· 인형을 안아주고 보살펴 줄 수 있다.	1 2 3 4 5
		· 노래 부르기를 좋아한다.	1 2 3 4 5
		· 음악리듬에 맞추어 동작을 할 수 있다.	1 2 3 4 5
		· 동시 · 동화 등을 즐겨듣고 흉얼거릴 수 있다.	1 2 3 4 5
		· 자신의 느낌과 생각을 그대로 표현할 수 있다	1 2 3 4 5
		· 자신이 맡은 것에 자부심을 가질 수 있다.	1 2 3 4 5
		· 또래친구 선생님의 기분에 맞추어 행동할 수 있다	1 2 3 4 5
		· 또래의 슬픈 감정을 보면 자신도 슬프다고 느낄 수 있다	1 2 3 4 5

평가영역	평가내용	평 가 항 목	평 점 도
		· 아름다운 그림, 사진, 풍경들을 보고 즐거워할 수 있다.	1 2 3 4 5

1 보육교사의 평가

교사평가란 교사의 장애아동 교수-학습 과정에서 보육계획, 수업 준비활동, 수업활동 중의 상호작용 등에 관한 평가를 말한다. 다시 말해, 교사평가에는 교사의 교수-학습 계획, 교수-학습 과정, 그리고 교구 · 교재 선정 및 활용 등에 관한 평가 요소들이 포함될 수 있다.

〈교사평가 척도〉

평가 요소	평가 항목	1 2 3 4 5 부적합 보통 적합
보육계획	· 보육활동 계획은 5개 기능 영역의 목표를 통합적으로 달성할 수 있게 되어 있다.	1 2 3 4 5
	· 보육 계획은 연간 · 월간 · 주간 · 일일계획으로 구분하여 각 영아반의 보육계획이 수립되고 있다.	1 2 3 4 5
	· 보육목표 진술은 영아의 발달 수준에 적절하며 구체적인 용어를 사용하고 있다.	1 2 3 4 5
	· 보육내용의 선정은 영아의 발달 수준에 적합하다.	1 2 3 4 5
교수 · 학습 과정	· 교수-학습과정에 주제와 내용이 나선형적으로 계속성을 유지하고 있다.	1 2 3 4 5
	· 영아의 흥미에 맞추어 확산적 사고를 유발하는 대화를 한다.	1 2 3 4 5
	· 영아의 개인차를 고려한 다양한 형태의 개별지도가 이루어지고 있다.	1 2 3 4 5
	· 현장 학습 경험을 통하여 관찰 및 탐색 활동놀이 중심교육이 이루어지고 있다.	1 2 3 4 5
보육자료	· 보육자료는 양적 및 질적으로 충분하며 최적의 자료이다.	1 2 3 4 5

	· 보육목적과 내용 및 영아의 발달 수준에 맞고 사용하기에 편리한 자료이다.	1 2 3 4 5
	· 교사제작 보육자료와 구입한 보육자료의 적절한 사용으로 보육의 효과를 극대화하고 있다.	1 2 3 4 5
	· 보육자료들은 활용하기 편하게 정리 정돈되어 있으며, 변화, 교체하고 있다.	1 2 3 4 5

2 보육실 환경 평가

보육실 환경 평가는 어린이집 보육실의 물리적 환경, 심리적 환경이 영 · 유아의 성장과 발달에 미치는 영향을 평가하는 것을 말한다. 다른 어느 발달시기보다 영아기는 교실 환경의 영향을 직접적으로 받게 된다. 보육실 환경이 아늑하고 온화하며, 가정과 같은 분위기를 느낄 때, 영 · 유아의 자발적 활동은 활성화되며, 반대로 보육실 분위기가 딱딱하고 어색하게 느껴지면 영 · 유아의 활동은 위축되기 마련이다. 그리고 보육실에 배치되어 있는 교구 · 교재, 비품 등이 영 · 유아의 발달에 적합하여, 영아 스스로 참여하여 조작할 수 있도록 마련되어 있다면, 영 · 유아의 학습 활동에의 참여는 증가하게 될 것이다.

어린이집 보육실 환경의 평가에 포함된 주요 평가 항목을 열거하여 보면 다음과 같다.

① 물리적 환경

(가) 어린이집 보육실의 시설 · 설비 · 비품의 적절성 여부

(나) 보육실 공간 구성 및 배열의 합리성 여부

(다) 보육실의 용도, 채광, 통풍 등의 적합성 여부

(라) 보육실의 위치, 크기, 방향 등의 적합성 여부

② 교구 · 교재의 양과 질

(가) 교구 · 교재의 다양성 여부

(나) 교구 · 교재의 영 · 유아 발달에의 적합성 여부

(다) 교구 · 교재 이용의 편리성 여부
(라) 교구 · 교재 관리 상태 여부

3 부모평가

부모평가란 부모의 장애 영 · 유아 통합보육에 대한 이해, 장애 영 · 유아의 발달과정에 대한 관심도, 장애 영 · 유아 통합보육과정에의 참여도, 가정과 어린이집간의 보육 연계성을 위한 노력 등에 관한 평가를 뜻한다. 장애 영 · 유아보육의 성패는 부모에 의해 좌우된다고 표현하여도 지나치지 않을 것이다. 부모는 영아의 최초의 교사, 그리고 최후의 교사라는 지적도 있다. 따라서 학부모의 장애 영 · 유아 통합보육에 대한 이해를 파악하고 나아가서 장애 영 · 유아의 교육과정에의 적극적인 참여 정도를 확인하는 부모평가는 이상에서 소개된 다른 평가 영역 못지않게 중요하다고 하겠다. 장애 영 · 유아 통합보육은 생활중심 교육을 지향하고 있다. 가정에서 부모는 장애 영 · 유아가 어린이집 활동을 통해 배우고 익힌 여러 가지 발달적 기능들을 생활 속에서 실천하여 보는 기회를 제공하거나 자극하는 부모의 역할이 중요하다.

(8) 장애 영 · 유아 평가 방법

일곱 가지 대표적인 장애 영 · 유아 평가 방법을 소개하면 다음과 같다.

1 관찰법(observational method)

관찰법은 자연적 상황이나 조건하에서 장애 영 · 유아의 제반 행동을 있는 그대로 기술하는 방법이다. 관찰법은 아동연구 방법 중 그 역사가 가장 오래된 것으로 한때 관찰법이 갖는 주관적(subjective), 기술적(descriptive) 성격 때문에 과학적 방법으로 그 가치를 인정받지 못한 적도 있었다. 그러나 최근에 이르러 인간 행동의 외현적 행동 특성의 평가보다 심층적, 근원적 이해에 대한 관심이 높아져 감에 따라 이 관찰법의 가치가 재인식되고 있다.

과학적 방법(scientific method)이란 자연과학 분야에서 자연현상을 연구할 때 사용하는 것을 뜻하며, 과학적 방법이란 곧 객관성을 의미한다. 과학적이 되기 위해서는 어떤 사건이나 현상이 반복적으로 일어나야 하며(반복성), 어떤 현상이나 사건을 양으로 측정할 수 있어야 하며(측정성), 그리고 어떤 현상이나 사건을 외현적으로 관찰할 수 있어야 한다(관찰성).

특히 관찰법은 실험적 통제 조건의 설정이 곤란한 장애 영·유아의 연구 방법으로 최적이다. 장애 영·유아는 의사소통이 원활하지 않고 순간순간 마다 행동의 변화 폭이 심하며, 처해진 상황에 따라 직접적인 영향을 받으며, 주어진 자극을 수용하는 인지구조에 질적 차이가 있으므로, 이러한 장애 영·유아 특성을 고려한 평가 방법으로는 관찰법이 그 으뜸이라고 할 수 있다.

어린이집에서 사용 가능한 몇 가지 관찰 방법의 종류들 중, 와이트(Weight, 1960)가 제시하고 있는 여섯 가지 관찰법의 종류는 다음과 같다.

① **일기기록법**(diary description) : 일기기록법이란 일명 육아 일기기록법 또는 육아 전기라고 불리워지며, 갓 태어난 아이의 모든 발육 상태나 사건을 매일 기록하는 방법이다. 마치 하루 일과 중 가장 특이한 사건이나 경험을 일기에 기록하듯이, 부모 또는 보육교사가 아이의 보호, 양육, 보육과정 중에서 그날그날 일어났던 행동 중에서 특이한 것들을 기록하는 것을 말한다. 특히 이 방법은 나이가 아주 어린 보육시설기관의 영·유아들의 행동을 평가하는 중요한 방법으로 활용 가치가 크다고 하겠다. 이 방법은 유아교육 사상가인 페스탈로치(Pestalozzi)가 1774년 「A Father's Diary」란 저서에서 처음으로 사용하였다.

② **일화기록법**(anecdotal record) : 일화기록법은 아동의 특성을 이해하기 위하여 그 아동이 나타낸 구체적인 행동사례나 어떤 사건에 관련된 관찰결과를 상세히 기록하는 방법이다. 관찰한 결과를 연구의 자료로 유용하게 쓰기 위해서는 적절한 방법을 이용하여 기록하고 정리하는 일이 필수적이다. 관찰결과를 어떻게 기록하고 요약하느냐에 따라서 관찰한 자료가 그 연구에 긴요하게 쓰일 수도 있고 쓸모없는 것으로 될 수도 있는 것이다.

일화기록은 장애아동들의 사회 · 정서적 특성이나 한 집단 내에서의 또래관계를 연구할 때 유용하게 사용할 수 있는 방법이다. 특히 영 · 유아들의 문제행동을 파악하는데 일화기록의 결과는 좋은 참고자료가 된다. 흔히 사례연구를 할 경우에 이 방법이 많이 쓰인다. 어떤 일화기록에는 주제가 있을 수 있다. 즉, 관찰자가 어느 특정한 영역을 연구하는데 관심이 있어서 그 영역에 관련된 내용만을 관찰하여 기록하는 경우가 있다. 또한 어떤 일화기록은 아무런 주제 없이 다만 시간의 경과에 따라 발생한 행동이나 사건의 관찰기록일 수도 있다.

일화기록은 여러 가지 관찰방법 가운데서 아마도 가장 실시하기 쉬운 방법이다. 그 이유는 관찰과 기록이 특정한 시간의 틀에 얽매여 있지 않으며, 기록할 만한 가치와 흥미가 있으면 언제든지 기록할 수 있기 때문이다. 그리고 환경이나 상황을 특별히 설정할 필요 없이 어느 곳에서나 일화를 관찰하여 기록하면 된다.

일화를 기록하는데 특별한 양식이 있는 것은 아니지만 대체로 다음과 같은 점에 유의해야 한다.

첫째, 어떤 행동 또는 사건이 언제, 어떤 상황에서 발생되었는지를 사실적으로 기술한다. 대화의 명확한 의미를 보존하기 위하여 영 · 유아가 사용한 대화내용을 그대로 기록해 둔다.

둘째, 객관적 사실과 이에 관한 관찰자의 해석이나 처리방안을 명확히 구분하여 기록한다. 구체적이고 특수한 사건을 기록하고, 일반적이거나 평가적인 서술은 피하는 것이 좋다.

셋째, 여러 시기에 일어난 서로 다른 일화들을 총괄적으로 기록하지 말고 각각의 일화를 독립적으로 기록하도록 한다. 그리고 일화는 사건이 일어난 순서대로 기록하는 것이 바람직하다. 일화기록은 계속적인 기록이 보존될 때에만 진단적 의미를 갖게 되므로, 동일한 영 · 유아에 대한 장기간의 누가적 기록이 보존되도록 힘써야 한다.

③ **시간표집법**(time sampling) : 시간표집법은 관찰자가 사전에 관찰할 항목을 미리 정해 두고 이 관찰항목이 정해진 시간 내에 어느 정도 자주 일어나는지 그

반응을 기록하는 방법을 말한다. 이 방법을 최초로 사용한 학자는 1926~1927년 사이에 미네소타 대학교에서 아동연구소(Institute of Child Developmnet)를 처음 창설한 올슨(Olson)이었다(Irwin & Bushnell, 1980).

시간표집법은 관찰대상 행동이 너무 자주 일어나지 않으면 이 방법의 사용 가치가 없다. 따라서 아링톤(Arrington, 1943)은 평균 15분에 한 번 정도 일어나는 행동까지만 시간표집법의 연구대상이 될 수 있다고 하였다. 일반적으로 영아기에 자주 관찰될 수 있는 행동은 이야기, 웃음, 울음, 놀이, 음식 먹기, 싸움, 공격 행동 등이다. 그리고 비교적 자주 일어나지 않은 행동 즉 애국심, 히스테리, 학습, 나무타기, 동정심, 성공, 실패, 좌절감 등은 시간표집법의 관찰 대상 행동으로 부적합하다. 예를 들면, 어린이집의 자유놀이 시간에 다른 영 · 유아의 놀이행동을 방해하는 행동을 시간표집으로 관찰한다고 하자. 그러면 자유놀이 시간이 50분(9 : 30~10 : 20)이라고 하면 5분 간격 동안 10회에 걸쳐 일어나는 행동을 체크하면 되는 것이다.

어린이집에서 시간표집법을 사용하여 장애 영 · 유아행동을 평가하려고 할 시에 유의해야 할 사항을 살펴보면 다음과 같다.

첫째, 시간표집법은 자주 일어나는 행동에 한하여 사용되어야만 한다. 15분 이상 마다 일어나는 행동은 시간표집법의 평가행동을 적합하지 못하다.

둘째, 시간표집법은 관찰하기 쉬운 행동들에 한하여 사용되어야 한다. 시간 표집법은 외현적 행동이 아닌 장애 영 · 유아의 내면적, 심층적 행동 등은 이 방법의 적용이 바람직하지 못하다.

셋째, 시간 표집법은 누구든지 관찰이 가능하도록 관찰절차 또는 관찰과정이 명료하게 구조화되어 있어야 한다. 다시 말하면, 관찰대상자 수가 분명하게 명시되어져야 하고, 관찰 대상이 개인인지 집단인지를 분명하게 하며, 대표적인 시간 관찰법 예시를 통해 관찰과정을 연습할 필요가 있다.

④ **사건표집법**(event sampling) : 사건표집법은 시간표집법과 달리 시간적 제약 없이 일어나는 행동이나 사건 그 자체가 바로 관찰대상이 되는 관찰법이다. 이 방법

은 1914년 혼(Horn)에 의해 최초로 사용되었으며, 1928년 Goodenough에 의해 세상에 알려졌다(Irwin & Bushnell, 1980).

사건표집법의 대표적인 사례를 소개하면 다음과 같다. 사건표집법의 고전적 연구의 하나인 헬렌 다위(Helen Dawe, 1934)는 1931년 10월 9일~1932년 2월 17일 사이에 유치원 원아 41명(여아 19명, 남아 21명) 유아들의 자유놀이 시간 동안에 발생하는 200건의 싸움 행동을 이 관찰법에 의해 관찰한 바 있었다. 이 관찰 과정은 다음과 같았다. 관찰자는 싸움이 일어날 때까지 기다린다. 싸움이 일어나면, 스톱워치를 작동시키고 관찰자도 싸움에 참여하며, 싸움이 종료되면 스톱워치를 멈춘다. 그리고 종이 위에 다음과 같은 사건의 정황을 소상하게 기제 한다. 관찰 대상자의 이름, 싸움에 참여한 유아의 연령 및 성별, 싸움의 지속 시간, 싸움이 일어날 때 진행된 사실들, 싸움행동(비참여자, 부추기는 행동, 공격적인 행동, 싸움 중 보복적 행동, 신체 및 언어적 행동, 결과, 부작용 등), 그리고 가능하다면 싸움 중의 실제 대화내용도 기록하여 둔다.

다위는 유치원 원아의 싸움 행동 관찰을 통해 다음과 같은 정보를 알아냈다. 첫째, 58.75시간의 관찰 동안 200번의 싸움이 있었으며(시간 당 평균 3.4번의 싸움이 있은 셈), 둘째, 68번의 싸움은 실외에서 일어났고 132번의 싸움은 실내에서 일어났다. 셋째, 200번의 싸움 중에서 오직 13번만이 1분보다 더 오래 싸움이 지속되었다. 넷째, 남자 유아들은 여자 유아들 보다 더 자주 싸웠다. 다섯째, 물건의 소유에 대한 불만이 싸움의 주요 원인이었다. 여섯째, 유아들은 스스로 싸움을 종결지으며, 금방 화해하고, 어떤 적대감 같은 것이 보이지 않았다.

⑤ **평정법**(rating scale) : 평정법은 관찰자가 관찰대상 장애 영 · 유아의 어떤 행동 특성에 관해 받은 인상이나 느낌의 강약을 일직선상의 어떤 수치 위에 체크하는 것을 말한다. 장애 영 · 유아의 어떤 행동에 관해 관찰자가 가진 인상을 표시(check)한다고 하여 일명 이 방법을 체크리스트(checklist)법이라고도 부른다. 이 방법은 1930년도에 Haggerty, Olson, & Wickman 등에 의해 처음 사용되었다.

〈평정법의 예〉

· 영 · 유아의 활동 참여도

			∨	
1	2	3	4	5
아주낮음	낮음	보통	높음	아주 높음

· 또래의 놀이 초대 행동

		∨		
1	2	3	4	5
아주낮음	낮음	보통	높음	아주 높음

· 장난감 공유 행동

	∨			
1	2	3	4	5
아주낮음	낮음	보통	높음	아주 높음

⑥ **장면단위 분석 관찰법**(field-unit analysis) : 장면단위 분석 관찰법은 일련의 연속적인 행동 흐름을 단위 또는 부호로 구분하여 정해진 시간 내에 나타나는 행동을 부호로 기록하는 관찰법을 말한다. 이의 가장 대표적인 예가 Flanders(1970)의 언어적 상호작용 분석 관찰법(interaction analysis system observation)이다.

Flanders는 보육교실 속에서 수업 중에 일어나는 교사와 영 · 유아의 언어적 상호작용을 교사와 영 · 유아의 언어로 구분하여 그 설정한 10개 항목의 부호를 3초마다 관찰기록 한다. Flanders의 장면 단위 분석 관찰 절차를 간략하게 살펴보면 다음과 같다. 예를 들어, 강의를 15초 동안, 질문을 3초 동안 하고 이에 대한 아동의 단순 반응이 6초 동안 있었다고 하자. 그러면, 강의의 부호가 5번이고 15초 동안이므로 5를 연속적으로 다섯 번 기재하고, 질문이 3초이므로 질문부호 4번을 한 번 기록하며, 영아의 단순 답변이 6초이므로 해당부호 8번을 두 번 기록한다. 그러면 관찰 기록지에는 5, 5, 5, 5, 5, 4, 8, 8이 된다.

다음은 Flanders가 수업 중에 교사와 영 · 유아의 언어적 상호작용의 10개 분류 항목을 소개한 것이다.

〈Flanders의 언어적 상호작용 분류 항목 예〉

<table>
<tr><td rowspan="2">교사가
말하는 것</td><td>비지시적
지도</td><td>1. 느낌을 받아들이는 것 : 공포가 없는 상태에서 유아의 느낌을 받아들이고 명백히 한다. 느낌은 긍정적일 수도 있고 부정적일 수도 있다. 예언이나 회상의 느낌도 포함된다.
2. 칭찬 혹은 권장 : 유아 행동을 칭찬하거나 권장하는 것, 다른 유아를 희생시키는 일이 없이 긴장을 풀기 위한 농담, 고개를 끄덕끄덕하면서 “으흥”, “으흥”하거나 “계속해” 하는 것도 포함.
3. 유아의 생각을 받아들이거나 이를 이용하는 것 : 학생이 말한 생각을 명백히 하거나 도와주거나 발달시키는 것, 교사가 자기의 생각을 보충할 때는 제5항으로 간주함.
4. 질문 : 유아가 답변할 것을 기대하는 내용이나 절차에 대한 질문.</td></tr>
<tr><td>지시적
지도</td><td>5. 강의 : 내용이나 절차에 대한 사실이나 의견을 말하는 것, 자기 자신의 생각을 표현하는 것
6. 지시 : 유아가 복종할 것을 요구하는 지시나 명령
7. 비판 혹은 권위를 부리는 것 : 좋지 못한 유아의 행동을 좋은 행동으로 바꾸기 위한 교사의 말, 꾸짖는 것, 교사가 왜 그렇게 해야만 하는가에 대한 이유 설명, 극단적인 자기 자랑</td></tr>
<tr><td colspan="2">유아가 말하는 것</td><td>8. 유아의 반응적인 말 : 교사의 단순한 질문에 대한 유아의 답변, 유아가 답변하도록 교사가 먼저 유도함
9. 유아의 자진적인 말 : 유아가 자진해서 말하는 것, 교사의 넓은 질문에 대해서는 학생이 여러 가지 생각, 의견, 이유 등을 말하는 것</td></tr>
<tr><td colspan="2">기타</td><td>10. 작업, 침묵이나 혼동 : 실험, 실습, 분단학습, 영화보기, 책읽기, 머뭇거리는 것, 잠시 동안의 침묵 및 관찰자가 교사-학생간의 의사소통 과정을 이해할 수 없는 혼동의 과정</td></tr>
</table>

2 면접법

면접법은 장애아동을 직접 만나서 언어적인 반응으로 알아보는 것으로, 심층적이고 다양한 사항을 알 수 있으며, 개개인의 상황에 맞는 자료를 얻을 수 있다. 특히 면접법은 인지적 발달의 평가에 사용되기도 하지만, 주로 정의적 발달 측정 즉, 장애아동의 태도, 흥미, 인성 등에 관한 정보를 얻는데 훨씬 더 많이 활용되고 있다. 또한 면접법은 다른 평가 방법에 비하여 대단히 융통성이 있어 여러 가지 귀중한 자료를 얻을 수 있으나, 객관도, 신뢰도, 타당도를 높이기 위하여 고도의 기술과 훈련을 요한다.

면접법은 면접의 절차와 방법에 따라 크게 구조화된 면접과 비구조화된 면접으로 구분해 볼 수 있으며, 절충된 형태로서 반구조화된 면접법을 들 수 있다.

구조화된 면접법(structured interviews)은 질문의 내용, 순서 등을 사전에 계획하고 정해진 계획에 따라 진행시키는 방법을 말하며, 비구조화된 면접법 (unstructured interviews)은 면접계획을 세우되 면접 목적만을 명백히 하고 정해진 주제에 대한 내용을 자유롭게 질문함으로써 필요한 정보를 알아내는 방식으로 질문의 구성, 순서, 방법 등을 상황에 따라 융통성있게 진행한다. 그리고 반 구조화된 면접법(semi-structured interviews)은 사전에 치밀한 계획을 세우되 면접 장면에서는 면접자가 융통성있게 면접을 진행시키는 방법이다.

3 작품 분석법

어린이집 교사들에게 인기 있는 평가도구는 아이들의 발달진도에 관한 정보를 얻기 위하여 영 · 유아의 작품을 체계적으로 수집하는 것이다. 작업이나 작품표본들의 분석은 개별지도에 특히 유용하다. 각 영 · 유아의 작품들은 또래들의 작품과 비교되어 평가되기보다는 여러 시간에 걸쳐 수집된 자신의 작품을 훑어보게 하는 것이 좋다.

영 · 유아의 운동기능 향상의 증거, 간단한 수 개념이나 어휘개념의 숙달, 그밖에 세부적인 관심 등은 몇 주일, 몇 달, 혹은 여러 해 동안의 과정에 걸쳐서 나타날 수 있다. 또한 작품 수집은 부모들에게 정보를 줄 수 있으며, 영아 스스로에게 자신의 진전과정을 알게 하고 관심을 재조명해 볼 기회를 제공하기도 한다. 따라서 작품이나 작업내용을 수집하는 과정에서, 교사는 정확한 날짜를 기입하고 주의깊게 파일화 할 필요가 있다.

4 자기 느낌 평가

자기 느낌 평가란 장애 영 · 유아 스스로가 각 흥미 영역에 참가하여 체험하고 경험한 만족도를 스스로 평가하는 방법을 말한다. 예를 들면, 블록 쌓기 놀이에서 즐겁고 만족스러운 경험을 가졌다고 느끼면 활짝 웃는 얼굴에 체크를 하고, 보통이면 무표정한 얼굴에 체크하며, 만족스럽지 않았다고 느끼면 찡그린 얼굴에 체크한다.

자기 느낌 평가는 영 · 유아 자신의 활동에 대한 자신의 성취도 정도를 직접 표현함으로써 영 · 유아 스스로가 지각한 활동참여에 대한 이해정도 및 내면화 과정을 엿볼 수 있는 이점이 있다. 또한 언어적으로 자신의 경험 결과에 대한 만족감을 발표하게 할 수 있다. 이러한 발표과정을 통해 영 · 유아 자신의 경험을 스스로 재구성할 수 있는 교육적 성과를 얻을 수 있다.

5 표준화 검사법

표준화 검사란 객관화된 형식, 절차, 방법을 통하여 장애 영 · 유아의 인지적, 정서적 행동 특성을 측정하여 그 측정한 결과를 정해진 규준(norm)에 비추어 해석하는 것을 말한다. 예를 들면, 영 · 유아의 지능을 측정하기 위한 표준 지능 검사를 제작한다고 하자, 맨 먼저, 영 · 유아의 지능을 구성하는 요인을 잘 대표할 수 있는 신뢰성과 타당성을 갖춘 문항들을 선정한다. 선정된 지능검사 문항들을 적어도 지역(대도시, 중소도시, 농어촌), 성별(남, 여)을 고려한 검사를 실시하여 이 검사의 결과 지능의 우열 정도를 변별하는 기준을 만든다. 그리고 이 기준에 의해 개개인 지능의 우열정도를 판정할 수 있게 된다. 이러한 절차와 과정을 거쳐 제작된 검사를 표준화 검사라고 부른다.

★ 장애아동을 위한 일반 보육프로그램의 운영 (보육정보센터)

1) 장애아 적정 보육시수 및 보육활동 수

장애아동을 위한 일반 보육프로그램은 연간 300일의 보육이 될 수 있도록 구성한다. 현재 보육시설기관의 보육일수가 300일로 편성되어 있으므로 이에 기초하여 장애아 보육프로그램의 운영도 같이 한다. 연간 300일의 보육일수 추정은 공유일, 국경일 등을 배제한 최대 보육일수로 짜여져 있다. 그리고 주 6일 보육과 하루 보육 시간은 오전 7 : 00 – 오후 7 : 00 즉, 12시간의 종일보육을 전제로 한다.

장애아동을 위한 일반 보육프로그램의 보육활동 수는 0-2세의 경우 주 5개 활동, 월 20개 활동 연간 총 보육활동 수는 240개로 구성되어 있으며, 3-5세의 경우 주 6개, 월 24개에 연간 288개 활동으로 구성되어 있다. 그러나 0-2세의 경우, 각 제공된 보육활동은 4-5회씩 반복하는 것을 원칙으로 삼았고 3-5세의 경우, 제시된 각 보육활동은 3-4회씩 반복이 되는 것을 원칙으로 삼는다. 실제로 0-2세 장애아의 경우, 보육교사는 최저 720~960개 보육활동의 활용이 가능하며, 3-5세의 경우 최고 1,152~1,440개 보육활동의 활용이 가능한 셈이다. 보육교사가 장애아동의 일반 보육프로그램의 운영 시에 어린이집의 특성, 장애 영 · 유아의 발달수준, 학부모의 욕구, 그리고 지역사회의 특성을 감안하여 창의적인 보육과정 운영이 가능하다고 할 수 있다.

2) 장애아동을 위한 일반 보육프로그램의 활용방침

통합교사가 장애아동을 위한 일반 보육프로그램을 보육시설에서 활용할 시엔 다음의 사항들을 고려하여 활용하는 것이 편리하다. 보육시설에 따라 사정, 실정, 형편, 여건, 상태 등이 다양하므로 제공된 보육프로그램을 일률적으로 적용하기가 곤란할 수도 있다. 특히 장애 영 · 유아의 문제행동이나, 장애 정도가 다르며, 또한 보육시설마다 수용되어있는 장애아동 수, 장애아동 대상 및 연령도 상이하기 때문이다. 따라서 아래의 활용 방침을 참고하여 보육계획을 창의적으로 수정하는 것이 바람직하다.

○ 연령별에 따라 장애아동 일반 보육프로그램의 연간, 월간, 주간계획을 세워 보육활동 전개 계획을 수립한다. 연령별이란 장애 영 · 유아의 나이를 말하는 것으로 장애 영 · 유아의 경우, 특수한 경우를 제외하고 대다수의 장애아동들은 정상아에 비해 발달적 지체를 보이는 것으로 판단해도 무방하다. 따라서 장애 대상 영 · 유아의 나이를 고려하여, 제공된 보육활동 중에서 통합교사가 0세아 보육활동, 1세아 보육활동, 2세아 보육활동, 3세아 보육활동, 4세아 보육활동, 5세아 보육활동으로 구분하여 편리상 재편성 · 활용할 수도 있다.

특히 통합교사가 연령별로 제공된 장애아 보육프로그램을 편성할 시엔, 그 참고 기준으로 0-5세 정상아의 발달수준 자료 또는 장애 유형별 발달 특징 자료들을 활용하는 것이 유익하다.

○ 발달수준을 고려하여 장애아동 일반 보육프로그램의 연간, 월간, 주간 보육과정 전개 계획을 수립한다. 유아교육프로그램, 보육프로그램, 장애아동 일반 보육프로그램의 공통적 특성은 장애 영 · 유아의 발달 수준에 적합한 보육과정을 수립한다는 점이다. 장애 영 · 유아의 경우, 월령에 따라 (0-4개월, 5-8개월 등) 보육내용이 전혀 상이하며, 또한 발달 영역별(인지발달, 정서발달, 사회성발달, 신체발달, 언어발달) 발달적 차이에 따른 보육 활동이 다를 수 있다. 특히 장애 영 · 유아의 경우, 개인 간에 발달수준의 폭과 깊이의 차이는 매우 크다. 따라서 장애 보육교사는 보육과정 계획 입안에 앞서 본 프로그램의 '장애아의 조기진단 도구 및 그 활용법'의 자료를 충분히 숙지하여, 각 장애 영 · 유아의 현 상태와 발달수준을 파악해야 한다. 이외에 부모와의 면접상담, 그리고 부모의 자녀행동 관찰 자료들을 함께 활용하여 발달수준 확인을 위한 종합적 판단으로 활용한다(pp. 80-81의 표는 서울 곡교 어린이집에서 사용하는 신변처리능력 발달 관찰표와 자폐경향 진단평가 자료를 예시한 것이다).

이와 같이 장애 영 · 유아의 발달 수준을 0-2세 영아, 3-5세 유아마다 두 수준 또는 세 수준 정도로 잠정적으로 나눈 다음, 이 수준에 해당하는 장애아 보육활동을 제시된 장애아 보육활동들 중에서 선정하여, 이를 월별로 순차적으로 배열하는 것이 바람직하다.

예를 들면, 0-2세 장애 영아의 경우, 제공된 240개 보육활동들을 영아의 발달수준에 따라 1수준, 2수준 또는 상, 중, 하 정도에 따라 재편성하는 보육과정계획을 수립하면 된다.

○ 장애 유형에 따라 장애아 보육프로그램의 연간, 월간, 주간 보육과정 전개 계획을 수립한다. 장애아동 일반 보육프로그램에서는 장애 영 · 유아의 장애

유형을 편의상 6가지 영역으로 선정하였는데, 발달미숙 유형, 정신지체 유형, 정서 · 행동장애 유형, 자폐성 유형, 의사소통장애 유형, 과잉행동 유형 등이 그것이다. 보육교사는 각 장애 유형의 특성을 가장 잘 반영하는 몇 문항의 체크리스트를 작성하여 관찰 · 평정하여 각 영 · 유아의 장애 유형을 판단하는 기준으로 활용해야 한다. 장애아동 일반 보육프로그램은 장애유형별 보육지도 보다는 통합 보육프로그램을 지향하게끔 구성하였다는 점에 유의하여 장애 유형별 보육지도 시에 유의하여야 할 것이다.

이와 같이 어느 정도 장애유형이 가늠되면, 그 다음 단계로 보육교사는 제시된 보육활동마다 중점 장애 유형을 명시한 것을 참고하여 보육과정 전개계획을 수집하여 보육지도에 임할 수 있게 된다.

○ 장애학급 유형별에 따라 장애아동 일반 보육프로그램의 연간, 월간, 주간 보육과정 계획을 수립한다. 장애학급 유형이란, 어린이집의 일반학급에 '장애 영 · 유아를 통합운영 하는 통합학급과 장애보육시설기관에서 장애아동을 전담하는 전담학급 등 두 종류의 학급을 말한다. 장애아동 일반 보육프로그램은 이 두 학급에서 장애아 보육을 목적으로 개발한 프로그램이다. 일반 보육시설의 통합학급과 장애아 전담보육시설의 전담반 간에는 제반 물리적, 인적, 행 · 재정적 상태가 상이하다. 특히 장애아 보육지도 능력의 전문성 면에서도 현저한 차이가 나타난다. 일반 보육시설기관의 통합학급의 경우 장애 영 · 유아가 한 학급 당 최저 2명, 최고 10명 이내로 구성되어 있다는 점도 두 학급의 장애 보육프로그램의 운영계획 수립의 차별성을 기해야 할 점이라고 여겨진다.

장애 전담반의 경우, 장애 유형별 특성이 어느 정도 교사에 의해 확인되면 제시된 보육활동들을 그 기준에 따라 재편성하여 활용할 수 있다. 일반 보육시설의 통합학급의 경우, 주로 비장애아동과 장애아동의 통합보육이 전개되므로 장애 유형별 개별지도가 용이하지 않을 수 있다. 이 경우에 장애아동을 위한 개별지도 시간, 소집단 지도 시간을 일과계획 중에 설정하여 학급을 운영하는 것이 바람직하다.

신변처리능력 발달 관찰표

아동명 : 생년월일 : 년 월 일 (만 세 개월)

작성자 : (교사, 보호자) 작성일자 : 년 월 일

내용	도움 없이 혼자 할 수 있다,	도움받으면 할 수 있다. (언어적 지시)	아직 혼자 할 수 없다	비교
1-2세				
숟가락을 사용한다.				
한 손으로 컵을 들고 마신다.				
세수하는 모습을 모방한다.				
5분 정도 아기 변기에 앉아 있는다.				
소매에 팔을 끼우고 바지에 다리를 집어 넣는다.				
화장실에 가고자 할 때, 몸짓이나 말로 표현한다.				
끈 없는 신발을 신는다.				
채워지지 않은 겉옷이나 바지를 벗는다.				
2-3세				
약간 흘려도 혼자서 먹는다.				
이닦기를 모방한다.				
대소변을 가린다.				
스트로우를 사용한다.				
비누질을 한다.				
지퍼를 올리고 내린다.				
양말을 신는다.				
간단한 옷(속옷이나 겉옷)을 입는다.				
3-4세				
포크를 사용한다.				
처음부터 끝까지 혼자서 식사한다.				
코를 혼자 풀고 닦는다.				
일반적으로 위험한 것을 피한다. (깨진 유리, 불……)				
단추를 푼다.				
언어적 지시를 할 때, 자기의 몸(팔과 다리)을 닦을 수 있다.(목욕할 때)				

* 출처 : 곡교어린이집

자폐경향 진단 평가지

아동이름 : 생년월일 : 년 월 일 (만 세 개월)

작 성 자 : (교사, 보호자) 작성일자 : 년 월 일

관찰행동	안 그렇다	보통이다	그렇다	구체적 사항
1. 또래 친구와 놀기 어렵다.	0	3	5	
2. 듣지 못하는 아이처럼 행동한다.	0	3	5	
3. 새로운 것에 흥미를 보이지 않는다.	0	3	5	
4. 위험에 대처하지 않는다.	0	3	5	
5. 말보다 몸짓으로 의견이나 요구를 표시한다.	0	3	5	
6. 이유 모르게 웃거나 중얼거린다.	0	3	5	
7. 안기지 않는다.	0	3	5	
8. 이상한 행동이나 몸짓을 반복한다.	0	3	5	
9. 얼굴을 보면 눈을 맞추지 않는다.	0	3	5	
10. 특정한 음식만 먹으려 한다.	0	3	5	
11. 주의가 산만하고 과잉행동이 많다.	0	3	5	
12. 이상한 물건에 집착을 보인다.	0	3	5	
13. 지시나 요구를 따르지 않는다.	0	3	5	
14. 변화하는 환경 (물건자리 바꾸기 등)을 거부한다.	0	3	5	
	전체점수			

* 출처 : 곡교어린이집

3) 장애 학급의 편성기준

장애학급의 편성기준은 장애 · 영유아의 장애정도에 관한 사전진단 결과에 따라 장애 영 · 유아의 학급편성을 위한 배치기준을 마련하고 이에 의해 어떠한 장애 보육프로그램을 투입할 것인가에 의해 최종적으로 장애학급의 편성기준을 확정하는 것이 좋다.

다음은 장애아 통합보육시설기관인 곡교어린이집에서의 장애 학급 편성절차를 소개한 것이다.

(1) 제 1 단계 : 접수 면접의 실시

장애 통합보육을 희망하는 장애 영 · 유아 대상아동을 연중 수시로 접수면담을 실시한다.

(2) 제 2 단계 : 접수면담 하였던 장애 영 · 유아 중에서 통합장애 보육을 희망하는 자에게 다음과 같은 진단검사를 실시한다.

- 접수, 진단
- 포테이지나 AEPS에 의한 교육진단
- 인물화 검사
- 언어인지 이해력 검사
- 교사 · 부모에 관한 평정조사

(3) 제 3 단계 : 제 2단계의 진단자료를 토대로 장애 영 · 유아의 학급편성 기준을 마련하고 장애 영 · 유아를 통합한 통합 학급반을 구성하게 된다. 곡교 어린이집의 경우 다음의 두 가지 학급으로 편성하였다

① 통합교육반 : 장애 영 · 유아의 지적 수준이 경도정신지체(지능지수 50-70 정도) 이상이며, 의사소통 기능이 좋고, 집단에서의 지시 따르기, 규칙지키기, 자기관리 기능 등의 적응행동이 좋은 아동의 경우 이 반에 편성된다. 이 반의 장애 영 · 유아는 비장애 영 · 유아와 완전 통합교육을 받고 생활하며, 규칙적으로 특수교사의 개별지도를 받게 된다.

② 장애 소그룹반 : 지적인 능력을 경도지체이거나 그 이하이면서 적응행동 및 자기 관리기능 면에서 보다 집중적인 특수보육이 요구되는 장애 영 · 유아에게는 특수교육 중심의 개별교육을 받게 하는 장애 소그룹반으로 편성 · 배치한다.

4) 장애아동을 위한 일반 보육프로그램의 운영지침

(1) 장애아 보육계획수립

장애아 보육계획수립은 연간 · 월간 · 주간 계획과 일일보육계획으로 나누어진다. 여기에서는 0–2세 장애 영아와 3–5세 장애 유아의 연간 · 월간 · 주간 보육계획에 관해 먼저 알아보고 그 다음에 일일 보육활동 계획을 살펴보기로 하겠다.

[1] 장애 영 · 유아의 연간 · 월간 · 주간 보육계획

① 0–2세 장애 영아의 연간 · 월간 · 주간 보육계획

0–2세 장애 영아의 주간, 월간, 연간, 보육계획을 구체적으로 제시하면 다음의 표와 같다.

〈0-2세 장애 영아의 월간, 연간 보육계획〉

월	월 주제명	주 주제명	비 고
3	적 응	1. 신발 벗고 신기 2. 화장실 가기 3. 손씻기 4. 수저사용하기	
4	감 각	1. 냄새 맡기 2. 만지기 3. 손가락 움직이기 4. 줄긋기	
5	반 응	1. 손 흔들기 2. 고개 흔들기 3. 박수 치기 4. 입 모양 만들기	

월	월 주제명	주 주제명	비 고
6	호기심	1. 색 찾기 2. 모양 찾기 3. 소리 찾기 4. 크기 찾기	
7	애착	1. 눈맞추기 2. 미소짓기 3. 손잡기 4. 꼭 껴안기	
8	자율	1. 양치질하기 2. 지퍼 올리고 내리기 3. 스스로 하기 4. 거울보기	
9	시도	1. 옮기기 2. 이동하기 3. 접기 4. 찢기	
10	흉내	1. 신호 따르기 2. 지시 따르기 3. 발음하기 4. 말 연결하기	
11	조작	1. 끼우기 2. 모으기 3. 짝짓기 4. 배열하기	
12	놀이	1. 인형 놀이 2. 표정 놀이 3. 의성어 · 의태어 놀이 4. 리듬동작 놀이	
1	관 계	1. 엄마 · 아빠와 같이 2. 친구와 함께 하기 3. 선생님과 함께 하기 4. 장난감과 함께 하기	
2	조 절	1. 옷 입기 2. 배변하기 3. 식사하기 4. 세면하기	

* 출처 : 곡교어린이집

② 3-5세 장애 유아의 주간, 월간, 연간 보육계획

3-5세 장애 유아의 주간, 월간, 연간 보육계획을 구체적으로 정리하면 다음의 표와 같다.

<3-5세 장애 유아의 주간, 월간, 연간 보육계획>

월	월 주제명	주 주제명	비 고
3	변 화	1. 우리 어린이집 알기 2. 우리 선생님 알기 3. 새 친구 사귀기 4. 놀잇감 정하기	
4	동 작	1. 게임하기 2. 협응력 기르기 3. 선 따리 걷기 4. 가위질하기	
5	의사 전달	1. 표정잇기 2. 말잇기 3. 그림카드 연결하기 4. 단어잇기	
6	탐 구	1. 분류하기 2. 서열하기 3. 숨은 물건 찾기 4. 헤아려 보기	
7	안 정	1. 동물 돌보기 2. 식물 돌보기 3. 인형 돌보기 4. 아기 돌보기	
8	독립심	1. 손씻고 세수하기 2. 양치질하기 3. 화장실 사용하기 4. 옷 벗고 입기	
9	시행착오	1. 맞추기 2. 돌리기 3. 쌓기 4. 쏟고 담기	

월	월 주제명	주 주제명	비 고
10	표 현	1. 말하기 2. 듣기 3. 그리기 4. 만들기	
11	구 성	1. 도형 완성하기 2. 같은 색 모으기 3. 일대일 대응하기 4. 모양 만들기	
12	가상 놀이	1. 아기 인형 놀이 2. 소꿉 놀잇감 놀이 3. 동물 인형 놀이 4. 까꿍 놀이	
1	역할	1. 동물 흉내내기 2. 얼굴 표정짓기 3. 리듬에 맞추어 움직이기 4. 역할극 놀이	
2	책임	1. 소지품 챙기기 2. 옷 입기 3. 신발 벗고 신기 4. 인사하기	

* 출처 : 곡교어린이집

0-2세 영아의 경우 기능영역을 종합적으로 반영하는 월 주제와 구체적인 통합기능 중심의 주 주제를 각각 4개씩 제시하였고, 3-5세 장애유아의 경우 0-2세 보다 수준이 다소 높은 보육기능을 종합적으로 습득케 하는 월 주제와 통합기능 중심의 주 주제를 각각 4개씩 제시하였다. 이러한 월 주제, 주 주제 범위 내에서 해당 장애 영 · 유아의 일일주제 들이 추론되어 구체적인 연간보육활동이 선정된다.

2 장애 영 · 유아의 일일보육활동 계획

여기에서는 장애 영 · 유아의 일일보육활동 계획의 구체적인 예를 제시하여 일일 보육활동계획의 구성을 살펴보고자 하였다.

일일 보육계획 예시 (영-9-3-001)

영-9-3-001

종이 구기기와 펴기

발달장애유형	발달 미숙	지적 장애	정서 행동 장애	자폐성 장애	의사 소통 장애	과잉 행동		장애 보육 영역	자립 기능	감각·운동 기능	언어 기능	인지 기능	사회·정서 기능
		○		○				장애 보육 내용		감각 소근육		대물 인지	

월 주제 시 도 **주 주제** 접기

활동목표
· 종이를 구기고 펴는 과정에서 촉각적 경험을 가지게 한다.
· 눈과 손의 협응력을 발달시킨다.
· 종이의 속성에 관해 인식하게 한다.

준 비 물 · 여러 재질의 종이(헌 신문지, 헌 잡지, 헌 포장지, 헌 투명지, 셀로판지 등)

환경구성 · 여러 가지 재질의 종이를 명칭과 함께 환경 판에 게시해 둔다.

활동방법
① 교사는 장애영아와 마주 앉는다.
② 교사는 준비한 여러 재질의 종이를 장애영아에게 제시해 준다.
③ 교사는 헌 신문지를 구겨서 펴는 것까지 시범을 보인다.
④ 교사는 장애영아에게 선생님처럼 마음껏 구겨보게 하고, 다시 편편하게 펴게 한다.
⑤ 여러 종류의 재질을 구겨보고 펴는 과정에서 촉감이 서로 다름을 이야기 나눈다.
⑥ 장애영아가 마음껏 구기고 펴보도록 많은 기회를 준다.
⑦ 구기기 이전 상태와 편 상태를 비교해 보도록 유도한다.
⑧ 구긴 종이를 다시 폈을 때 원래 상태와 같이 구김이 없는 상태로 되돌아갈 수 없음을 주지시킨다.

유의사항
· 종이를 구기는 과정에서 장애영아가 다치지 않도록 조심한다.
· 활동 후 손을 깨끗이 씻게 한다.
· 그림책이나 동화책 등은 함부로 구겨서는 안된다고 주의시킨다.

보충지도 · 종이 펴기나 종이 구기기 중 한 가지를 선택하여 충분히 연습시킨 후 나머지 다른 방법을 소개한다.

심화지도 · 종이구긴 것과 편 것을 가지고 미술 작품을 만들어 본다.

① 활동명의 오른쪽 상단에 영-9-3-001 영 : 영아, 9 : 9월달, 3 : 세 번째 주, 001 : 첫 번째 활동 등으로 부호화하여 보육교사가 본 활동이 어느 시점에 어떤 영아에게 제시하는 것이 적절한 지를 쉽게 알아볼 수 있게 하였다.

② 활동명 밑의 왼쪽 상단에는 발달장애 유형을 표기하여 보육교사로 하여금 중점 장애 유형을 표시하여 줌으로써 본 활동의 성격을 명료화하였고, 활동명 밑의 오른쪽 상단에는 장애보육영역과 보육내용을 명시하여 줌으로써 본 활동이 어떤 기능을 습득하도록 계획되었는지를 밝혀 두었다.

③ 각 활동마다 월 주제와 주 주제를 동시에 제시하여 본 활동이 어떤 주 주제와 어떤 월주제로 연계되고 있는지를 밝혀줌으로써 보육교사가 단기, 장기적 보육방향을 정립하는 지침의 구실을 하게 하였다.

④ 활동목표는 예시된 일일보육활동이 추구하는 영 · 유아 성취행동을 말하며, 이 활동목표는 보육활동 종료 후에 평가의 준거로 활용될 수 있게 된다.

⑤ 각 활동의 준비물 즉 보조, 준비 관련 자료를 예시하여 사전 보육계획의 철저성을 기하였고 환경구성에 관한 정보를 제공함으로써, 보육실에서 요구되는 보육여건에 대한 준비에 만전을 기하게 하였다.

⑥ 활동방법에서는 보육 교수–학습과정의 전개 순서대로 나열해 줌으로써 보육교사의 보육활동 전개의 효율성과 전문성을 조력하는 안내판 구실을 하게 된다. 상황에 따라 보육교사가 창의적인 보육활동전개를 고안할 수 있는 지침의 기능을 할 수 있게 된다.

⑦ 보육활동 전개 시에 특별히 요구되는 안정상의 문제, 보육지도상의 고려사항 등을 첨가하여 장애 보육의 효율을 기하게 하였다.

⑧ 보충지도와 심화지도는 일일보육활동 계획에 있어서 장애 영 · 유아의 개인차, 발달수준 등을 고려하여 활동 후의 추수지도에 관한 교사계획을 제시한 것이다. 소개된 활동에 대해 기초기능이 부족한 영 · 유아, 소개된 활동을 보다 발전 · 심화시켜 생활 속에서 일반화시킬 필요가 요구되는 영 · 유아에게 추수지도 전략 수립의 편리성을 도모하게 하였다.

(2) 장애아동 보육일과 계획표

장애 영 · 유아 보육일과 계획은 비장애 영 · 유아와 통합보육을 한다는 대원칙 하에 장애보육일과 계획을 구성하는 것을 원칙으로 삼는다. 장애아 일반 보육프로그램은 앞으로 보육시설기관에서 장애아 보육이 확장될 것에 대비하여, 정상적인 비장애 영 · 유아의 보육시간표 편성에 맞추어 생활을 하면서 교사계획 활동시간을 특별히 마련하여, 이 시간대에는 주로 장애 영 · 유아를 위한 소집단 지도 또는 개별지도가 가능하도록 차별화하여 두었다. 그리고 현재의 어린이집의 학급편성이 영아반과 유아반으로 구분하여 일과계획이 수립된다는 현실성을 감안하여, 장애 영 · 유아의 일과계획도 장애 영아와 장애 유아로 나누어서 일과계획표를 작싱하였다.

〈0-2세 장애 영아 일과보육 시간표〉

7 : 00 ~ 9 : 00 도착 및 자유놀이 활동
(식사, 세면, 건강 확인, 용변확인, 아기수첩 점검 등)
9 : 00 ~ 10 : 00 교사계획 활동(장애아 소집단지도, 개별지도)
10 : 00 ~ 10 : 30 간식, 용변 및 청결
10 : 30 ~ 11 : 00 실외놀이 활동
11 : 00 ~ 12 : 00 자유놀이 활동
12 : 00 ~ 1 : 00 점심, 용변 및 청결
1 : 00 ~ 2 : 00 낮잠
2 : 00 ~ 2 : 30 체조
2 : 30 ~ 3 : 30 교사계획 활동(장애아 소집단지도, 개별지도)
3 : 30 ~ 4 : 30 실외놀이 활동
4 : 30 ~ 5 : 00 간식, 용변 및 청결
5 : 00 ~ 6 : 00 자유놀이 활동
6 : 00 ~ 6 : 30 용변 및 청결
6 : 30 ~ 7 : 00 귀가 지도

<3-5세의 장애 유아 일과보육 시간표>

7 : 00 ~ 9 : 00 도착 및 자유놀이 활동
(인사, 건강확인, 용변확인, 수첩 점검 등)
9 : 00 ~ 9 : 30 간식
9 : 30 ~ 10 : 30 실외놀이 활동, 용변 및 청결
10 : 30 ~ 11 : 30 교사계획 활동(장애아 소집단지도, 개별지도)
11 : 30 ~ 12 : 30 점심
12 : 30 ~ 2 : 30 낮잠, 조용한 놀이
2 : 30 ~ 3 : 30 실외놀이 활동
3 : 30 ~ 4 : 30 간식, 용변 및 청결
4 : 30 ~ 5 : 30 자유놀이 활동
5 : 30 ~ 6 : 30 교사계획 활동(장애아 소집단지도, 개별지도)
6 : 30 ~ 7 : 00 귀가지도

(3) 운영상의 유의점

통합교사가 장애아동을 위한 일반 보육프로그램을 운영할 시에 유의해야 할 사항들은 보육일과 시간대에 따라 나타나는 점검사항, 관찰요소들을 중심으로 한 것 등이다. 다음의 표는 현재 장애아 통합 보육시설기관에서 행하고 있는 주요 점검상황들을 정리하여 제시한 것이다.

통합교사들은 장애아 통합보육의 효율화를 위해 매일매일 야기되는 보육시간대별 유의사항을 숙지하여 장애아 통합보육에 만전을 기할 필요가 요구된다.

<등원시의 유의사항>

이름 : ○ ○ ○

일 과	평가일시						비고 (관찰내용)
	1일	2일	3일	4일	5일	6일	
등원							
스스로 신발을 벗는다.							
신발장에서 이름을 찾는다.							
신발을 정돈한다.							

일 과	평가일시						비고 (관찰내용)
	1일	2일	3일	4일	5일	6일	
바로 교실로 향한다.							
선생님께 인사한다.							
보호자와 작별 인사한다.							
옷과 가방을 사물함에 정리한다.							
분리불안을 보이지 않는다.							
친구와 인사할 수 있다.							
출석카드에 도장을 찍을 수 있다.							

* 표시방법 : ○ : 잘하는 편 △ : 보통인 편 × : 못하는 편

〈자유놀이 활동시의 유의사항〉

이름 : ○ ○ ○

일 과	평가일시						비고 (관찰내용)
	1일	2일	3일	4일	5일	6일	
자유선택활동							
원하는 음식을 선택한다.							
놀잇감을 용도에 맞게 사용한다.							
친구와 어울려 논다.							
영역 안에서 논다.							
필요한 도움을 요청한다.							
친구를 방해하지 않는다.							
다른 친구의 놀잇감을 뺏지 않는다.							
정리할 때를 알고 정리한다.							
2-3개의 영역을 선택하여 논다.							

* 표시방법 : ○ : 잘하는 편 △ : 보통인 편 × : 못하는 편

〈이동할 시의 유의사항〉

이름 : ○ ○ ○

일 과	평가일시						비고 (관찰내용)
	1일	2일	3일	4일	5일	6일	
이동하기							
팀에 따라 모인다.							
교사의 요구에 따라 줄서는 장소로 간다.							
한줄 기차를 탄다.							

일 과	평가일시						비고 (관찰내용)
	1일	2일	3일	4일	5일	6일	
한줄기차를 하고 목적지로 이동한다.							
양발을 사용하여 계단을 도움없이 오르고 내린다.							
계단을 좌우로 구분하여 오른다.							
친구를 밀지 않는다.							
줄에서 이탈하지 않는다.							
다른 장소로 혼자 가버리지 않는다.							

* 표시방법 : ○ : 잘하는 편 △ : 보통인 편 × : 못하는 편

〈화장실 사용시의 유의사항〉

이름 : ○ ○ ○

일 과	평가일시						비고 (관찰내용)
	1일	2일	3일	4일	5일	6일	
화장실 사용							
여자, 남자 화장실을 구별하여 들어간다.							
화장실에서 순서를 기다린다.							
옷을 차례로 벗고 앉는다.							
소변을 소변기에 눈다.							
대변을 대변기에 눈다.							
화장지를 사용하여 뒷처리를 한다.							
물을 내린다.							
수도꼭지를 틀고 잠근다.							
비누를 묻혀 손을 씻는다.							
수건으로 손을 닦는다.							
의자에 앉아 친구들을 기다린다.							
화장실에 가고 싶다고 표현한다.							
대소변을 다르게 표현한다.							
혼자서 화장실을 찾아간다 .							
다녀오는 도중 이탈하지 않고 다녀온다.							

* 표시방법 : ○ : 잘하는 편 △ : 보통인 편 × : 못하는 편

〈정리정돈시의 유의사항〉

이름 : ○ ○ ○

일 과	평가일시						비고 (관찰내용)
	1일	2일	3일	4일	5일	6일	
전체활동 (정리하기)							
정리신호시 활동을 중단하고 정리를 시작한다.							
제 위치를 찾아 정리 정돈한다.							
정리 후 지정된 장소에 바르게 앉는다.							
교사의 말에 주의집중한다.							
교사의 호명, 질문에 적절히 반응한다.							
또래를 방해하지 않는다.							
수업활동에 참가한다.							
일정시간 자세를 유지한다.							

* 표시방법 : ○ : 잘하는 편 △ : 보통인 편 × : 못하는 편

〈점심시간의 유의사항〉

이름 : ○ ○ ○

일 과	평가일시						비고 (관찰내용)
	1일	2일	3일	4일	5일	6일	
점심식사							
차례를 지키며 기다린다.							
차례차례 숟가락 젓가락을 잡는다.							
식판을 바르게 받으며 감사를 표시한다.							
식판을 흘리지 않고 제자리 까지 이동한다.							
바르게 앉아 흘리지 않고 먹는다.							
감사기도를 드린다.							
숟가락 젓가락을 바르게 사용한다.							
편식을 하지 않는다.							
차례를 기다리며 식판을 정리한다.							
새 컵과 사용한 컵을 구분할 수 있다.							
물을 적당히 따를 수 있다.							
식사 후 정해진 장소로 간다.							

* 표시방법 : ○ : 잘하는 편 △ : 보통인 편 × : 못하는 편

〈실외놀이 시의 유의사항〉

이름 : ○ ○ ○

일 과	평가일시						비고 (관찰내용)
	1일	2일	3일	4일	5일	6일	
바깥놀이							
차례대로 줄을 서서 이동한다.							
정해진 구역을 이탈하지 않는다.							
시설물을 바르게 사용한다.							
위험한 장난을 피한다.							
도움을 요청한다.							
신호에 따라 다시 모인다.							
놀이 후 자신의 옷과 신발을 깨끗이 할 수 있다.							

* 표시방법 : ○ : 잘하는 편 △ : 보통인 편 × : 못하는 편

〈낮잠 시의 유의사항〉

이름 : ○ ○ ○

일 과	평가일시						비고 (관찰내용)
	1일	2일	3일	4일	5일	6일	
낮잠							
화장실에 다녀온다.							
정해진 곳에서 교사의 지시를 기다린다.							
정해진 곳에 눕는다.							
조용히 누워 음악을 듣는다.							
일찍 일어나도 누워서 쉰다.							
깨어난 후 화장실에 다녀온다.							
이불 개는 것을 돕는다.							

* 표시방법 : ○ : 잘하는 편 △ : 보통인 편 × : 못하는 편

〈양치질 시의 유의사항〉

이름 : ○ ○ ○

일 과	평가일시						비고 (관찰내용)
	1일	2일	3일	4일	5일	6일	
양치질하기							
자기 칫솔을 찾는다.							
치약의 양을 알맞게 한다.							
칫솔로 이를 위아래로 닦는다.							
치약을 먹지 않는다.							
물 컵에 물을 스스로 담고 수도를 잠근다.							
물을 입에 넣고 헹군다.							
물을 뱉는다.							
자기 칫솔을 씻는다.							
입을 닦는다.							
씻은 칫솔을 다시 입에 넣지 않는다.							
컵을 씻는다.							
컵을 걸어 놓는다.							
칫솔을 자기자리에 걸어 놓는다.							

* 표시방법 : ○ : 잘하는 편 △ : 보통인 편 × : 못하는 편

3) 개별화교육프로그램(Individualized Educational Program; IEP)

개별화교육프로그램이란, 각 아동들이 지니는 개인차와 장애로 인한 발달상의 차이로 인해 단일 교육과정으로는 그들의 욕구를 충족시킬 수 없으므로 교육을 계획하고 실시함에 있어서 각 아동의 발달에 적합한 프로그램을 계획하고 실행하는 것을 말한다. 여기에서 개별화란 교사와 아동의 1 : 1 교육이 아니라 교육 프로그램이 각 아동에게 맞추어지는 것을 의미하며 가족이 가지는 우선적인 요구가 반영되어야 하며 관련자들의 공유된 인식을 통하여 개별적인 목표를 접근해 나가야 한다. 통합된 곳에서도 장애아는 일반 유아 교육프로그램에서 교육받을 수 있는 권리 뿐 아니라 그 속에서 개별적인 교육 요구를 충족시켜 줄 개별화된 프로그램이 보장되어야 한다.

(1) 개별화교육의 실시

미국 특수교육협회 조기교육분과(the Division for Early Childhood of the Council for the Exceptional Children)에서는 장애아동 조기교육의 질적인 구성요소들을 선정하고 각 요소들이 현장에서 최상의 방법으로 실행될 수 있도록 방법론적인 권장사항(recommended practices)들을 발표한 바가 있다(DEC, 1993). 이 때 발표된 질적 구성요소의 열네 가지는 다음과 같다 : (1) 진단, (2) 부모 참여, (3) 개별화가족프로그램 및 개별화교육 프로그램, (4) 서비스 전달 유형, (5) 일반적인 교육과정 및 교수 전략, (6) 인지 기술 촉진을 위한 교수, (7) 의사소통 기술 촉진을 위한 교수, (8) 사회성 기술 및 정서적 발달 촉진을 위한 교수, (9) 적응 행동 기술 촉진을 위한 교수, (10) 운동기능 기술 촉진을 위한 교수, (11) 전이(전환교육), (12) 교사의 자질, (13) 프로그램 평가, (14) 우수아 조기교육.

개별적으로 특별하고 다양한 발달상의 요구를 나타내는 장애아동에게는 정상적인 발달 과정을 보이고 있는 영아와 유아들이 자연적인 성장과 발달 단계를 거치면서 스스로 습득하는 기술들을 좀 더 구조화되고 개별화된 목표 지향적인 교수로 제공하여야 하고, 그 가운데에서 장애아동의 학습을 유도하여야 하는 특수성을 지녀야 하므로(이소현, 2000) 개별화교육에 관한 실행이 책무성을 가지고 진행되어야 한다.

개별화교육프로그램의 계획과 실행, 평가를 위한 전문가의 교육이 현장 교사들에게 전달되는 기회가 마련되어야 하며, 개별화교육실행을 돕는 전문 교사의 배치가 지원되어야 한다.

장애아동을 보육하는 시설에서는 개별화교육 실시에 대한 실질적인 지침을 통하여 개별화 교육에 대한 보장을 받아야 한다.

질 좋은 개별화교육프로그램이 시행되기 위해서는 구체적인 개별화교육프로그램의 내용이 규정되어야 하며 이를 실천하기 위해 미국에서 사용되고 있는 개별화교육프로그램 및 개별화가족지원계획의 의무조항(Required components of IEP and the IFSP)의 내용을 한국의 실정에 적합하게 적용해야 한다.

(2) 개별화교육프로그램 회의와 정보 수집

장애아동과 관련된 전문가들과 부모는 자신의 역할에 대한 다른 관련자와의 공유를 통하여 실질적인 개별화교육프로그램이 다양한 상황에서 실현될 수 있도록 하여야 한다. 즉, 통합교사가 주도적으로 개별화교육프로그램에 대한 책무성을 지니지만 보육시설 내의 다양한 관련자들이 함께 장애아동의 목표를 인지하고 바람직한 지도 방법에 대한 역할을 인식할 수 있어야 한다. 장애아동 부모는 개별화교육프로그램 수립과 평가의 전 단계 회의에서 주요한 구성원으로 참여하여 개별화교육 실행에 주도적인 역할을 하도록 이끌어져야만 한다.

〈미국의 개별화교육계획 및 개별화가족지원계획의 의무 조항〉

개별화교육프로그램(IEP)	개별화가족지원계획(IFSP)
학업 성취, 사회 적응, 자조기술, 심리 운동 기술을 포함한 교육 수행에 대한 아동의 현행 수준	수용 가능한 목표 기준을 근거로 한 영아의 신체 발달, 인지 발달, 사회 및 정서 발달, 적용기술에 대한 현행 수준의 서술
학년 말까지 성취해야 할 교육적 수행을 설명한 연간 교육목표의 서술	발달 촉진과 관련된 가족의 지원, 우선순위, 관심 영역에 대한 서술
현재의 교육 수행 정도와 연간 목표 사이의 측정 가능한 단계로서 단기 목표 서술	목표 성취를 향한 진도 상황을 결정하고 목표나 서비스의 수정이 필요한지를 결정하기 위한 가족 및 아동의 주요 목표와 기준, 절차, 시한 등의 서술
다음의 설명을 포함하는 아동이 필요로 하는(서비스가 가능한지에 대한 고려와 관계없이 결정되는) 특정 교육서비스에 관한 서술	빈도, 강도, 서비스 전달 방법 등을 포함하는 가족 및 아동의 독특한 필요를 충족시키기 위한 특정 조기교육 서비스에 관한 서술
서비스 시작 날짜와 서비스 제공기간	서비스 시작 날짜와 예상되는 종료 날짜
아동이 참여하게 될 일반교육 프로그램의 정도에 대한 설명	계획의 실시와 기타 기관 및 관련 인들과의 협력을 책임지게 될 아동 및 가족의 필요와 가장 직접적으로 관련된 전문 영역에서 선정된 사례 대표자의 이름
아동이 배치될 교육적 배치에 대한 정당성	서비스가 적절하다고 고려되는 범위 내에서 장애영아에게 제공되는 서비스로 전이시키기 위한 지원 단계

개별화교육프로그램(IEP)	개별화가족지원계획(IFSP)
개별화교육 프로그램의 실시를 책임지게 될 사람들의 목록	자연적인 환경에서 제공될 서비스의 정도에 대한 설명
단기 교수목표가 성취되었는지를 결정하기 위한 목표 기준 평가 절차, 최소한의 1년에 1회 이상인 평가 일정 등의 서술	

* 출처 : 이소현(1995). 장애 영유아를 위한 교육. 서울 : 이화여자대학교 출판부(재인용)

미국 경우에는 법적으로 제시된 조기 개입의 목적 중에 가족 참여와 가족의 욕구 충족을 보장하는 내용이 포함되어있다. 특별히 공법 99-457(EHAA, 1986)은 영아와 2세 미만 유아의 서비스에서 부모의 적극적인 참여를 규정하고 있다. 그리고 영유아기의 조기 개입은 가족의 욕구와 맞물릴 때 효과적이며 가족 구성원이 조기 개입 과정에서 주도적인 역할을 할 때 더 효과적임을 입증하고 있다(Guralnick, 1989).

개별화교육프로그램 회의에 부모가 참석하는 것은 단지 교사로부터 자녀에 관한 정보를 제공받는 것 이외에도 적극적으로 가족의 욕구와 자원에 관한 정보가 논의되고 교류되어 개별화 교육 실행에 반영되어야 한다. 가족의 요구가 개별화교육프로그램에 반영되기 위해서 개별화교육프로그램 회의에 부모가 참여하는 것을 원칙으로 하여야 하며 정보가 공유되기 위한 실질적인 지침이 마련되어야 한다.

4) 장애아동 치료지원 보육프로그램

보육시설에서 장애아동 통합보육을 실시하는 가운데 장애아동에게 두드러지게 나타나는 공통 현상은 사회성과 의사소통기술의 부족을 들 수 있다. 장애아동들은 또래와의 상호작용이 잘 이루어지지 않으며 비장애아동들도 장애아동과 상호작용을 시도하지만 장애아동으로부터의 반응 부족으로 인해 시도는 자주 중단되고 포기하는 일이 종종 일어난다. 그러므로 장애아동을 위한 중재는 초기에 비장애아동과의 상호교환에 참여하도록 의사소통 기술사용 중 함께 놀이하기 등에 초점을 맞추는 것이 필요하다. 즉, 장애아 통합을 지원하는 재활교육프로그램이 필요하다. 그리고 장애아동의 특수성에 따라 통합을 도울 수 있는 재활교육프로그램이 존재할 때 통합은 훨씬 더 효과적이다. 특히 장애아동의 80-90%는 언어치료, 물리치료, 작업치료, 심리치료 등을 필요로 하므로 치료 지원서비스를 함께 제공받도록 해야 한다.

장애아동을 위한 중재 접근을 시도하여 실행할 수 있도록 하기 위해서 첫째, 단짝을 만들어 주어 비장애아동과의 상호작용과 우정이 싹트도록 하고, 둘째, 직접 의사소통을 가르치며, 셋째, 지속적으로 의사소통 및 상호작용이 이루어지도록 하는 등과 같은 세 요소를 가지고 프로그램을 계획하고 실행해야 한다.

위의 세 요인들을 포함한 치료 지원 프로그램으로는 단짝 프로그램, 또래 교수전략 프로그램, 사회극놀이 대본 프로그램, 행동지도 프로그램, 발달치료 프로그램, 장애 특징에 따른 교육 프로그램, 음악 프로그램 등을 들 수 있다.

또한 장애아동과 비장애아동의 상호작용과 사회성을 향상시킬 수 있는 중재 프로그램으로는 사회성 기능이 부족한 장애아동을 위한 사회성 기술 훈련 프로그램, 사회적 기술 증진 활동, 음악, 미술, 놀이 등을 매체로 하는 사회적 기능 향상 프로그램 등이 있다. 따라서 장애통합 보육시설에서는 이러한 프로그램들을 활용하여 장애아동이 또래들과 상호작용을 잘 할 수 있도록 지원하는 것이 반드시 필요하다.

개별화교육프로그램

제 4 장

1. 개별화교육프로그램의 개념
2. 개별화교육프로그램의 구성요소
3. 개별화교육프로그램의 절차
4. 개별화교육프로그램의 작성

1. 개별화교육프로그램의 개념

장애아동은 일반 보육프로그램에서 보육 받을 수 있는 권리뿐 아니라 그 속에서 개별화가 보장되어야 한다. 그러므로 진정한 통합이란 단순한 물리적 배치가 아니라 통합프로그램에 의미 있게 참여할 수 있도록 각 장애아동에게 적합한 개별화된 교육프로그램이 제공되는 것을 의미한다.

개별화 실천을 위한 방법으로 개별화교육프로그램(IEP)과 개별화가족지원계획(IFSP)으로 구분할 수 있는데, 미국 장애인교육법(IDEA)에서는 3-5세 장애유아에게 적절한 교육을 제공하기 위해서 개별화교육프로그램을 작성하여야 하고, 0-3세 장애영아를 위해서는 장애아동에 관한 목표뿐 아니라 가족 목표와 서비스 등의 가족 요소들이 첨가된 개별화가족지원계획을 작성하여 조기중재 서비스를 제공하도록 정하고 있다. 그러나 실제로 필요에 따라서 3-5세 장애유아에도 이것을 사용하고 있다.

개별화된 프로그램은 장애아동에 대한 조기중재 방법으로, 각 장애아동의 개인차와 장애에 의한 발달상의 차이를 개별적인 요구에 따라 적합한 프로그램을 계획하고 실천하는 것을 의미한다. 특히 통합 상황에서 장애아동이 정상적인 환경에서 비장애아동과 같이 배우고 생활하기 위해서는 장애아동을 지원해 줄 수 있는 개별화 프로그램이 반드시 실시되어야 하며, 장애아동에 대한 개별화된 접근 없이는 통합은 물리적인 통합에 그칠 뿐이다. 즉, 개별화교육프로그램이란 각 장애아동들이 지니는 개인차와 장애로 인한 발달상의 개인차로 인해 단일 교과과정으로는 그들의 필요를 충족시킬 수 없으므로 교육을 계획하고 실시함에 있어 각 장애아동의 발달에 적절한 프로그램을 계획하고 시행하는 것을 말한다. 여기서 개별화란 교사와 아동의 1 : 1 교육이 아니라 교육프로그램이 각 장애아동에게 맞추어지는 것을 의미한다. 예, 인지나 언어능력에 비해 사회성이 많이 지체되는 아동의 경우 수업활동 내에서 사회성 향상을 위한 개별화 프로그램을 계획할 수 있다.

장애아동들의 통합보육에 적합한 프로그램은 전반적인 발달을 촉진할 뿐만 아니라 개별적인 요구를 충족시킬 수 있어야 한다. 장애아동의 이러한 교육적 특성 때문에 장애아동을 비장애아동과 함께 교육할 때, 장애아동 개개인에 맞는 개별화 교육프로그램(IEP : Individualized Education Program)이 실시되어야 함을 미국의 장애아동 교육법 PL. 94-142에서 법률로써 규정한 것이다.

1975년에 통과된 장애아동교육법인 PL. 94-142 에서는 모든 장애아동에게 무상의 적절한 공교육의 제공이라는 맥락에서 개별화교육프로그램(IEP)이라는 용어가 채택되었다. 이 개별화교육프로그램 용어는 과정과 문서 모두를 지칭하는 말로 널리 사용되고 있다. 즉, 이 법률에서는 특수교육 및 관련서비스와 관련된 교육과정에 대해 IEP를 요구하고 있다. 그러나 IEP는 교과영역에만 국한되는 것은 아니며, 사회적응, 직업교육, 체육 및 적응행동과 같은 영역과도 관련되며, 나아가 IEP에는 장애아동이 필요로 하는 작업치료, 물리치료 및 언어치료와 같은 관련서비스가 요구되기도 한다. 교수의 개별화는 교육자들에 의해 오랫동안 주장되어 왔으며, IEP는 이러한 특수교육의 기본적인 철학을 형식화하고 장애아동들의 특별한 요구를 충족시키기 위해 교육과정의 수정을 보장하도록 설계된 것이다(김윤정, 2004).

이상과 같이 살펴본 것을 토대로 개별화교육프로그램(Individualized Education Program : IEP)의 개념을 정리하면, 장애아동이 일반교실에서 정상적인 발달을 촉진하기 위해 일반교실 프로그램을 장애아동의 발달특성에 적절한 프로그램으로 수정하거나 장애아동의 장단점을 파악하여 개별적으로 세운 교육프로그램으로 교육목적과 진행과정에 맞추어 다양한 형태의 그룹을 형성하여 진행하는 교수활동을 말한다.

2. 개별화교육프로그램 구성요소

개별화교육프로그램은 장애아동과 가족의 장점, 요구 및 필요를 파악하여 적절한 교육과 서비스를 제공하는데 지침서 역할을 한다. 따라서 개별화교육프로그램은 장애아동과 가족의 요구 및 필요를 달성해야 하기 때문에, 장애아동에 대한 필요한 모든 정보가 집약되고 미래지향적인 안목으로 평가, 분석되어 장애아 통합보육에 실질적으로 도움을 줄 수 있는 항목의 요소들로 구성되어야 한다.

개별화교육프로그램은 교육 프로그램 실시를 위한 기본지침을 제공하는 활동계획이며 교육목표 달성정도를 정하는 수단으로서 이것의 양식이나 구체적인 내용은 서로 다를 수 있지만, 우리나라 장애인 등에 대한 특수교육법에서는 미국에서 규정한 개별화교육프로그램 속에 포함되어야 할 내용 요소를 준용하며, 동법 시행규칙 제 4조에는 매 학년의 시작일부터 2주 이내에 각 특수교육대상자에 대한 개별화교육지원팀을 구성하여 매 학기의 시작일부터 30일 이내에 개별화교육프로그램을 작성해야 함을 규정하고 있다.

문서화된 개별화교육프로그램에는 특수교육대상 장애아동의 인적사항과 특별한 교육지원이 필요한 영역의 현재의 학습 수행 수준, 장 · 단기 교육목표, 제공할 특수교육 관련 서비스의 내용, 교육의 시작 및 종료 시기, 교수의 방법 및 평가계획 등을 규정하고 있다. 또한 개별화교육프로그램은 장애아동이 성취하여야 할 연간목표를 설정하고 이를 위하여 기관이 제공하여야 할 특수교육과 교육 관련 서비스 및 부가적 서비스가 무엇인가를 명확하게 할 목적으로 작성되는 것으로, 장애아동의 교육 성취, 연간 및 단기 목표, 목표 달성 평가, 서비스의 개시일, 종료일, 기간, 빈도 등이 포함되어야 한다.

개별화교육프로그램에 있어서 통합보육 프로그램은 모든 아동의 개별적 요구들을 충족시켜야 하므로 장애아는 물론 비장애아동에게도 욕구충족의 기회가 충분히 주어져야만 한다. 그리고 통합된 환경의 물리적이고 공간적인 특성에 의해 장애아동들의 사회적 상호작용은 영향을 받으므로 통합교사들은 프로그램을 개발할 때, 장애아동들의 개별적인 필요를 고려해서 계획안을 짜고, 학습할 장소와 자료, 도구 등을 다양하게 배치해야 한다.

미 공법 94-142의 시행을 위한 규정에 의하면, 개별화교육프로그램은 정규학급 교사, 가족(부모), 특수교사, 보조 인사들의 공동 협의에 의해 개발되어야 하며 장애아동의 현재 교육 성취 수준에 대한 진술, 학년 말에 장애아동의 교육 성취도를 기술해 주는 연간 목표에 관한 것, 연간 목표에 대한 단기간 교수 목표에 대한 진술, 장애아동들이 개별화교육을 수행하는 데 요구된 특별 매체와 자료들을 포함하는 연수교육 관련 서비스에 대한 진술, 특수교육 관련 서비스의 시작 일자와 계속적인 참여시간, 장애아동이 정규학급 프로그램에 참여할 범위에 대한 진술, 장애아동의 교육배치에 대한 정당화, 연간 목표는 객관적인 판단 기준, 평가 절차들, 결정 계획에 근거해야 한다는 것 등이다. 이러한 과정을 거쳐 개발된 프로그램을 실시하는 데에는 물리적 환경의 영향도 고려하여 물리적 환경을 적절하게 변화시켜 주는 것도 중요하다. 따라서 개별화교육프로그램에는 적어도 필수 구성요소에는, 첫째, 장애아동의 현재 교육적 수행능력 수준, 둘째, 단기 교수목표를 포함한 연간 교육목적의 진술, 셋째, 장애아동에게 제공할 특징 특수교육이나 관련 서비스, 넷째, 장애아동이 일반교육 프로그램에 참여할 수 있는 정도의 진술, 다섯째, 시작일자 및 지속기간의 계획, 여섯째, 단기 교수목표가 성취되고 있는지를 확인하기 위한 객관적인 준거 및 평가 절차, 일곱째, 적어도 1년에 한번 정도 실시하는 진보에 대한 형식적 평가 등이 포함되어야 한다.

> **★ 개별화교육프로그램에 포함되어야 할 구성 요소**
> 장애아동의 인적사항 및 현행수준, 연간 교육목표(장기목표), 단기 교육목표, 장애아동이 필요로 하는 교육 서비스, 교재 및 교구, 교육 시작과 종료날짜 및 교육기간, 통합정도에 대한 설명, 교육프로그램 책임자, 목표 달성기준과 평가계획 등

3. 개별화교육프로그램의 절차

통합교사는 장애아동에게 보다 효과적인 교육을 하기 위해서 우선 장애아동의 일반적인 학습능력에 관한 이해가 있어야 하며, 장애의 구체적인 특성을 극복하기 위한 효율적인 교육방법을 기초로 하여 개별화교육프로그램을 작성해야 하다. 이것의 전제조건으로 작성에 필요한 구성요소를 알아야 하며, 보육시설의 일반보육의 교육과정과 영역 및 내용별 과제분석이 이루어져야 하고, 아동들의 현재 학습수준은 물론 성취수준의 상황을 평가할 수 있는 준비 작업이 충분해야 한다. 그리고 이들 요소에 대한 이해에 기초하여 개별화교육지원팀을 구성하고 일련의 체계적인 접근 절차를 밟아야 한다.

개별화교육프로그램의 절차를 살펴보면, 구성단계, 진단 및 사정단계, 계획설정단계, 운영단계 및 평가단계로 나눌 수 있다. 먼저 구성단계에서는 개별화교육지원팀을 구성하고, 진단 및 사정단계에서는 현재 장애아동의 영역별 학습수행능력을 평가해야 하는데, 이때 평가 자료에 의한 종합적인 분석이 필요하다. 계획설정단계에서는 개별화교육프로그램의 장 · 단기 목표를 설정해야 하는데, 여기에는 장기(연간)목표와 단기목표 및 하위목표가 포함된다. 운영단계에서는 계획 · 설정된 개별화교육프로그램에 따라 실제적으로 실행하고, 마지막 평가단계에서는 실시한 개별화교육프로그램에 대한 평가를 하게 된다. 즉, 수업과정에서 수집한 자료를 기초로 한 1년 동안 장애아동의 프로그램을 평가한다. 평가는 모든 장애아동의 개별화교육프로그램을 정기적으로 매년 평가하도록 되어 있으며, 보육시설별로 2회-4회까지 분기별로 평가하기도 한다.

〈IEP 절차〉

구성단계

⇩

진단 및 사정단계

⇩

계획설정단계

⇩

개별화교육프로그램 실행단계

⇩

평가단계

4. 개별화교육프로그램의 작성

다음은 개별화교육프로그램을 작성하는데 도움이 될 수 있도록 개별화교육프로그램 사례를 제시하였으며, 또한 직접 개별화교육프로그램을 작성할 수 있도록 형식을 제시하였다.

〈개별화교육프로그램(IEP) 작성지〉

2010년 월	장애유형 :

실시기간 : 작성일 :
생년월일 : 년 월 일 (현재 만 년 개월)
이 름 : (남 / 여)
소 속 반 : (소그룹 / 완전통합반) 통합 교사 :

아동 및 가족의 현재상황

<table>
<tr><th>영역</th><th>현행성취수준</th><th>장기목표</th><th>단기목표</th><th>활동내용</th><th>성취여부</th><th>수정계획안</th></tr>
<tr><td rowspan="4">신변처리
(기본생활
습관)</td><td rowspan="4"></td><td rowspan="4"></td><td rowspan="4"></td><td></td><td></td><td></td></tr>
<tr><td></td><td></td><td></td></tr>
<tr><td></td><td></td><td></td></tr>
<tr><td></td><td></td><td></td></tr>
<tr><td>평가</td><td colspan="6"></td></tr>
</table>

영역	현행성취수준	장기목표	단기목표	활동내용	성취여부	수정계획안
대·소근육 운동						
평가						

<table>
<tr><th>영역</th><th>현행성취수준</th><th>장기목표</th><th>단기목표</th><th>활동내용</th><th>성취여부</th><th>수정계획안</th></tr>
<tr><td rowspan="6">언어영역
(준비도,
이해하기,
표현하기)</td><td rowspan="6"></td><td rowspan="6"></td><td rowspan="6"></td><td></td><td></td><td></td></tr>
<tr><td></td><td></td><td></td></tr>
<tr><td></td><td></td><td></td></tr>
<tr><td></td><td></td><td></td></tr>
<tr><td></td><td></td><td></td></tr>
<tr><td></td><td></td><td></td></tr>
<tr><td>평가</td><td colspan="6"></td></tr>
</table>

영역	현행성취수준	장기목표	단기목표	활동내용	성취여부	수정계획안
인지영역 (수개념, 도형/ 기호/ 문자개념, 5감각 능력)						
평가						

<table>
<tr><th>영역</th><th>현행성취수준</th><th>장기목표</th><th>단기목표</th><th>활동내용</th><th>성취여부</th><th>수정계획안</th></tr>
<tr><td rowspan="6">사회성
영역</td><td rowspan="6"></td><td rowspan="6"></td><td rowspan="6"></td><td></td><td></td><td></td></tr>
<tr><td></td><td></td><td></td></tr>
<tr><td></td><td></td><td></td></tr>
<tr><td></td><td></td><td></td></tr>
<tr><td></td><td></td><td></td></tr>
<tr><td></td><td></td><td></td></tr>
<tr><td>평가</td><td colspan="6"></td></tr>
</table>

<table>
<tr><th>영역</th><th>현행성취수준</th><th>장기목표</th><th>단기목표</th><th>활동내용</th><th>성취여부</th><th>수정계획안</th></tr>
<tr><td rowspan="6">가족 및
지역사회
적응 영역</td><td rowspan="6"></td><td rowspan="6"></td><td rowspan="6"></td><td></td><td></td><td></td></tr>
<tr><td></td><td></td><td></td></tr>
<tr><td></td><td></td><td></td></tr>
<tr><td></td><td></td><td></td></tr>
<tr><td></td><td></td><td></td></tr>
<tr><td></td><td></td><td></td></tr>
<tr><td>평가</td><td colspan="6"></td></tr>
</table>

〈개별화교육프로그램(IEP) 작성 사례 I〉

2009년 5월	장애유형 : 발달장애 (정신지체 3급)
실시기간 : 2009년 6월 1일 ~ 2009년 12월 31일	작 성 일 : 2009년 5월 20일
생년월일 : 2004년 9월 23일(2009년 5월 현재 만 5세 2개월)	현행수준 : 2-3세
이 름 : 김두원 (남)	
소 속 반 : 열매반 (소그룹)	통합교사 : ○○○, ○○○

현 재 상 황

1) 가 계 도

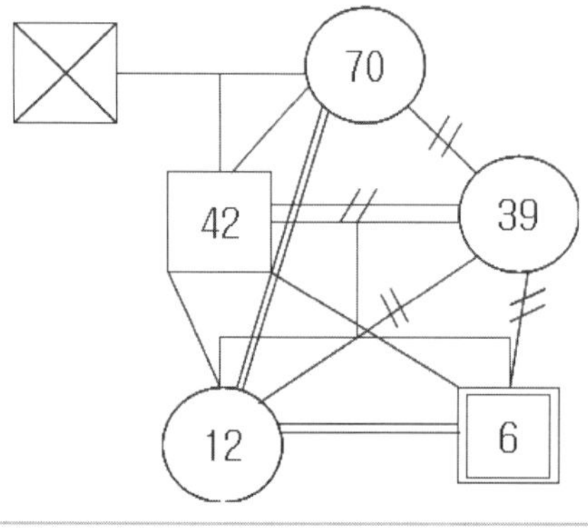

소원한 관계 ———
친밀한 관계 ═══
단절 관계 —╫—

2) 가족사항

① 할머니(70세)
시골에서 농사를 지으면서 엄마를 대신해서 두원이를 돌보고 있다.
두원이가 생후 1개월 후부터 양육을 해 왔으며, 농사일로 지친 몸으로 두원이의 기본적 욕구에 민감하게 반응하지 못하였다.

② 아버지(42세)
가정을 돌보지 않고 직장의 과중한 업무로 귀가 시간이 늦고 집에 있는 시간에는 줄 곧 낮잠을 잔다. 아이와의 상호작용이 거의 없다.

③ 엄마(39세)
남편과의 잦은 싸움으로 자주 집을 나갔다. 그 전에는 동네 사람들과의 왕래도 거의 없었으며, 집안에서 컴퓨터 게임을 자주 즐겼다.
평소 말수가 없으며, 첫아이를 돌볼 때도 울지 않으면 방치하며 관심이 없다.

④ 누나(12세)
현재 12살로 아버지를 무서워한다. 또래와의 관계가 전반적으로 원만하고 쾌활한 성격이다.
할머니가 밭일을 갔을 때, 동생을 돌보는 일을 대신했기 때문에 동생에 대한 애정이 돈독하다.

⑤ 두원(6세)
말이 어눌하며 몇 개의 단어만을 반복 사용한다. 뜻대로 되지 않을 때에는 고집을 부리며, 자주 울고 먹는 것에 집착을 한다.

누나와 놀 때도 주의가 산만하여 한 곳에서 오랫동안 놀지 못하고 주의를 맴돈다. 아빠보다는 할머니께 응석을 잘 부리며, 붙임성이 좋다. 현재까지는 어린이집이나 유치원에 다닌 경험이 없고 이번 통합보육이 처음이다.

3) 생육사

① 임신 전
직장에서 남편을 만나 1년 연애 끝에 생각지 않은 임신으로 결혼을 서둘러 했다.

② 임신 중
배가 불러오자 주의 사람들을 의식하여 임신 5개월만에 퇴사하고 가사일을 하던 중, 가정형편이 여의치 않아 구직 활동을 하였으나 임산부란 이유로 거절당했다.

③ 출산 당시
인터넷중독으로 산모의 영양상태가 좋지 않았으며, 정신적인 스트레스에서 오는 우울증으로 인해 장시간(25Hr) 산고를 겪은 후, 제왕절개 수술로 저체중(2.1kg)의 신생아를 출산하였다.

④ 수유 및 식사
가정형편으로 인한 모유수유를 시도하였으나, 모유가 나오지 않아서 분유를 먹였다.
또한, 분유수유 시간이 불규칙했으며, 분유를 떼고 난 후 이유식을 전혀 하지 못했다.
식사를 할 때 편식을 하며, 밥을 씹지 않고 입안에서 한참을 빨다가 삼킨다.

⑤ 대소변 훈련
할머니의 바쁜일로 민감하게 반응해 주지 못한 탓에 기저귀 발진이 생기기 일쑤였고, 때때로 누나가 기저귀를 갈아 주곤 했다. 변의를 느끼고 표현은 하지만 아직 대 · 소변은 가리지 못한다.

⑥ 수면 활동
졸음이 오면 많이 보채고, 칭얼거리며 울다가 지쳐서 혼자 잠이 드는 경우가 많다.

✓ 두원이의 현재 상황

현재 두원이는 장미통합 어린이집을 다니고 있다. 처음에는 어린이집에 가기 싫다고 심하게 울고 떼를 쓰며 대 · 소변을 가리곤 했다.
지금도 가끔씩 어린이집을 가기 싫어하지만, 그럴 때마다 두원이가 좋아하는 담임 선생님과 통화하거나 만나러 가자고 하면 곧장 가곤 한다.
두원이는 말이 어눌하지만 자신이 원하는 욕구에 대해서는 1 ~ 2개의 단어를 사용하여 표현을 한다.
문장이 되지 않기 때문에 또래들과의 상호작용이 원활하지 못하며, 담임선생님과 떨어지려 하지

> 않는다. 또한 담임 선생님의 칭찬에 즉각적인 반응을 보인다.
> 집에서는 너무 활동적으로 이리 뛰고, 저리 뛰어 다니며 혼자 노는 것을 좋아한다.
> 그래서 할머니는 두원이로 인해 아래층에 사는 사람과의 갈등을 빚고 있다.
> 두원이는 누나가 마음에 들지 않으면, 가차 없이 머리를 때리거나 물건을 집어 던지곤 한다.

1) 신변처리 (기본생활습관) 영역

영역	현행성취수준 장점	현행성취수준 약점	장기목표	단기목표	활동내용	수정계획안	성취여부	활동영역
신변처리 (기본생활습관)	✔ **대·소변** - 변의를 느끼고 표현할 수 있다. ✔ **옷입고 벗기** - 점퍼를 잡아 주면 입을 수 있다. - 신발장에서 신발을 찾을 수 있다. ✔ **식사 및 간식** - 많이 흘리지만 밥을 혼자서 먹으려고 한다. - 식사 후 손잡이 컵을 들고 물을 마실 수 있다. ✔ **양치질** - 시범을 보이면 양치질하는 흉내를 낸다.	- 변의를 느낀 후 화장실을 가지 않는다. - 옷의 앞뒤를 구분하지 못한다. - 음식을 잘 씹지 않는다. - 숟가락 사용시 음식물을 많이 흘린다. - 먹는 것에 집착하여 음식이 보이면 만지거나 그 주위를 계속 맴돈다. - 치약을 적당량 짜지 못한다.	1. 변의를 느낄 때 화장실 갈 수 있다.	. 대·소변을 보고 싶을 때 '쉬', '응가'라고 말할 수 있다.	① 대·소변과 관련된 그림자료를 보여 준다. ② 그림을 제시하며 '쉬', '응가'라고 말하게 한다. ③ 실제 변의를 느낄 때 말할 수 있다. ④ 칭찬해 준다. ⑤ 교사와 함께 화장실에 간다.	손을 들고 "화장실"이라고 말하고 스스로 갈 수 있다.	○	화장실
			2. 치아의 위, 아래 저작활동을 할 수 있다.	. 음식을 먹을 때 5번 정도 씹고 삼킬 수 있다.	① '왜 씹어야 하는가'에 대해서 설명한다. ② 교사와 또래가 시범을 보이고 또래의 모습을 지켜본다. ③ 5번 정드 씹고 삼키는 모습을 보여 준다. ④ 아동이 씹을 때 교사가 수를 세면서 횟수를 늘려간다. ④ 잘했을 때, 칭찬해 주고 반복 연습한다.	좀더 딱딱한 음식을 10회 이상 씹고 킬 수 있다.	○	점심시간 간식
			3. 양치질을 스스로 할 수 있다.	. 치약의 적당량을 짜서 올바른 양치질을 할 수 있다.	① 교사가 먼저 치약을 짜는 시범을 보인다. ② 교사와 함께 손을 잡고 적당량을 짜 본다. ③ 유아가 혼자서 하게 하고 '그만'이라고 말해 준다. ④ 유아 스스로 적당량을 짤 수 있도록 반복연습 한다. ⑤ 짤 수 있게 되면 교사와 함께 양치질을 할 수 있도록 한다.	언어적 지시로 올바르게 양치질할 수 있다.	△ •	간식 후 점심 후
평가	1. 처음 몇 번 실수를 하긴 하였지만 지금은 변의 표시를 잘하고 있다. 2. 또래 친구들과 함께 밥 먹는 것을 좋아한다. 또래 친구들을 모방하여 비록 적은량이지만 씹어서 잘 먹는다. 3. 적당량을 짜서 양치질을 하지만 여러 번 양치질을 하고 여러 번 행구기가 아직 미흡하다.							

※ ○ : 잘함, △ : 좀더 연습이 필요함. X : 한단계 낮춰서 시행해야 함.

2) 대 · 소근육 영역

<table>
<tr><th rowspan="2">영역</th><th colspan="2">현행성취수준</th><th rowspan="2">장 기 목 표</th><th rowspan="2">단 기 목 표</th><th rowspan="2">활 동 내 용</th><th rowspan="2">수정계획안</th><th rowspan="2">성취 여부</th><th rowspan="2">활동 영역</th></tr>
<tr><th>장 점</th><th>약 점</th></tr>
<tr><td rowspan="3">대.소 근육 영역</td><td rowspan="3">✔ 대근육
- 뜀뛰기, 구르기를 잘한다.
- 40cm 높이에서 뛰어내릴 수 있다.
- 80cm 거리에서 공을 두 손으로 던지고 두 손으로 받을 수 있다.
(5번 중 3번 성공)
✔ 소근육
- 끄적거리거나 직선을 그릴 수 있다.
- 블록 6개를 쌓을 수 있다.
- 색종이를 반으로 접을 수 있다.
- 신문지나 종이를 찢을 수 있다.</td><td rowspan="3">- 공을 차거나 골대에 넣지 못한다.
- 도형을 그리는데 어려움이 있다.
- 필기구를 올바르게 사용하지 못한다.
- 빈 칸을 완벽하게 색칠하지 못한다.
- 스티커를 떼고, 붙이지 못한다.
- 가위를 사용하지 못한다.</td><td>1. 굴러오는 공을 발로 찰 수 있다.</td><td>1-1. 상대방이 공을 굴려주었을 때 공을 찰 수 있다.</td><td>① 교사가 먼저 시범을 보인다.
② 제자리에서 발차는 연습을 한다.
③ 멈춰 있는 공을 차게 한다.
④ 50cm 거리에서 천천히 굴려주고 찰 수 있게 한다.
⑤ 같은 거리에서 좀더 빨리 굴러오는 공을 찰 수 있다.</td><td>먼 거리에 있는 공을 찰 수 있다.</td><td>○</td><td>실외 활동</td></tr>
<tr><td rowspan="2">2. 필기구를 사용해서 도형을 그릴 수 있다.</td><td>2-1. 연필을 올바르게 잡을 수 있다.</td><td>① 교사가 먼저 시범을 보인다.
② 교사와 아동이 함께 연필을 쥐어 본다.
③ 아동 혼자 잡게 해 본다.
④ 바르게 잡을 수 있도록 교정해 준다.</td><td>연필을 올바르게 잡고 글씨를 쓸 수 있다.</td><td>○</td><td>미술
언어</td></tr>
<tr><td>2-2. ○, △, □ 도형을 그릴 수 있다.</td><td>① 교사가 먼저 연습장에 ○, △, □ 도형을 그려 준다.
② 연필을 쥔 상태에서 유아의 손을 잡고 모양을 그려 본다.
③ 점선 따라 그릴 수 있도록 반복 연습한다.
④ 점선 없이 도형을 그릴 수 있도록 한다.</td><td>다양한 모양을 보고 그릴 수 있다.</td><td>○</td><td>미술</td></tr>
<tr><td>평가</td><td colspan="8">1. 교사와 함께하는 바깥 놀이를 좋아하다 보니 교사의 행동에 관심을 갖고 적극적으로 공차기를 하려고 한다.
2. 연필을 올바르게 고쳐 잡으려고 노력하면서 선 긋기를 한다. 점선이 있는 것을 따라 그리는 것보다 점선없이 자유로이 그리는 것을 더 잘한다.</td></tr>
</table>

※ ○ : 잘함, △ : 좀더 연습이 필요함, X : 한단계 낮춰서 시행해야 함.

3) 언어영역

영역	현행성취수준 장점	현행성취수준 약점	장기목표	단기목표	활동내용	수정계획안	성취 여부	활동 영역
언어 영역	✔ 수용언어 - 교사가 지시하는 사물이나 친구를 데리고 올 수 있다. ✔ 표현언어 - 놀이를 할 때 흥얼거릴 수 있다. - 아는 질문에 "응"이라고 대답할 수 있다.	- 상대방의 말을 끝까지 잘 듣지 않는다. - 질문과 상관없는 대답을 한다. - 모든 친구이름 뒤에 "이가"를 붙인다. - 정확한 발음으로 단어나 문장을 말하는데 어려움이 있다. - "~주세요"라는 존칭어를 사용하지 못한다.	1. 질문에 맞는 대답을 할 수 있다.	1-1. 그림판을 보고 교사의 질문에 대답할 수 있다.	① 여러 가지 그림판을 보여 준다. ② 그림판의 그림이 어떤 그림인지를 설명해 준다. ③ 교사가 그림에 대한 질문을 한다. ④ 아동이 교사 질문에 대답하도록 한다.	상대방의 말을 끝까지 들을 수 있다.	△	이야기 나누기
			2. 익숙한 단어를 정확하게 발음할 수 있다.	2-1. 교사가 제시하는 단어를 정확한 발음으로 말할 수 있다. "하무니→할머니", "하부지→할아버지", "아방→가방" 등	① 교사가 정확한 발음으로 들려준다. ② 교사의 입모양을 보고 따라 하도록 한다. ③ 반복연습 후 교사가 카드를 제시하면 말하도록 한다. ④ 부정확한 발음은 교사가 수정해 준다.	받침있는 단어를 할 수 있다. "텔레비전" "블록" "컴퓨터" "손가락, 발가락"	○	언어 자유 선택
				2-2. 요구하는 표현을 정확한 발음으로 말할 수 있다.	① 말하지 않고 집어 갈 때 손목을 잡고 "~주세요"를 연습시킨다. ② 말하지 않고 집어가는 경우 제자리에 갖다 놓도록 한다. ③ 교사와 함께 "~주세요"라는 말을 한 후 쓰게 한다. ④ 반복 연습시킨다.	또래에게 자연스럽게 요구할 수 있다. "~빌려줘" "~하고 싶어"	△	블록 쌓기
평가	1. 교사의 질문에 또박또박 대답하려는 노력을 하지만 아는 그림판이 나오면 질문을 끝까지 듣지 않고 학습한 내용을 생각나는 대로 말한다. 2. 교사가 알려 주는 단어들에 높은 관심을 보이며 적극적으로 잘 따라 하고, 받침있는 단어도 재미있어 하면서 곧잘 따라 한다. 2-2. 선생님께 "~주세요"라는 말보다 또래들 사이에서도 빌려 올 때 말을 하지 않고 가지고 온다.							

4) 인지영역

영역	현행성취수준		장 기 목 표	단 기 목 표	활 동 내 용	수정계획안	성취 여부	활동 영역
	장 점	약 점						
인지 영역	. "크다/작다"를 안다. . 자신의 신체 명칭을 안다. . 2조각 퍼즐을 맞출 수 있다. . ○, △, □모양을 안다. ."하나~다섯" 까지 셀 수 있다. . 같은 색을 찾을 수 있다.	. 양을 구분하지 못한다. . 좌우를 구분하지 못한다. . 기수, 서수를 연결짓지 못한다. . 색깔 이름을 알지 못한다.	1. 1~5까지 기수와 서수를 조합할 수 있다.	. 서수/기수 카드를 보고 일치시킬 수 있다.	① 1~5까지의 숫자카드를 보여 준다. ("사탕 1개 → 숫자 1") ("사탕 2개 → 숫자 2") ② 교사와 함께 카드를 보고 손가락 도움으로 알게 한다. ③ 교사와 함께 말하면서 손가락을 센다. ④ 교사가 서수를 말하면 아동이 기수를 말하게 한다. ⑤ 카드를 가지고 일치 시킬 수 있도록 한다.	6~10까지의 수를 알수 있다.	○	수조작 간식 점심 시간
			2. 5가지 색깔을 알 수 있다.	. 3가지의 색 (빨강, 파랑, 노랑)을 알 수 있다.	① 5가지의 색종이를 보여 준다. ② 색이름을 알려 준다. ③ 교사와 함께 색이름을 말해 본다. ④ 제시하는 색종이를 보고 말하게 한다. ⑤ 교사가 말하는 색을 찾을 수 있다. (크레파스 통에서 색을 집게 한다.)	무지개 색을 구분하고 알 수 있다.	○	미술
평 가	1. 손가락을 이용하여 수세기 하는 것에 흥미를 보였으며, 간식시간에 바나나 한 개를 직접 놓아 봄으로써 쉽게 인지했다. 또한 집중력과 또래와의 상호작용이 함께 좋아졌다. 2. 색깔 이름을 알고 난 후 알고 있던 사물들을 말하며 (예:"딸기는 빨강색, 개나리는 노란색~") 흥겨워했다.							

※ ○ : 잘함, △ : 좀더 연습이 필요함. X : 한단계 낮춰서 시행해야 함.

5) 사회성 영역

영역	현행성취수준		장기목표	단기목표	활동내용	수정계획안	성취 여부	활동 영역
	장점	약점						
사회성 영역	✔ 또래와의 상호작용 - 옆 친구에게 놀잇감을 나눠 줄 수 있다. - 친구가 부르면 쳐다 본다. - 친구를 밀지 않고 유치원 버스를 탈 수 있다. ✔ 성인과의 상호작용 - 교사의 시범 행동에 관심을 보인다. - 할머니를 잘 따르고 모방 행동을 한다.	- 또래와 놀이할 때 3분 이상 놀지 못하고 다른 곳으로 이동한다. - 뜻대로 되지 않을 때는 쉽게 울려고 한다. - 가지고 놀던 놀잇감을 정리하지 않는다.	1. 또래와 10분 동안 놀수 있다.	. 또래와 블록놀이를 5분 동안 할 수 있다.	① 교사와 아동이 블록놀이를 한다. ② 교사가 두 명의 아동을 놀이에 참여시킨다. ③ 놀이가 잘 진행되면 교사는 빠진다. ④ 아동의 수를 늘려 놀이에 참여시킨다.	교사와 또래가 10분 이상을 놀 수 있다.	○	블록 놀이
			2. 물건을 정리정돈 할 수 있다.	. 자신이 놀던 놀잇감을 정리할 수 있다.	① 정리된 영역들을 보여주며 정리했을 때의 장점을 설명해 준다. ② 블록을 바닥에 놓고 밟아 보게 한다. ③ 정리하지 않았을 때를 설명해 준다. ④ 블록을 바구니에 담아보게 한다. ⑤ 칭찬해 준다. ⑥ 정리가 필요할 때 꼭 참여시킨다.	정리 음악을 틀어 주고 정리 정돈에 대한 흥미를 가질 수 있다.	△	블록 놀이 자유 선택 활동
			3. 친구들의 이름을 알 수 있다.	. 출석을 부른 친구를 손으로 가리킬 수 있다.	① 교사가 반 친구의 이름을 부른다. ② 아동이 대답하면 찾도록 한다. ③ 아동이 손으로 가리킨다. ④ 친구의 이름을 불러 본다. ⑤ 친구의 이름을 알게 한다.	5명의 친구 이름을 부를 수 있다.	△	등·하원
평가	1. 교사가 또래와 함께 놀도록 지도한 결과 혼자 놀 때보다 참여하는 시간이 지속되었다. 2. 자신이 좋아하는 블록놀이는 정리를 잘하지만 조잡한 놀이 활동은 좋아하지 않기 때문에 정리를 하려고 하지 않는다. 3. 친한 친구 한두 명의 이름을 알고 부르기는 했지만 낯선 친구의 이름은 부르지 않으려고 했다.							

※ ○ : 잘함, △ : 좀더 연습이 필요함, X : 한단계 낮춰서 시행해야 함.

6) 가족 및 지역사회 적응 영역

<table>
<tr><th rowspan="2">영역</th><th colspan="2">현행성취수준</th><th rowspan="2">장 기 목 표</th><th rowspan="2">단 기 목 표</th><th rowspan="2">활 동 내 용</th><th rowspan="2">수정계획안</th><th rowspan="2">성취 여부</th><th rowspan="2">활동 영역</th></tr>
<tr><th>장 점</th><th>약 점</th></tr>
<tr><td rowspan="4">가족 및 지역 사회 적응 영역</td><td rowspan="4">. 장난을 쳐 주면 잘 웃는다.
. 칭찬을 해 주면 더 잘한다.
. 건조대에 양말을 걸 수 있다.
. 친숙한 사람을 잘 따른다.</td><td rowspan="4">. 순서를 기다리지 못한다.
. 집안에다 휴지를 함부로 버린다.
. 아버지를 무서워한다.
. 누나를 때린다.</td><td rowspan="2">1. 공공질서를 지킬 수 있다.</td><td>1-1. 공공장소에서 떠들지 않는다.</td><td>① 공공장소에서 주의사항을 설명해 준다.
② 공공장소에 직접 가서 관찰한다.
③ 소리를 질렀을 때의 상황을 설명해 준다.
④ 소곤소곤 말하는 법을 알려 준다.
⑤ 부모와 함께 조용히 말해 본다.</td><td>(어두운)극장에서 얌전히 있을 수 있다.</td><td>△</td><td>견학
연극 관람</td></tr>
<tr><td>1-2. 줄을 서서 순서를 기다린다.</td><td>① 질서를 지켜야 하는 이유에 대해서 설명해 준다.
② 부모 지도하에 줄을 서게 한다.
③ 가지런히 줄을 서 있는 사람들을 보게 한다.
④ 사람들 뒤에서 줄을 서게 한다.</td><td>부모와 손을 잡고 3분 정도 줄을 설 수 있다.</td><td>△</td><td>마트
공중화장실</td></tr>
<tr><td rowspan="2">2. 장난치지 않고 엘리베이터를 탈 수 있다.</td><td>2-1. 엘리베이터 안에서 뛰지 않는다.</td><td>① 엘리베이터 이용수칙에 대해 설명해 준다.
② 부모와 함께 탄다.
③ 올라가고 있는 엘리베이터 안에서 부모가 아이를 안고 탄다.
④ 혼자 타보게 한다.</td><td>엘리베이터 손잡이에 매달리지 않는다.</td><td>○</td><td>병원
아파트</td></tr>
<tr><td>2-2. 원하는 층수만 누를 수 있다.</td><td>① 엘리베이터 앞에 서게 한다.
② 버튼을 누르면 문이 열린다는 것을 알려 준다.
③ 엘리베이터를 타고 난 후 한 개의 버튼을 누를 수 있도록 언어적 지시를 한다.
④ 혼자서 눌러 보도록 한다.</td><td>다른 사람의 층수를 눌러줄 수 있다.</td><td>○</td><td>병원
아파트</td></tr>
<tr><td>평가</td><td colspan="8">1. 부모교육을 통해서 달라진 부모의 훈육으로 흥미를 갖고 잘 따라 했다.
1-2. 앞줄에 (5명 내외) 있을 때는 줄을 서서 기다렸으나 5명이 넘는 줄에서는 앞에 서 있는 사람들 앞으로 왔다.
2. 엘리베이터 타는 것을 무서워하여서 뛰지는 않았다. 하지만 엘리베이터 테두리 손잡이에 매달리곤 했다.
2-2. "우리는 5층~" 하면서 원하는 층수만을 눌렀다.</td></tr>
</table>

※ ○ : 잘함, △ : 좀더 연습이 필요함. X : 한단계 낮춰서 시행해야 함.

〈개별화교육프로그램(IEP) 작성 사례 II〉

실시기간	2009 년 3월 ~ 2010년 2 월	장애유형	자폐성장애
이 름	○○○(남)	작 성 일	2009 년 2월 10일
주 소	서울 송파구 잠실동	생년월일	2003. 09. 05 (현재 만 5년 5개월)
소 속 반	○○ 어린이집 다람쥐반 (소그룹)	통합교사	○○○, ○○○

※ 가족사항

이○○ (아버지)	머리가 뛰어나 나라에서 지원을 받아 공부하였으며, 현재 대학 내 강사와 연구원 생활을 하고 있다. 박사학위 과정을 밟고 있다. 완벽하고 보수적인성격으로 늘 바쁘고, ○○(둘째 아들)와 상호관계 전혀 없다. 형은 자신을 닮았다고 자랑스럽게 여긴다.
김○○ (어머니)	어렸을 때부터 부족한 것이 없이 부유하게 자랐으며, 성격이 급하고 자존심이 강하다. 아이의 자폐성향을 주변에 알리는 것을 꺼려한다. 첫째 아들 일원이의 학교일이나 문화센터 활동 등으로 늘 분주하다. ○○를 자주 친정에 맡기고 있다.
부부관계	부부 사이에 큰 문제가 나타나지 않았지만, 서로 바쁜 관계로 대화가 없다. ○○의 문제를 서로 외면하려고만 한다.
이○○ (형)	공부를 잘하고, 재치와 유머로 친구들 사이에서도 인기가 많다. 특히 영어에 탁월한 능력을 보이고, 이기적인 성향이 많으며, 동생한테 신경질적이다. 전반적으로 대인관계에서도 원만한 편이다.
이○○ (본인)	몸집은 또래 아이에 비해 큰 편이나 움직임이 둔하고 2-3세 정도의 행동양상을 보이고 있다. 알아들을 수 없는 말들을 혼잣말처럼 지껄인다.

※ 생육사

결　혼	둘 다 좋은 조건의 배우자로 중매로 순탄하고, 유복하게 결혼하였다.
임신 및 출산	둘째 임신 때 아빠가 해외 유학으로, 혼자서 가정을 꾸리며 첫째를 키우느라 늘 힘들어 했다. 우울 증세와 불안정한 상태로 임신상태를 유지하였으며, 둘째 아이까지 자연분만하였다. 부족함이 없었던 가족분위기에서 ○○이의 출산으로 어려움을 겪었다.
수유 및 식사	엄마의 우울함으로 모유수유를 하지 못하고, 우유를 먹었다. 잘 먹어서 늘 장염으로 병원에 갔을 정도로 음식에 대한 애착이 심하다. 전체적으로 음식에 대한 자제가 부족지만, 좋아하는 음식과 싫어하는 음식의 구분이 명확하다.
대 · 소변 훈련	어린이집을 다니기까지 기저귀를 착용하였을 뿐 전혀 대·소변 훈련이 되지 않았다.
수면 및 활동	○○이에 대한 가족의 관심이 부족하고, 아이가 자주 보챘다. 잠을 잘 자는 편이지만, 밤에 놀래면서 자주 깼다. 잘 먹는 대신 움직임이 적었다.

※ 전체 현행성취수준

○○는 현재 전반적으로 2·3세의 수준의 행동을 보인다. 4세부터 어린이집을 다니면서 훈련을 통해 '쉬'라는 표현을 하여 약간의 도움을 받아 소변을 할 수 있다. 하지만 배변훈련은 안 되었다. 자신이 원하는 것만 주장하고 원하는 대로 해결될 때까지 자신을 자해한다(머리 찧기, 발을 동동 구르기, 소리 지르기 등). 자신의 이름을 불러도 듣는 것 같지 않으며, 반응이 전혀 없다. 어린이집에서 훈련을 통해 자신의 요구의 단어를 구사할 수 있다. 반복된 혼자말과 반복된 몸놀림을 한다. 늘 똑같은 곳에서 똑같은 행동만 하려고 하며, 변화를 참지 못한다. 사람과 눈을 맞추지 못하고 어쩌다 눈이 맞춰져도 눈이 위로 올라가 버린다. 틱 현상과 비슷하게 눈을 깜박거린다. 예상치 못한 소리에 민감하게 반응하기도 한다. 음식도 좋아하는 것만 먹으려 하고, 식탐이 많다. 반면에 활동이 적은데, 늘 비디오나 텔레비전 시청을 하고, 자꾸 누워 있으려고만 한다.

※ 각 영역별 개별화 계획

영역	현행성취수준	장기목표	단기목표	활동내용	수정계획안	성취 여부
신변처리 (기본생활 습관)	〈 강점 〉 1. '쉬'라는 표현을 하며, 도움을 받아 소변을 할 수 있다. 2. 빨대를 이용한 음료수를 마실 수 있다. 3. 숟가락과 포크를 사용 할 수 있다. 〈 단점 〉 1. 배변을 할 수 없다. 2. 혼자서 옷을 입을 수 없다. 3. 컵을 사용하여 마실 수 없다.	1 .대 . 소변을 혼자서 할 수 있다. 2. 옷을 입을 수 있다. 3. 컵과 젓가락을 사용할 수 있다.	1. 혼자서 소변을 볼 수 있다.	*〈혼자서 소변가리기〉* ▪ 아이가 변의를 표시할 때 화장실에 데려간다. ▪ 화장실에 가서 남아용 소변기 앞에 세운다. ▪ 바지를 나린다. ▪ 팬티를 너린다. ▪ 소변을 본다. ▪ 물을 내린다. ▪ 팬티를 입는다. ▪ 바지를 올린다.	1. 화장실에 가서 혼자서 손씻기를 한다.	○
			2. 혼자서 바지를 벗고, 입을 수 있다.	*〈바지 내리기-고무줄 바지 〉* ▪ 교사가 인형을 통해 바지를 벗기는 것을 보여 준다. ▪ 교사와 아이와 함께 인형의 바지를 벗겨 본다. ▪ 교사와 함께 인형의 바지춤을 잡는다. ▪ 교사와 함께 바지를 힘을 주어 내린다. ▪ 교사와 함께 바지를 벗도록 다리를 하나씩 들게 한다.		○

신변처리 (기본생활 습관)	〈 강점 〉 1. '쉬'라는 표현을 하며, 도움을 받아 소변을 할 수 있다. 2. 빨대를 이용한 음료수를 마실 수 있다. 3. 숟가락과 포크를 사용할 수 있다. 〈 단점 〉 1. 배변을 할 수 없다. 2. 혼자서 옷을 입을 수 없다. 3. 컵을 사용하여 마실 수 없다.	1. 대·소변을 혼자서 할 수 있다. 2. 옷을 입을 수 있다. 3. 컵과 젓가락을 사용할 수 있다.	2. 혼자서 바지를 벗고, 입을 수 있다.	▪ 교사와 함께 바지를 벗어서 바지를 잘 개어 놓는다 ▪ 아이의 바지를 교사와 함께 벗어 본다. ▪ 아이 혼자서 할 수 있도록 약간의 도움과 언어적 지시를 하여 바지 내리기를 한다. ▪ 약간의 도움으로 바지 내리기를 할 때 강화를 준다. ▪ 언어적 지시로만 아이 혼자서 바지를 내린다. ▪ 아이 혼자서 바지 내리기를 한다. *〈바지 올리기 〉* ▪ 교사가 인형을 통해 바지 입히는 것을 보여 준다. ▪ 교사와 아이와 함께 인형의 바지를 올려 본다. ▪ 교사와 함께 바지춤을 잡는다. ▪ 바지를 아이와 함께 힘을 주어 올린다. ▪ 넣을 수 있게 다리를 하나씩 들게 한다. ▪ 아이와 함께 바지를 올린다. ▪ 아이의 바지를 교사와 함께 입어 본다. ▪ 약간의 도움과 언어적 지시로 아이가 바지를 입는다. ▪ 아이 혼자서 바지를 입는다.	2. 지퍼나 후크가 달린 바지를 입어 본다.	

신변처리 (기본생활 습관)	〈 강점 〉 1. '쉬'라는 표현을 하며, 도움을 받아 소변을 할 수 있다. 2. 빨대를 이용한 음료수를 마실 수 있다. 3. 숟가락과 포크를 사용 할 수 있다. 〈 단점 〉 1. 배변을 할 수 없다. 2. 혼자서 옷을 입을 수 없다. 3. 컵을 사용하여 마실 수 없다.	1. 대 . 소변을 혼자서 할 수 있다. 2. 옷을 입을 수 있다. 3. 컵과 젓가락을 사용할 수 있다.	3. 컵을 사용하여 마실 수 있다	〈 *손잡이 컵으로 마시고 내려놓기* 〉 ▪ 교사가 손잡이 컵에 1/3 정도 물을 따르는 것을 시범을 보인다. ▪ 아이와 함께 손잡이 컵에 1/3 정도 물을 따른다. ▪ 아이와 함께 손잡이 컵을 잡고 마신다. 교사가 옆에서 '아 맛있다'라고 말한다. ▪ 함께 힘을 주어 손잡이 컵을 가만히 내려 놓는다. ▪ 교사와 함께 반복적으로 손잡이 컵을 따르고, 마시고, 내려놓다. ▪ 교사의 약간의 도움과 언어적 지시로 손잡이 컵을 사용한다. ▪ 아이 혼자서 언어적 지시로만 컵을 사용한다. ▪ 아이 혼자서 손잡이 컵을 사용하여 내려놓는다. ▪ 아이가 손잡이 컵을 잘 사용하면, 강화를 준다. ▪ 교사가 손잡이 컵에 1/7 정도 물을 따르는 것을 보여 준다 ▪ 아이와 함께 1/7 정도의 물을 컵을 사용하여 마신다. ▪ 아이 혼자서 1/7정도의 물을 손잡이 컵을 사용한다.	3. 손잡이 컵 사용이 익숙해지면 손잡이 없는 컵을 사용한다.	△
평 가	1. 아이가 혼자서 화장실에 가서 소변을 볼 수 있다. 2. 바지를 입으면서 양쪽 다리를 넣을 때 아이가 힘들어 했지만 반복적 활동을 통해 바지를 입을 수 있다. 3. 손잡이 컵에 물을 따르는 것이 서툴렀지만 사용할 수 있고, 컵을 제자리에 놓을 수 있다.					

영역	현행성취수준	장기목표	단기목표	활동내용	수정계획안	성취 여부
대 · 소근육 영역	〈 강점 〉 1. 숟가락과 포크를 사용할 수 있다. 2. 발끝으로 걸을 수 있고, 제자리에서 뛸 수 있다. 3. 자신의 의지대로 팔을 흔들 수 있다. 〈 단점 〉 1. 소근육 발달이 되지 않아 세부적인 손동작이 어렵다. 2. 움직이려 하지 않으며, 운동이 필요하다.	1. 다양한 소근육을 움직이는 도구를 사용할 수 있다.(젓가락, 가위, 연필, 블록) 2. 비만예방을 위한 대근육 운동을 할 수 있다.	1. 가위질을 할 수 있다.	*〈직선 가위질하기〉* ▪ 교사가 먼저 가위로 종이 자르기를 시범을 보인다. ▪ 교사가 아이의 손을 잡고 3cm 정도 자른다. ▪ 아이와 함께 반복적으로 3cm 직선 가위질을 한다. ▪ 약간의 도움을 받아 아이가 3cm 가위질을 한다. ▪ 아이 혼자서 3cm 직선 가위질을 한다. ▪ 아이 혼자서 가위질을 하면 칭찬으로 강화를 준다. ▪ 교사와 아이와 함께 7cm직선 가위질을 한다. ▪ 아이 혼자서 7cm 직선 가위질을 한다. ▪ 계속 해서 범위를 넓혀 직선 가위질을 한다.	1. 직선 가위질이 가능하면 곡선 가위질을 시도한다.	○

대 · 소근육 영역	〈 강점 〉 1. 숟가락과 포크를 사용할 수 있다. 2. 발끝으로 걸을 수 있고, 제자리에서 뛸 수 있다. 3. 자신의 의지대로 팔을 흔들 수 있다. 〈 단점 〉 1. 소근육 발달이 되지 않아 세부적인 손동작이 어렵다. 2. 움직이려 하지 않으며, 운동이 필요하다.	1. 다양한 소근육을 움직이는 도구를 사용할 수 있다. (젓가락, 가위, 연필, 블록) 2. 비만예방을 위한 대근육 운동을 할 수 있다.	2. 건너뛰기를 통해 대근육 운동을 할 수 있다.	*〈세모와 동그라미 판 건너뛰기〉* ▪ 바닥에 세모와 동그라미 모양의 판을 50cm 넓이로 깐다. ▪ 교사가 세모판 위에서 동그라미 판으로 건너뛰는 시범을 보인다. ▪ 아이와 손을 잡고 함께 세모판 위에서 동그라미 판으로 건너뛴다. ▪ 노래를 첨가하여 다시 아이와 건너뛰기를 한다. ▪ 아이 혼자서 건너뛰기를 한다. ▪ 교사가 아이에게 강화를 준다. ▪ 교사가 70cm 넓이의 건너뛰기를 시범을 보인다. ▪ 아이와 점점 범위를 넓히거나, 별모양과 같은 다른 모양 판을 만들어 건너뛰는 것을 더욱 다양하게 한다.	2. 건너뛰기가 가능하다면 장애물 통과하기를 한다.	△
평 가	1. 아이의 가위질이 서툴러 조금 위험했지만, 직선 가위질을 할 수 있다. 2. 세모판위에서 동그라미 판으로 건너뛰기를 처음에는 흥미를 갖지 못하다가 노래를 첨가했더니 흥미를 가지게 되어 건너뛰기를 할 수 있다.					

영역	현행성취수준	장기목표	단기목표	활동내용	수정계획안	성취 여부
언어영역	〈 강점 〉 1. 부정확하지만, 몇 개의 단어, 단어를 말할 수 있다. 2. 자신의 요구사항만 단어, 단어를 통해 표현 할 수 있다. 3. 앵무새 같이 텔레비전 광고를 따라서 말 할 수 있다. 〈 단점 〉 1. 단어, 단어가 가능하지만 글은 모르며, 학습에 대한 의지가 전혀 없다. 2. 간단한 질문을 할 수 없다. 3.경험한 것을 짧은 문장으로 나타낼 수 없다.	1. 2~3개의 단어로 된 문장을 사용할 수 있다. 2. 의미 없는 혼잣말을 줄인다.	1. 30개의 단어를 사용할 수 있다.	*〈 그림카드로 단어를 말할 수 있다.〉* ▪ 5장의 그림카드를 바닥에 펼친다. (과일주제) ▪ 교사가 "무얼 먹을까? 아~ 선생님은 딸기가 먹고 싶어요"라고 말하고 '딸기' 그림카드를 보여 준다. ▪ 교사가 "딸기" 그림카드를 보여주면서 "딸" "기"라고 한자씩 정확하게 말하여 들려준다. ▪ 아이와 함께 "딸" "기"라고 한 자씩 말한다. ▪ "딸기"를 반복해서 아이와 함께 말한다. ▪ 교사와 아이가 번갈아 가며 소리내어 말한다. ▪ 다음 크림카드를 들어 교사가 먼저 말해준다. ▪ 여러 번 반복해 아이가 혼자 읽었을 땐 "참 잘했어"라고 강화를 준다. ▪ 자동차나 동물카드 등 다른 주제의 단어카드를 이용하여 반복적으로 말하게 한다.	1. 집중이 떨어질 경우, 아이가 호기심을 보이는 실제 사물이나 장난감을 가지고 단어를 말한다.	X

언어영역	〈 강점 〉 1. 부정확하지만, 몇 개의 단어, 단어를 말할 수 있다. 2. 자신의 요구사항만 단어, 단어를 통해 표현할 수 있다. 3. 앵무새 같이 텔레비전 광고를 따라서 말할 수 있다. 〈 단점 〉 1. 단어, 단어가 가능하지만 글은 모르며, 학습에 대한 의지가 전혀 없다. 2. 간단한 질문을 할 수 없다. 3. 경험한 것을 짧은 문장으로 나타낼 수 없다.	1. 2~3개의 단어로 된 문장을 사용할 수 있다. 2. 의미 없는 혼잣말을 줄인다.	2. 의사표현을 할 때 정확한 표현을 한다. (~주세요)	*〈정확한 의사표현하기〉* ▪ 일상에서 예를 들어 아이가 물을 먹기 원하면, 교사는 아이에게 손잡이 컵에다 물을 따라 주고 "물 주세요"라고 정확히 말해 준다. ▪ 우선 아이에게 물을 반쯤 먹게 한 후, "한번 말해 보자"라고 말하여 "물 주세요"를 같이 말한다. ▪ 아이와 교사가 함께 "물주세요"라고 반복적으로 말하게 한다. ▪ 물을 다 먹게 한 후, 다음엔 '물주세요'라고 말할 때만 물을 주겠다고 말한다. ▪ 일상에서 아이가 원하는 것들을 교사가 정확하고 반복적으로 아이에게 말해 준다. 예를 들어, 화장실 갈래요, ○○○주세요(장난감), 밥 주세요, ○○반찬 주세요, 더워요, 추워요 등을 말하여 반복적으로 말하게 한다. ▪ 반대로 선생님이 요구할 때 '문을 닫아 주세요' 등의 말을 반복적으로 한다. ▪ 정확한 의사표현 후 강화를 준다.	2. 대화체가 있는 동화책을 읽어 주면서, 일상에 필요한 대화체를 반복적으로 아이와 말할 수 있다.	△
평 가	1. 다양한 그림으로 아이가 좋아하는 듯 하더니 집중이 떨어져 새로운 단어를 말할 수 없다. 2. '~주세요' 라고 정확한 의사표현을 할 때 마다 강화를 주어서, 더욱 잘 할 수 있다.					

영역	현행성취수준	장기목표	단기목표	활 동 내 용	수정계획안	성취 여부
인지영역	〈 강점 〉 1. 몇 개의 단어의 개념을 알고 표현할 수 있다. 2. 1~3까지의 숫자를 말할 수 있다. 〈 단점 〉 1. 언어에 대한 지시에 따를 수 없다. 2. 1~3의 수의 개념을 모르면서 말한다. 3. 신체 부위를 표현할 수 없다.	1. 사물이나 신체부위 등 일상의 단어를 이해하고 표현할 수 있다. 2. 실생활에 필요한 수 개념을 사용할 수 있다.	1. 눈, 코, 입의 개념을 알고 표현할 수 있다.	〈눈, 코, 입〉 준비– 노래테이프, 녹음기, 신체 글자카드 ▪ 교사가 '눈은 어디 있나'라는 노래와 손유희를 한다. ▪ 아이의 얼굴을 실제로 손으로 짚으면서 '눈' '코' '입'을 가리킨다. ▪ 노래를 들으면서 아이와 함께 '눈은 어디 있나? 요기'하면 아이의 손가락을 잡고 눈을 가리킨다. ▪ 반복적으로 아이와 함께 신체의 부위를 손가락으로 가리킨다. ▪ 아이 혼자서 하도록 교사와 마주보고서 자신의 눈, 코, 입을 지시한다. ▪ 이번엔 노래에 맞춰 눈에는 '눈'이라 쓰여진 글자와 그림 카드를 보여 준다. '코' '입'도 카드를 제시한다. ▪ 반복적으로 카드를 보여주어 눈, 코, 입을 말하도록 한다.	1. 눈, 코, 입을 이해하고 표현하면, 머리, 어깨, 무릎, 발도 시도한다.	△

인지영역	〈 강점 〉 1. 몇 개의 단어의 개념을 알고 표현할 수 있다. 2. 1~3까지의 숫자를 말할 수 있다. 〈 단점 〉 1. 언어에 대한 지시에 따를 수 없다. 2. 1~3의 수의 개념을 모르면서 말한다. 3. 신체 부위를 표현할 수 없다.	1. 사물이나 신체부위 등 일상의 단어를 이해하고 표현할 수 있다. 2. 실생활에 필요한 수 개념을 사용할 수 있다.	2. 1~10까지 수를 셀 수 있다.	〈수세기〉 준비-바구니어 공을 담고 공에는 숫자를 붙여서 준비한다. ▪ 교사는 1이라고 쓰여 있는 공을 들어 아이에게 보여주며 "1" 이라고 말한다. ▪ 공을 아이의 손에 쥐어주고 "일"라고 말해 준다. ▪ 아이와 함께 1을 반복하여 읽는다. ▪ '교사가 2'라고 쓰여진 공을 들어 '이'이라고 읽어준 후, 아이와 함께 반복적으로 2라고 읽는다. ▪ '3'이라고 쓰여진 공을 '삼'이라고 읽어 주고, 아이오- 함께 반복적으로 3이라고 읽는다. ▪ 아이가 1~10까지 혼자 할 수 있도록 반복하여 함께 읽는다. ▪ 아이 혼자-서 공을 순서대로 들을 때 읽을 수 있도록 계속해서 반복한다. ▪ 아이 혼자서 1~10을 읽으면, 손가락으로 수세기를 가르친다.	2. 수세기가 가능하면, 1.10까지 색연필로 수를 써본다.	○
평 가	1. 노래와 함께 신체부위를 배우니, 아이가 흥미를 갖고 할 수 있다. 2. 처음엔 공을 좋아해서 던지려고 하여 수세기가 어렵지만 수세기를 할 수 있다.					

영역	현행성취수준	장기목표	단기목표	활 동 내 용	수정계획안	성취 여부
사회성 영역	〈강점〉 1. 자신이 원하는 사물에 집중한다. 2. 좋아하는 사람에게 반응할 수 있다. 3. 듣고 있지 않는 것 같지만 다 듣고 있다. 〈단점〉 1. 타인과 눈을 맞추지 못한다. 2. 타인에게 피해를 주는 돌발행동을 한다.(타인을 발로 차거나 때리기 등) 3. 자신의 요구를 들어주지 않거나 불만족일 때 머리를 찧거나 소리를 지르고 발을 동동 구른다.	1. 타인과 상호작용 할 수 있다. 2. 타인에게 피해를 주는 돌발행동을 자제한다.	1. 자신의 이름을 부르면 고개를 돌린다.	*〈 타인에게 고개 돌리기〉* ▪ 교사가 아이의 이름을 부른다. ▪ 교사의 도움으로 아이의 고개를 돌려 30초간 얼굴을 마주보게 한다. ▪ 교사가 직접 아이의 얼굴에 가까이 마주대고, '얼굴 보고 이야기해요' 라고 말한다. ▪ 다시 반복적으로 교사가 아이의 이름을 부르면서 교사의 도움으로 30초간 고개를 돌린다. ▪ 교사가 미소를 지으면서 얼굴을 보게 한다. ▪ 교사가 아이 스스로 고개를 돌리도록 반복하여 이름을 부른 후 30초간 고개를 돌리도록 한다. ▪ 교사가 이름을 부르면 고개를 돌려 "예" 라고 대답할 수 있도록 한다. ▪ 반복하여 1분간 고개를 돌려 대답하도록 한다.	1. 아이가 고개를 돌려 인사를 하도록 한다.	○

사회성 영역	〈강점〉 1. 자신이 원하는 사물에 집중한다. 2. 좋아하는 사람에게 반응할 수 있다. 3. 듣고 있지 않는 것 같지만 다 듣고 있다. 〈단점〉 1. 타인과 눈을 맞추지 못한다. 2. 타인에게 피해를 주는 돌발행동을 한다.(타인을 발로 차거나 때리기 등) 3. 자신의 요구를 들어주지 않거나 불만족일 때 머리를 찧거나 소리를 지르고 발을 동동 구른다.	1. 타인과 상호작용 할 수 있다. 2. 타인에게 피해를 주는 돌발행동을 자제한다.	2. 또래가 가지고 노는 것을 가지고 싶을 때, 기다릴 수 있다.	*〈 기다려 주기 〉* ▪ 교사가 4개로 구성된 퍼즐을 가지고 와서 "선생님이랑 함께 놀자"라고 말한다. ▪ 교사가 먼저 4개중 1개의 퍼즐을 찾아 맞춘다. ▪ 그 다음 교사가 " 네 차례야"라고 말해 준다. ▪ 아이가 4개중 1개의 퍼즐을 맞춰 끼우도록 도와 준다. ▪ 교사가 "다음은 선생님 차례야"라고 말한다. 아이가 퍼즐을 주려 하지 않을 때, "기다리자" "선생님 1개 맞추면 두원이가 하는 거야"라고 말해 준다. ▪ 교사가 퍼즐 1개를 맞춘다. ▪ 교사가 아이에게 퍼즐을 주면서 "네 차례야"라고 말한다. ▪ 아이가 나머지 퍼즐 1개를 맞추도록 한다. ▪ 교사가 "아! 재미있지?" 라고 말한다. 그리고 "친구랑 놀 때 차례를 지키고, 기다려 주는 거야"라고 말한다.	2. 또래와 장난감을 가지고 차례를 지키고, 기다릴 줄 알면 양보하기를 한다.	△

<table>
<tr><td></td><td></td><td></td><td></td><td>▪ 아이와 교사와 반복적으로 4개로 구성된 퍼즐을 번갈아 가면서 한다.
▪ 아이가 차례를 지키고 기다리면 강화를 준다.
▪ 또래 아이와 함께 번갈아 가며 퍼즐을 맞추도록 한다.</td><td></td><td></td></tr>
<tr><td>평 가</td><td colspan="6">1. 눈을 피해 눈을 깜박였지만 반복적으로 웃는 얼굴로 마주 보기를 하니, 쑥스러운 미소로 고개를 돌릴 수 있다.

2. 처음에는 퍼즐을 번갈아 가며 맞추는 것에 날카롭게 반응하였지만, 반복적인 활동에 자신의 차례를 이해할 수 있다.
하지만 기다려주는 것은 예민하고 초조하게 반응하여 다른 활동이 필요하다.</td></tr>
</table>

영역	현행성취수준	장기목표	단기목표	활 동 내 용	수정계획안	성취 여부
가족 및 지역사회 적응영역	〈강점〉 훈련을 통해 타인의 도움으로 정해진 길과 버스로 다닐 수 있다.(집과 어린이집) 〈단점〉 새로운 버스나, 길, 장소에 강한 거부를 하면서 자해한다.	1. 새로운 장소에서도 적응할 수 있다. 2. 길을 안전하게 걸을 수 있다.	1. 이웃집에 갈 수 있다.	〈이웃집에 가기〉 ▪ 부모와 평소 안면이 있는 이웃에게 사전에 동의와 양해를 구한다. ▪ 부모가 아이에게 "이웃집에도 떡을 나누어 먹자"라고 말한다. ▪ 아이와 함께 떡을 가져가자고 말한다. ▪ 이웃집에 가져갈 떡을 준비해 아이와 집을 나간다. ▪ 이웃집 초인종을 아이와 함께 누른다. ▪ 초인종이 누르고, 누구세요라고 물으면 "두원이예요"라고 아이와 함께 말한다. ▪ 이웃집 문이 열리면 두원이에게 인사를 시키고 두원이가 떡을 이웃집 어른께 드리도록 말한다. ▪ 아이와 함께 손을 뻗어 떡을 전달한다. ▪ 아이와 함께 인사를 하고 집으로 들어온다. ▪ 반복적으로 부모의 약간의 개입으로 아이가 이웃집에 물건을 준다. ▪ 익숙해질 때 아이 혼자서 이웃집에 간다. ▪ 부모는 아이의 집 앞에 서서 관찰한다. ▪ 아이가 혼자서 이웃집에 다녀오면 칭찬을 한다. ▪ 아이가 혼자서 이웃집에 갈 수 있으면, 이웃집에 들어가기를 시도한다.	1. 다른 층에 이웃집에 갈 수 있다.	○

가족 및 지역사회 적응영역	〈강점〉 훈련을 통해 타인의 도움으로 정해진 길과 버스로 다닐 수 있다.(집과 어린이집) 〈단점〉 새로운 버스나, 길, 장소에 강한 거부를 하면서 자해한다.	1. 새로운 장소에서도 적응할 수 있다. 2. 길을 안전하게 걸을 수 있다.	2. 엘리베이터를 혼자 탈 수 있다.	*〈엘리베이터를 혼자서 탈 수 있다〉* ▪ 부모와 아이가 사는 아파트 엘리베이터를 타기 위해 문밖으로 나간다. ▪ 부모가 아이에게 "엘리베이터를 타려면 우리 층으로 불러야 해"라고 말한다. 그리고 아래 버튼을 누르면 아래층으로 가고, 윗 버튼을 누르면 위층으로 간다고 말한다. ▪ "먼저 아래 층 로비로 가자"라고 말한다. ▪ 부모가 아이와 함께 아래 버튼을 누르게 한다. ▪ 엘리베이터를 타고서, 로비나 밖을 나갈려면 '1 층'을 눌러야 함을 말한다. ▪ 아이와 함께 '1'을 누른다. ▪ 1층 로비에 다다르면 아이에게 "다 왔다"라고 말한다. ▪ 엘리베이터에서 내린 후, 다시 우리 집에 올라가려면 위에 버튼을 눌러야 함을 말한다. ▪ 아이와 함께 엘리베이터 앞에서 기다린다. ▪ 엘리베이터가 오면 아이와 함께 탄다.	2. 혼자서 엘리베이터가 가능해지면, 다른 건물의 엘리베이터도 타본다.	△

			2. 엘리베이터를 혼자 탈 수 있다.	▪ 아이에게 "우리 집은 7층이니까, 7을 누르자"라고 말한다. ▪ 아이와 함께 '7'의 버튼을 누른다. ▪ 7층에 다다르면 다시 아이와 함께 엘리베이터 앞에 선다. ▪ 아이와 함께 반복적으로 엘리베이터를 타서 약간의 도움으로 엘리베이터를 탈 수 있도록 한다. ▪ 약간의 도움으로 엘리베이터를 타면 강화를 준다. ▪ 다음에는 언어적 지시로만 엘리베이터를 아이와 함께 탄다. ▪ 엘리베이터를 타면 언제나 아이가 스스로 버튼을 누르게 한다.	2. 혼자서 엘리베이터가 가능해지면, 다른 건물의 엘리베이터도 타 본다.	
평 가	1. 이웃집에 갈 때 문 앞 주위만 뱅뱅 돌았지만 반복적인 훈련을 통해, 혼자서 이웃집에 갈 수 있다. 2. 엘리베이터 안을 답답해했고 사람이 있을 때 보다는 사람이 없을 때 더 적극적으로 할 수 있다.					

통합지원 서비스

제 5 장

1. 가족지원 및 가정 연계
2. 개별화가족지원계획
3. 치료지원 교육

1. 가족지원 및 가정 연계

장애아동을 자녀로 둔 가족은 자녀 양육과 관련된 지원이 절실하므로 보육시설에서 진행되는 프로그램과 연계된 가족 지원프로그램 등을 통하여 이를 지원해 줄 체계가 필요하다. 즉, 교사와 부모간의 의사소통을 원활하게 하기 위한 절차가 마련되어야 하며 이를 지원해 줄 전문가가 배치되어야 한다. 장애 자녀를 둔 가족을 위해서 그들이 가족의 기능을 강화받고 장애인 자녀 양육에 대한 가족의 능력을 인식할 수 있도록 보육시설에서 가능한 한 다양한 형태의 가족지원 서비스를 제공해 주어야 한다.

가정과 보육시설의 프로그램이 연계성을 가지고 진행되어야 할 구체적인 활동은 장애아동에게 기능적이고, 장애아동과 가족에게 의미 있어야 하며, 실제 생활에서 유용한 것으로 선정되어야 한다. 가족은 장애아동의 성장 발달에 가장 효과적이고 중요한 요소로써 장애아동에 대한 중재는 다른 가족 구성원들에게 영향을 미치며, 가족 구성원들에 대한 중재는 장애아동에게 영향을 미치게 되므로, 장애아동의 교육 프로그램에 부모나 가족의 관심과 참여는 필수적이라 하겠다. 특히 영·유아기는 다른 어떤 시기보다 부모나 가족에 대한 의존도가 높기 때문에 부모나 가족이 장애아동의 발달과 교육에 미치는 영향은 절대적이다.

그럼에도 불구하고 오랫동안 조기중재는 장애아동만을 중심으로 지원되고, 대부분의 의학적, 교육적 노력은 장애아동을 정상적으로 발달하도록 지원하는 데만 그 목적이 있었다. 더구나 조기중재에 대한 부모의 참여는 대부분 어머니 참여가 주류를 이루었고, 이러한 방식에는 여러 문제점들이 발견되기 시작했다. 부모의 낮은 참여도나 전문가와 부모의 이견, 장애아동으로 인한 가족의 어려움 등과 같은 문제들이 나타났고, 이를 위한 해결책의 과정에서 장애아동 부모나 가족에 대한 이해와 고려가 필요하다는 인식이 생기게 되었다. 이러한 이유로 미국에서 80년대 후반부터 유아특수교육에 '가족-중심(family-centered)' 중재라는 용어가 생기게 되었고, 이런 목표를 달성하기 위한 방법으로 개별화가족지원계획(IFSP)이 최선의 대안으로 인식되기 시작했다(이병인, 2002).

가족-중심 중재는 프로그램의 기본적 단위를 장애아동보다는 가족에게 두는 것을 말하며(Dunst, Trivette & Deal, 1988), 가족-중심 중재란 가족이 접하는 공식적이거나 비공식적인 주변 집단(보육시설, 친구, 이웃 등)에 의한 지원이 장애아동 부모와 가족의 기능에 직·간접적으로 영향을 주는 것을 의미한다. 즉, 가족-중심 프로그램은 장애아동의 독특하고 특수한 요구를 전문가의 관점에서만 파악하는 것이 아니라 가족의 입장에서 이해하고, 가족과 장애아동이 서로 긍정적인 영향을 주고받도록 하는 것이다. 따라서 이전의 전문가와 가족의 관계가 수직관계인 보조자의 역할로부터 수평관계인 동반자의 역할로 바뀐 것이다.

1) 가족지원의 개념과 인식

가족지원이란 가정을 위한 지역사회에 기반을 둔 가장 기초적인 사회변화 운동으로 인간 서비스 보급의 전환을 위한 접근과 생각을 말하며, 이것은 가정이 무너지기 전에 미리 가정을 보강시키고 지원시켜 경제적, 사회적, 국가적 손실을 줄여보자는 데 그 목적이 있다. 가정에 대한 투자는 우리의 미래를 위한 투자이다(Mcknight, 1995). 장애아동 가족지원은 장애아동이 보육시설과 가정, 그리고 지역사회란 환경 속에서 더욱 효율적이고 상호 협력하는 다양한 질 높은 지원을 받도록 하기 위해 사회적인 제도적 보호 하에 교사와 부모의 협력으로 이루어지도록 해야 한다.

가족지원을 서비스하기 위해서 장애아동 가족들은 무엇보다도 우선적으로 다음과 같은 새로운 패러다임으로 장애아동을 바라보는 시각과 인식, 태도를 지녀야 한다.

첫째, 모든 장애아동들은 그들 자신 만이 가지고 있는 독특한 힘과 재능이 있음을 확신해야 한다. 둘째, 장애아동은 그들의 가족과 지역사회, 그리고 보육시설과 서비스를 제공하는 사람들과 관계 안에서 꾸준히 성장하고 발달해 나간다. 셋째, 모든 장애아동은 그들이 살고 있는 지역사회와 여러 공공장소에서의 활동에 충분히 참여되어지고, 환영되어지며, 소속되어질 권리가 있다. 넷째, 장애아동과 비장애아동은 서로에게서 중요한 것들을 함께 배운다. 다섯째, 매일의 일상생활과 활동을 하는 주변에서 장애아동은 우리가 생각하는 이상의 것들을 배우고 성장하는 기회를 얻게 된다. 여섯째, 장애아동 가족구성원이 건강한 가족관계를 이루며 매일의 삶을 긍정적으로 유익하게 살아나갈 수 있도록 제도적 가족지원을 강화시킴은 사회적인 자원을 생산하는 투자임을 인식해야 한다.

이렇듯 장애아동에 대한 인식과 태도가 바꾸어질 때 장애아동과 그 가족들이 사회적인 낙인으로부터 벗어나게 된다.

장애아동 가족이 건강한 가족 형태를 유지하기 위한 다섯 가지 방법론을 제시하면 다음과 같다.

첫째, 장애아동의 양육, 행동수정, 보육시설에서의 생활, 그 밖의 활동을 충분히 관리할 수 있도록 부모가 신체적으로나 정신적으로 건강한 자원을 가질 수 있도록 돕는 일이다.

둘째, 장애아동 가족이 직면할 수 있는 문제에 관한 자료를 수집, 분석, 종합하여 장·단기별 목표를 향하여 해결할 수 있도록 능력을 기르게 하고 부모 모임이나 상담을 통하여 도와 주는 방법이다.

셋째, 사회지원 체제를 구성하여 장애아동 가족들의 문제를 지역사회 중심으로 해결할 수 있도록 장애아동 가족을 지역사회 안에서 단체 활동에 참여하도록 한다.

넷째, 장애아동 가족의 소득증대를 위하여 직업교육을 알선하여 주는 방법이다.

다섯째, 장애아동 가족의 심리적, 정신적 안정감과 능력을 높이기 위하여 신앙심을 갖도록 종교 활동을 권장하는 것이다.

2) 가족지원의 실행

장애아동 부모와 가정은 장애아동이 건강하게 생활하며 살아 나갈 수 있는 생명의 핵이라고 볼 수 있다. 그러나 많은 장애아동의 부모들은 정서적인 불안정, 결혼생활의 갈등, 장애아동의 부적절한 행동을 다루는 문제, 미래에 대한 걱정, 사회적 고립, 경제적 어려움과 함께 다른 어려움으로 심리적 중압감과 스트레스에 허덕이고 있다(Wolf 등, 1989). Singer와 Yovannoff(1992)의 조사에 의하면 장애자녀가 없는 가정이 우울증에 걸릴 위험률은 30%인 것으로 밝혀졌다. 사실상 자녀가 장애가 있다는 사실은 장애가 없는 자녀를 두고 있는 가정과는 다른 특별한 상황으로 아래와 같은 적절한 삶의 대안을 생각해 볼 수 있다(김상용, 2005).

(1) 가족지원 중 부모 교육프로그램

첫째, 부모에게 리더십 강화훈련 지원과 전문가와의 파트너십 협력관계
둘째, 지역사회의 자원을 더 많이 개발 활용할 수 있도록 지원
셋째, 서비스 정책 및 체제를 변화시킬 수 있도록 정보제공 및 지원
넷째, 가족의 요구를 효과적으로 얻도록 지원
다섯째, 다른 가정과 상호 지원
여섯째, 지역사회에서 발생하는 일에 대한 인식
일곱째, 더욱 적극적인 참여로 변화와 개혁 지향

(2) 부모 자신과 가정 잘 돌보기 활동

첫째, 부모 자신의 가치와 자신의 감정을 알고 휴식을 위한 레스피케어(휴식 중 대리보호)

둘째, 부부만의 시간 갖기(재결속)

셋째, 자신을 용서하고 사랑하고 죄의식에서 벗어나기

넷째, 장애자녀를 둔 가정들이라 해도 각 가정마다 서로 다르다는 것을 기억하기

다섯째, 시간이 지남에 따라 가정은 변화해야 한다는 것을 기억하기(생애주기에 따른 가정의 변화를 이해하고 대응하기)

여섯째, 부모 지원 모임 가입하기(여러 부모 모임 프로그램 중 정서적으로 가장 편안하고 많은 정보를 쉽게 얻을 수 있는 곳을 선정)

일곱째, 가정은 필요로 하는 것 만큼 힘을 가지고 있다(작은 것에도 큰 소망을 보는 특별한 집단으로 정서적인 에너지를 얻는 재충전의 근원이다).

여덟째, 자녀에 대한 스트레스 강도가 아빠와 엄마가 다르다는 사실을 기억하기

(연구에 의하면 장애자녀를 둔 아버지들의 염려와 걱정 지수가 더 높은 것으로 나타난다).

아홉째, 다른 장애가 없는 형제자매 기억하기

열 번째, 사회적 지원이 아주 중요하다(부모 사후의 법적 후견인 제도).

열한 번째, 신앙을 갖는 것이 아주 도움이 된다.

열두 번째, 스트레스 해소 전략(기도, 운동, 깊게 숨쉬기와 근육 이완 운동, 일기쓰기, 하루 일과 완수하기, 자신을 변호하기, 개인 · 부부 · 가족상담 치료)

열세 번째, 의견 차이와 갈등을 잘 소화해 내기(법적 후견인에게 의사 결정권이 있고, 갈등을 완화시킬 수 있도록 도움을 주고 지역사회의 자원들과 연계시켜 줌으로 갈등의 문제를 소급시켜 주는 중재 조정자 도입, Summers 등, 1989).

3) 가정연계 프로그램 활동의 예

(1) 사진 보며 친구 이름 말하고 지적해 보기

자폐적 성향이 있는 6세 아동으로 사람들과의 관계형성에 어려움을 갖고 주변에 관심이 없으며 혼자놀이를 주로 하고 또래놀이에 어울리지 못한다. 이에 대한 교육 목표로 친구들과의 기본적 신체접촉(뽀뽀하기, 껴안기, 악수하기)을 할 수 있다고 설정하여 친구들과의 잦은 신체접촉을 유도하고 가정에서도 목욕하기의 활동 등을 통해 자신의 몸을 관찰하고 동생의 몸도 관찰하며 서로 자연스럽게 신체 접촉을 할 수 있도록 신체접촉을 할 수 있도록 계획했다. 그 결과 보육시설에서도 친구들과의 신체 접촉을 점차 거부하지 않게 되었다. 그리하여 다음 교육활동으로 주변 친구들을 인식하며 더욱 친숙해 질 수 있도록 친구들의 이름을 익히고 교사가 지적하는 친구와 함께 간식 심부름과 출석카드에서 친구 찾기 활동을 하고, 가정에서는 견학이나 반의 활동사진을 보며 부모님과 함께 친구 이름 이야기하기 및 지적하기를 했다. 꾸준히 이러한 활동을 통해 친구들에게 점차 관심을 보이고 주변 친구들의 행동을 관찰하기도 하고 친구들의 그룹에 끼려고 시도하기도 했다. 또한 가정에서도 동생과 잡기놀이 수준의 상호작용이 가능하게 되었다.

(2) 가게에 혼자 가기

발달이 지체된 5세 아동으로 고집이 세고 항상 같은 상황 패턴을 유지하려고 하며 상황이 바뀌거나 낯선 상황에 대한 거부감이 매우 심해 낯선 상황에서는 계속 울고 소리 지르며 그 상황을 벗어나려는 행동을 보인다. 그러므로 이 아동의 교육목표를 다양하고 풍부한 경험을 제공하는 것으로 세우고, 구체적인 교육 활동으로는 교육기관 내에서의 여러 장소 및 상황에 대한 설명과 함께 충분히 경험하게 한 후 상황에 맞는 1가지 지시 사항이 들어 있는 심부름을 수행하도록 하였다.

이에 대한 가정연계 프로그램으로 우선 가정 내에서 상황을 바꾸어 가며 심부름을 하게 하였고, 그 다음으로 친숙하며 가까운 주변의 가게를 선정하여 우선 집에서부터 가게까지 혼자 가기 활동을 했다. 처음에는 항상 엄마와 함께 가던 곳이어서 거부감이 심했으나 점차 혼자 갈 수 있는 거리를 넓혀서 스스로 가게에 갈 수 있었으며 물건 사기에 필요한 언어 표현과 타인(가게 주인)과의 상호작용이 더욱 자연스러워졌다.

(3) 가족과 함께 공원 나들이

5세 된 이란성 쌍둥이 남아로 행동이 매우 산만하며 언어 표현이 거의 없으며 단음절 소리는 항상 도망을 가거나 뛰어다니는 행동을 해서 가족들이 어려움을 겪었고 가족 간의 심리적 문제와 그 외의 상황으로 아동은 바깥 외출을 거의 하지 않아 바깥 상황에 대한 대처 방법을 모르고 있었다.

보육시설의 실외 활동에서도 자신이 어떻게 대처해야 할지를 몰라 정해진 구역을 자주 이탈하는 행동을 보였다. 이러한 행동을 바꾸기 위해 잦은 바깥놀이의 기회와 함께 여러 가지 새로운 상황을 경험하게 해 주고 정해진 놀이 구역의 범주에 대하여 아동이 인식할 수 있도록 교사와 함께 구역을 돌아보았다.

이에 대한 가정연계 프로그램으로 가족과 함께 집 주변 공원 나들이를 계획해 아동의 활동상에 대한 욕구를 충족시켜 주고, 놀이 시작 전에 엄마와 반복적인 언어적 약속을 통하여 아동이 정해진 구역을 이탈하는 행동과 도망치는 행동을 많이 줄일 수 있었다.

(4) 가족들과 등산하기

6세의 발달 지체 아동으로 평균 연령에 비하여 신장과 체격이 컸으며, 외출시 자신이 관심을 갖고 있는 곳으로 뛰어가 버리곤 한다. 가족과의 관계는 사업 활동으로 바쁜 아버지와는 상호작용의 기회가 부족하여서 아빠가 집에 계시는 동안에 가족들과 가까운 산에 등반하는 계획을 세웠다. 가족들과 등반을 할 때 아동은 함께 눈을 맞추고 웃으며 손을 잡고 산을 올랐다. 이 활동을 통해 아동은 대 · 소근육의 발달과 운동 신경 조절력을 기를 수 있었고 다른 장소로 이탈하는 행동이 많이 감소하였다. 또한 가족에 대한 호칭을 부르거나 의사 표현 및 요구 표현을 하며 가족과 함께 한 즐거운 시간에 대한 경험을 통해 자주 시간을 공유하지 못한 가족과의 관계에 신뢰를 줄 수 있는 계기가 되었다.

(5) 컴퓨터하지 않는 날

주의집중력이 현저하게 떨어지고 공격적인 성향을 가진 4세 아동으로 가정에서는 주로 컴퓨터를 지속적으로 하며 지내는 시간이 많았다. 그래서 가족 모두가 컴퓨터를 하지 않고 즐겁게 지내는 활동을 가정연계 프로그램으로 계획했다. 컴퓨터를 하지 않는 날은 컴퓨터 코드를 뽑은 후, 가족 모두가 이야기하거나 야외에 나가 달리기, 배드민턴 치기, 독서하기 등으로 함께 시간을 보냈다. 이 프로그램을 통해 아동은 첫째, 컴퓨터에 대한 집착이 점차 감소되고, 컴퓨터 외의 다른 활동에 관심을 가지게 되었으며, 둘째, 아동을 포함한 가족 모두가 함께 의미 있는 활동을 통해 상호작용 행동이 증가되었다.

4) 가족지원의 발전 방안

장애아동의 건강한 성장을 위하여서는 장애아동과 보육시설 가정 그리고 지역사회의 상호협력과 유기적 관계가 무엇보다 중요하다. 미국 역시 지난 50여 년 동안 장애아동 가족들은 장애아동을 위한 향상된 특수교육과 질 높은 서비스를 위하여 노고와 헌신으로 공헌하였다. 특히 장애아동의 가정과 보육시설, 지역사회의 생활증진을 위한 보육시설과 가정과의 연계는 부모와 교사 간의 긍정적인 감정을 가지게 하며 바람직한 협력과 강력한 파트너십 관계로 효과적인 교육의 극대화를 이룰 수 있었다.

Bettleheim(1972)은 장애아동들은 장애를 지니고도 잘 사는 법을 배우게 되지만 자신의 부모가 자신을 진정으로 사랑한다는 확신이 없이는 잘 살 수가 없다고 하였다. 이렇듯 가정은 장애아동이 자신의 능력을 발휘하는 가장 밀접한 현장이며 보호와 안전의 필수적인 역할을 하는 곳이다. 이러한 장애아동 가족지원을 위하여서는 가족중심형 가족지원(Family centered family support program) 모델을 제도적으로 지역사회마다 설립하여 문제보다는 장애아동 가족의 강점을 관리하여 장애아동 가정 역시 지역사회의 자원으로 활용하는 것이 필요하다 하겠다. Parks(1972)는 가족지원을 위하여 고려할 몇 가지 문제들로 다음과 같은 내용을 제시하였다.

- 장애아동 부모가 가지고 있는 강점은 무엇인가?
- 장애아동 부모가 특별히 가지고 있는 약점은 무엇인가?
- 어떠한 사회적 자원과 가족지원을 받을 수 있는가?
- 장애아동 문제 이외에 어떤 위급한 걱정거리를 다루고 있는가?

특별히 장애자녀의 성공적인 양육과 모범적인 가정생활을 이루고 있는 가정들은 다른 장애아동 부모들을 돕는 강한 자원으로 쓰임받을 수 있다. Hill(1949)은 장애아동 가정이 위기에 적응하는 과정은 일정기간의 분열과 회복의 계획과 새로운 단계의 조직을 포함하므로, Mccbbin(1979)은 장애아동 가정의 회복과 재조직을 위하여 지역사회의 지원단체가 직접 가정의 재생력과 자원을 관리하는 지역사회 전문가가 장애아동 가정이 받고 있는 스트레스와 성공적인 적응에 도움을 줄 수 있는 해결책을 제시해야 한다고 말한다.

Milofsky(1980)는 현대의 장애의 개념을 점차로 질환적인 측면에서가 아니라 기능상의 제약으로 보고 있다. 다시 말해 장애아동을 가정, 지역사회, 경제적 체계, 보육시설 그리고 건강 및 복지제도를 포함하는 중요한 사회조직에 재통합할 수 있도록 지원해 주는 것을 강조한다. 장애인 복지란 가지고 있는 장애에 구애받지 아니하고 불편함 없이 가지고 있는 강점을 가지고 지역사회 구성원의 역할을 다할 수 있는 제도와 정책, 시설이 갖추어진 사회를 말한다. 다시 말하면 가지고 있는 장애가 문제가 아니라 장애를 고려하지 않는 제도와 시설이 문제라는 것이다. 이를 위하여서는 장애아동 가족과 장애아동과 함께 일하는 모든 통합교사와 전문가 및 스텝진들은 장애아동을 위한 정책과 제도와 시설 및 패러다임의 변화를 위하여 협력하여야 할 것이다. 이제는 장애아동의 장애에 초점을 두는 것이 아니라 장애아동으로 하여금 장애아동 가정이 가지고 있는 독특한 강점을 개발하고 도전할 수 있도록 사회적 지지와 제도적 지원이 시작될 시기이다.

2. 개별화가족지원계획

다음은 가족지원 및 가족연계에 관련하여 개별화가족지원계획에 대해 구체적으로 설명하고자 한다.

1) 개별화가족지원계획(Individualized Family Service Plan; IFSP)

개별화가족지원계획은 0세에서 3세까지의 장애 영아와 그 가족에게 조기중재 서비스를 제공하기 위해 개발된 기록, 문서이며, 가족과 장애아동의 중재 서비스 팀이 아동의 프로그램의 성공에 필요한 지원 서비스, 활동, 및 자원 등에 대한 규정을 서면으로 작성한 문서를 뜻한다(Cripe & Graffeo, 1995). 개별화가족지원계획은 조기중재 팀이 가족과 함께 장애아동의 프로그램 성공에 결정적인 역할을 하도록 규정하고 있으며, 장애아동의 진단 및 서비스 제공에 있어서 가족과 전문가의 상호협력을 통해서 개발되어진다.

일반적으로 미국의 공법 94-142에서 제시된 개별화교육프로그램이 장애아동 교육에 있어서 아동-중심의(child-focused) 교육 프로그램이라면, 공법 99-457에 명시된 개별화가족지원계획은 가족-중심(family-centered)의 조기 중재 프로그램이라 할 수 있다.

개별화교육프로그램과 개별화가족지원계획 간의 근본적인 차이는 개별화계획의 수혜자가 누구인가 하는 목표 대상의 문제이다. 즉, 개별화교육프로그램이 개인별 특수교육 요구 아동(장애아동)의 교육적 요구에 초점이 맞춰진 것이라면, 개별화가족지원계획은 개인별 장애아동 및 그 가족의 강점과 요구에 초점을 둔 것으로 정의될 수 있다(이병인, 1998).

개별화가족지원계획의 기본원리는 가족이 장애아동의 가장 큰 자원이며, 아동의 요구는 그들 가족의 요구와 밀접하게 관련된다는 것이다. 장애아동을 지원하고 그들의 요구를 충족시키는 최선의 방법은 가족이 필요한 지원과 자원을 찾아 활용할 수 있도록 개인별 강점이나 자원을 지원하고 강화하는 것이다. 즉, 장애아동과 가족의 약점이나 문제를 강조하기보다는 장애아동의 강점과 또한 가족이 아동의 교육을 위해 제공할 수 있는 모든 자원을 최대한 활용할 때 교육의 효과를 극대화할 수 있다는 것이다(이병인, 2002).

최근 미국에서는 3-5세 장애유아 교육에도 개별화가족지원계획의 활용을 요구하거나 허락하고 있으며(U. S. Department of Education, 1998), 개별화가족지원계획의 개발과 시행은 장애 영 · 유아와 그 가족을 위한 질적인 조기 중재 서비스 제공에 커다란 공헌을 했다고 할 수 있다(이미선, 김경진, 2000).

장애로 인해 다양한 교육적, 치료적 요구를 필요로 하는 0세에서 3세까지의 모든 장애아동은 그 장애아동이 속해 있는 주(州)의 조기 중재 서비스 프로그램을 통해 조기중재 서비스를 받기 위해서 개별화가족지원계획을 필요로 한다. 개별화가족지원계획은 1986년 미 연방법인 전장애아교육법(공법 99-458)과 1991년에 개정된 장애인교육법(공법 102-119)의 Part H(Part C)에 의해 의무화되었다.

개별화가족지원계획은 장애 영 · 유아와 그 가족이 장애아동의 성장과 발달을 촉진시키기 위해 필요로 하는 조기중재 서비스를 명시하고 있으며, 개별화가족지원계획의 전개에 대한 자세한 안내는 미국 장애인교육법(IDEA)에 명시 되어 있다.

개별화가족지원계획의 목적은 장애아동의 발달 목표를 성취하기 위해 장애아동뿐 아니라 가족이 원하는 목표에 도달하기 위해 자신의 장점과 모든 자원들을 활용하는 데 있다. 즉, 가족이 스스로 자원을 이용할 수 있고(family enabling), 스스로 문제를 해결해 나갈 수 있도록 인식(family empowering)할 때 효과적인 조기중재 서비스를 장애아동에게 제공하는데 있다.

개별화가족지원계획은 장애아동의 요구, 자원과 가족에게 활용 가능한 지원 등을 체계화할 수 있기 때문에 유용하다. 이러한 자원들 중의 어떤 부분은 장애아동의 가족이나 이웃 등에서 발견할 수 있으며, 또 다른 부분들은 전문가, 프로그램, 또는 지역 사회의 여러 기관 등에서 제공될 수 있다.

개별화가족지원계획은 이러한 서비스의 준비 단계에 참여하는 사람에게 서비스의 전체적인 개요와 각각의 참여자들에게 부여된 임무 등을 제공하며 장애아동과 그 가족이 원하는 활동뿐 아니라 아동의 목표에 도달하는 데 필요한 전무가나 전략 등도 알려 준다. 개별화가족지원계획 내에 있는 시간 스케줄(time lines)은 활동의 완료와 장애아동이 필요로 하는 자원이 제공되었음을 알려준다.

2) 개별화가족지원계획의 구성요소

미국의 연방법(공법 105-17의 Part C)에는 개별화가족지원계획에 반드시 포함되어야 하는 요소에 대해 자세히 설명하고 있으며, 각 주마다 나름대로의 특성을 가지고 융통성 있게 개발, 운영되고 있다.

우리나라에서도 몇몇 유아 특수교육 기관에서 미국의 개별화가족지원계획 구성요소를 기본으로 장애아동의 특성이나 교사의 지도 방법 또는 기관의 교육 철학 등에 따라서 창의적이고 융통성 있게 운영할 수 있기 때문에 개별화가족지원계획을 융통성 있는 개별화 교육 문서(flexible document)라고도 부른다(이병인, 2002).

개별화가족지원계획은 서비스 수혜자인 장애아동 가족과 서비스 제공자인 전문가들이 팀을 이루어 직접 작성하는 체계적인 교육 문서이며, 종종 장애아동에 대한 일반적인 개인 정보로 시작된다. 개별화가족지원계획은 미국의 각 주에 따라 약간씩 차이는 있지만 일반적으로 포함되는 내용들은 다음과 같다.

첫째, 운동 기능(시력, 청력, 건강 등), 의사소통 기술, 인지능력, 적응능력 및 사회정서 기술 등과 관련된 장애아동의 현재 발달 수준

둘째, 장애아동의 정상 발달 증진에 관련된 가족의 관심 사항, 서비스에 대한 가족의 우선순위, 활용 가능한 가족의 자원 등에 관한 기술(이 부분은 선택 사항, 부모의 동의하에 가능)

셋째, 가족이 장애아동들에게 기대되는 주요 결과에 대한 서술, 그리고 어느 정도의 진보를 목표로 해야 하는가의 정도를 결정하기 위해 사용되는 준거, 절차, 시간에 관한 서술과 필요 한 프로그램의 수정이나 개정에 관한 기술

넷째, 장애아동과 가족의 중재 목표 혹은 독특한 요구를 성취하기 위해 요구되는 구체적 조기 중재 서비스에 관한 기술(서비스의 횟수, 정도, 장소와 서비스 제공 방법 등이 포함되어야 함)

다섯째, 서비스의 시작을 위해 필요한 학습 자료와 예상되는 서비스 지속 시간의 명시

여섯째, 개별화가족지원계획의 수행을 책임질 서비스 중재자의 명단과 다른 기관과의 협력 여부에 대한 기술

일곱째, 장애 영 · 유아 서비스 규준상의 취학 전 서비스나 적절한 다른 서비스로 변경 시 장애아동이 필요로 하는 전이계획(transition)에 대한 기술

여덟째, 비장애아동과의 통합을 위한 자연적 환경에 대한 기술

※ 전이계획(전환계획) : 전이란 한 프로그램에서 다른 프로그램으로 이동하는 과정을 말하며, 개별화가족지원계획에는 반드시 장애아동이 0-3세까지의 조기중재 프로그램에서 취학전 프로그램(preschool program)으로 이동하는 것을 뒷받침해 줄 수 있는 과정을 포함하고 일반적으로 개별화가족지원계획에는 장애아동이 만 3세가 되기 바로 90일 전에 작성해야 한다.

3) 개별화가족지원계획의 원리

개별화가족지원계획의 기본원리는 가족이 장애아동의 가장 큰 자원이며, 장애아동의 요구는 그들 가족의 요구와 매우 밀접하게 관련되어 있으며, 장애아동을 지원하고 그들의 요구를 충족시키는 최선의 방법은 가족이 필요한 지원과 자원을 발견할 수 있도록 개개인의 강점을 지원하고 강화하는 것이다. 개별화가족지원계획 과정에 포함된 일반적인 원리들은 다음과 같다(McGonigel, 1991).

첫째, 장애아동은 자신의 건강과 양육을 가족에 의존하며, 이것은 가족-중심 조기중재를 필요로 한다. 영아는 태어나면서부터 신체적, 심리적 욕구를 만족시키려고 어른에게 의존하며, 이러한 욕구의 본질적인 서비스가 조기중재이며 그들 가족 환경 내에서 제공되어야 한다.

둘째, 각 가족은 독특한 구조, 역할, 가치, 신념과 극복 전략을 갖고 있다. 이러한 다양성은 가족-중심의 조기중재에 기본이 된다. 가족의 다양성에 대한 이해는 개별화가족지원계획 과정에서 장애아동을 지원하는 데 중요하며 이것은 모든 가족이 강점과 자원을 갖고 있음을 의미한다.

셋째, 가족의 독립성과 결정권은 가족이 조기중재 서비스의 수준과 종류를 결정한다. 그러므로 가족은 자신들의 가치, 신념, 자원, 강점, 요구 및 희망 등에 의한 조기중재 서비스의 영향을 알고 선택해야 한다.

넷째, 가족-전문가의 상호 협력과 동반자 관계는 가족-중심 조기중재 및 개별화가족지원계획 시행 과정에 있어서 필수적인 요소이다. 가족은 자신의 장애아동과 관련된 모든 사항에 대한 최종 의사 결정자이다. 따라서 개별화가족지원계획 개발과 시행에 있어서 서비스 결정에 대한 가족의 권리와 관심이 전문가의 전문적 지식과 함께 조화를 이룰 때 비로소 진정한 협력이 이루어질 수 있다.

다섯째, '가족에게 능력 주기'라는 접근은 전문가들로 하여금 자신들의 전통적 역할과 실제를 성찰하도록 하는 계기가 되었고, 가족과의 상호 존중과 동반자적 협력 관계를 촉진시켜 주었다(Dunst, Trivette, & Deal., 1998). 이와 같은 새로운 접근은 전문가들로 하여금 단지 교사로서의 역할뿐 아니라 더욱 다양한 역할을 강조하게 되었다.

여섯째, 가족 조기중재 서비스는 융통성이 있고, 접근 가능하며 가족-인지된 요구에 반응해야 한다. 개별화가족지원계획은 전문가의 프로그램 요구와 정책에 가족을 적응시키기보다는 전문가의 정책과 서비스를 가족의 요구에 적응시켜야 한다.

일곱째, 조기중재 서비스는 정상화의 원리(normalization)에 따라 제공되어야 한다. 즉, 가족은 가능한 한 지역 사회 내에 있는 장애아동과 가족의 통합을 촉진하는 정상적인 방법으로 제공되는 서비스이다. 일상적인 지역사회 활동들을 포함하는 개별화가족지원계획 목표나 전략은 장애아동과 가족들로 하여금 소속감이나 상호 협력을 촉진시켜 주며, 가족의 능력을 강화시켜 준다.

4) 개별화가족지원계획의 과정

개별화가족지원계획은 프로그램 그 자체보다 과정이 더 중요하다. '가족-중심' 조기중재는 가족과 전문가간의 동반자적 상호 협력을 기초로 하며, 이러한 동반자적 상호 협력 없이 계획서 자체로는 큰 의미가 없다. 그러므로 각 개별적인 가족의 관심, 우선순위, 자원 및 요구 등이 개별화가족지원계획 과정의 성격과 시기를 결정하게 되며, 개별화가족지원계획 과정은 장애아동과 가족이 서비스를 제공받기 위해 전문가를 만나는 순간부터 시작된다.

개별화가족지원계획 과정은 또한 가족에게 자신과 장애아동이 원하는 서비스 제공을 위해서 가족과 전문가간에 자료와 정보를 모으고, 공유하고 교환하는 것으로 이루어진다(Johnson, McGonigel & Kaufmann, 1989).

다음은 Lynch, Mendoza, & English(1990)가 제시한 중요한 개별화가족지원계획 과정으로 5단계로 나누어 설명하고 있다.

1단계는 첫 접촉과 적격성 여부를 위한 선별을 들 수 있다. 첫 접촉의 목적은 장애아동 가족과 전문가가 긍정적 관계를 형성하고, 가족의 관심, 우선순위와 자원을 찾아내고, 결정적인 사항에 가족을 참여시키고, 개별화가족지원계획 과정에 가족이 얼마나 관여하기를 원하는지를 결정하게 된다.

〈IFSP 과정〉

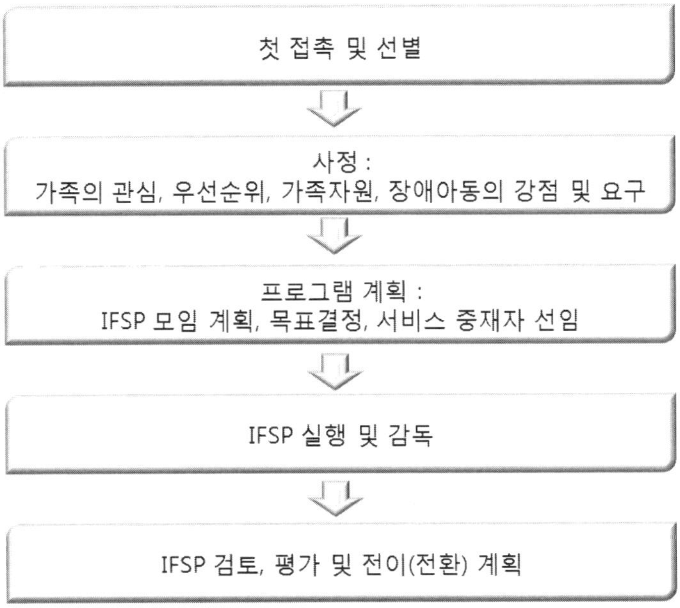

* 출처 : Implementing Individualized Family Service Plans in California : Final Report by E. Lynch, J. Mendoza, & K. English, 1990, Sacramento : CA.

그리고 다음 단계를 위해 가족과 전문가가 서로 준비하게 되는데 이러한 단계는 사정 작업 전에 주로 이루어지며, 단일 모임이나 혹은 몇 개월에 걸친 다수 모임이 될 수도 있다. 이 단계에서는 가족의 참여 수준과 역할 및 서비스를 위한 장애아동과 가족의 적격성 판정에 대한 평가가 실시되는데 적격성 여부를 위한 기준은 장애아동의 발달 영역에 따르며, 사정 계획은 인지, 신체, 언어, 심리-사회-정서, 및 적응 행동 등과 같은 발달영역에 있어서 아동의 상태를 결정하기 위해 전문가들과 가족이 함께 개발한다. 또한 각각의 단계별 과정에 가족이 얼마나 관여하기를 원하는지를 결정하게 된다.

2단계에는 가족의 관심, 우선순위와 자원 및 장애아동의 강점과 요구에 관한 사정 작업을 벌인다. 사정 계획 과정은 미래의 가족 전문가가 상호 협력 관계를 형성시키므로 이 단계에서 가족의 능동적 역할은 매우 중요하며 가족의 참여를 유도하도록 개발되어야 한다. 가족은 또한 장애아동의 발달적 요구들을 충족시키고 가족의 능력을 고양시키는 데 필요한 지원과 서비스를 찾는데 노력해야 한다.

또한 전문가와 함께 개별화가족지원계획 내에 포함될 주요 목표를 설정하고 정보를 함께 공유해야 한다.

3단계에는 프로그램을 개발한다. 몇 가지 사안들이 프로그램을 개발하기 위한 모임 시 이루어지는데 먼저, 사정 시 발견된 사항들이 논의되어지고 모임은 최초 개별화가족지원계획 문서 개발이 의뢰 된지 45일 내에 이루어지며, 가족이 편한 시간으로 정하도록 한 후에 기대되는 주요 목표가 결정되고, 공식적-비공식적 자원을 사용하는 서비스 계획이 개발된다. 끝으로 서비스 중재자가 선정된다. 중요한 것은 사정 작업에 참여한 장애아동의 부모나 가족, 서비스 중재자와 전문가들은 모든 개별화가족지원계획 모임과 검토 모임에 참석해야 한다는 것이다. 또한 서비스 중재자의 주요 임무는 장애아동의 서비스 중재를 위한 기술과 방법을 개발하도록 가족 구성원을 돕는 일이다.

4단계에서는 개별화가족지원계획 실행 및 감독이 이루어진다. 개별화가족지원계획 서비스 적격성 판정을 받은 장애아동과 가족은 개별화가족지원계획 모임을 가진 후 곧바로 서비스를 제공받는다. 서비스 중재자는 조기중재 서비스 전달의 적기를 조정하고 감독하게 되는데, 이 과정은 개별화가족지원계획 과정의 핵심이라 할 수 있고, 개별화가족지원계획 문서가 가족과 전문가의 합의된 목표를 충족시키기 위한 활동과 전략으로서 실제 시행되는 기간이다.

개별화가족지원계획 시행과 감독 과정에서는 장애아동에게 필요한 서비스가 제공되며, 장애아동과 가족의 요구와 관련된 정보가 제공되며, 가족의 요구에 기초한 정서적, 사회적 지원이 가족에게 제공되며, 가족-장애아동간의 상호작용을 촉진하기 위한 부모 훈련 및 그룹 활동과 개별화가족지원계획 과정에서의 의사결정권을 확대하며, 조기중재의 효용성 전략들이 비공식적으로 분석되며, 지역 내 자원과의 연계를 확립하고 유지하는 일련의 일들이 행해진다.

전문가는 서비스 제공에 있어서 현재 가능한 서비스들과 전달 방법들만을 제공하는 것이 아니라 개별화가족지원계획에 명시된 개별적 가족의 목표를 충족시키기 위해서 지역 사회로의 서비스 확대도 필요하다.

마지막 단계에서는 개별화가족지원계획 검토, 평가 및 전이(전환) 계획이 이루어진다. 개별화가족지원계획 검토는 6개월마다 이루어져야 하며, 1년을 주기로 평가가 이루어진다. 가족의 관심, 우선순위 및 의미 있는 중재가 목표 진술에 명시되고 평가된다. 몇 가지 긍정적인 변화에 대한 기대가 개별화가족지원계획 과정과 평가 중에 기대될 수 있다. 개별화가족지원계획 과정 평가는 서비스와 가족 모임 기록, 문서화된 중재 전략 분석, 계속적인 목표 등급, 개별화가족지원계획 과정에 대한 자신의 견해와 느낌을 결정하기 위한 비공식적 가족 질문지 등을 포함한다. 목표에 대한 평가는 중재 결과 나타난 장애아동과 가족의 변화를 나타내기 위해 수행된다. 전이계획의 시기는 장애 영 · 유아 부모나 가족에게 부가적인 스트레스를 주는 시기이다. 취학 전 프로그램을 위한 전이계획은 배치와 또 다른 전환 문제와 관련하여 부모 훈련의 논의가 요구되며, 장애아동과 가족으로 하여금 새로운 환경에 적응하기 위한 절차 등을 포함한다. 프로그램 평가는 자원의 효과적 활용, 전문가 만족도뿐만 아니라 가족의 만족도도 포함해야 한다. 가족은 서비스 중재자, 프로그램 활동, 팀 과정과 일반적인 프로그램에 대한 만족도 등도 평가해야 한다. 전문가들 또한 가족과 전문가의 프로그램 효과에 대한 가치 있는 정보에 대한 인식을 비교함으로서 프로그램 효과를 평가할 수 있다(이병인, 2004).

5) 개별화교육프로그램과 개별화가족지원계획의 비교

신생아와 영 · 유아 및 가족을 위한 계획은 개별화가족지원계획이라고 불리어지며, 유아들을 위한 계획은 개별화교육프로그램으로 불리어진다. 0-3세 아동을 위한 개별화된 가족중심의 서비스인 개별화가족지원계획에는 미국의 장애아동에 대한 가족 중심적인 접근 이념이 잘 나타나 있다.

이 두 가지 계획은 아동의 현행수준, 희망하는 결과(목적 및 목표), 제공될 서비스에 대한 설명, 목표성취가 결정될 수 있는 평가기준 등을 포함하고 있다는 점에서 유사하다.

개별화교육프로그램과 개별화가족지원계획의 가장 큰 차이점은 개별화교육프로그램이 장애아동의 개인의 욕구와 능력에 초점을 맞추고 있는 반면, 개별화가족지원계획은 장애아동 및 그 가족들의 강점과 욕구에 중점을 두고 있다는 점이다. 또 개별화가족지원계획에는 가족 목표와 서비스, 사례 대표, 코디네이터, 전이계획 등에 관련된 가족 요소들이 첨가되었다는 사실이다. 개별화교육프로그램의 경우 비록 법에 의해서 이러한 가족과 관련된 요소들이 요구되는 것은 아니지만, 실제적으로 현장 경험에 의해서 이러한 요소들은 유아와 그 가족들에게도 똑같이 중요하다는 사실이 주장되고 있다(Donald B. Bailey, Jr and Mark Wolery, 1992).

좀 더 자세히 개별화교육프로그램의 구성요소와 개별화가족지원계획의 구성요소와의 차이점을 살펴보면, 첫째, 서비스 중재자에 대한 조항이다. 개별화가족지원계획은 개별화가족지원계획의 시행과 타 전문가와의 협력에 책임을 지고 장애아동과 가족의 요구를 가장 잘 반영할 전문가를 선정하도록 요구하고 있다.

둘째, 장애아동의 발달 촉진과 관련된 가족의 강점과 요구에 대한 고려이다. 이러한 문제는 개별화 계획의 수혜자가 누구인가 하는 목표 대상과 관련이 있다(이미선, 김경진, 2000). 즉, 개별화교육프로그램이 개인별 장애아동 현재의 교육적 성취수준과 요구에 초점을 맞추고 있는데 비해, 개별화가족지원계획은 장애아동의 현재 발달 수준뿐 아니라 그 가족의 강점과 요구에 초점을 둔 교육적 문서이다.

셋째, 제공되어야 할 조기중재 서비스에 관한 명시이다. 개별화교육프로그램이 아동에게 제공될 특수 교육과 관련 서비스에 관한 내용과 일반 교육 프로그램에 어느 정도 참여할 것인가를 언급하고 있는 반면에, 개별화가족지원계획은 장애아동과 가족의 독특한 요구를 충족시키기 위해서 구체적으로 조기 중재 서비스를 '어느 정도, 어디에서, 어떠한 방법'으로 제공받아야 하는지 등을 구체적으로 명시하고 있다.

넷째, 전이계획이다. 개별화교육프로그램과는 달리 개별화가족지원계획은 조기중재에서 취학 전 프로그램으로의 전이계획을 시행하고 다른 기관 및 전문가와의 협력 및 책무성에 대한 명시가 나타나 있다.

다섯째, 개별화가족지원계획은 장애아동과 가족을 위해 성취되어야 할 '기대되는 주요 목표(expected major outcomes)'를 포함함으로써 개별화교육프로그램의 장애아동만을 위한 장, 단기 목표와는 차별성을 두고 있다.

개별화교육프로그램과 개별화가족지원계획에 대한 구성요소의 차이점에 관한 내용은 pp. 153-154의 표를 참조하도록 한다.

6) 개별화가족지원계획의 발전 방안

미국에서처럼 성공적인 개별화가족지원계획 개발과 시행은 장애 영·유아와 그 가족을 위한 질적인 서비스 제공의 필수적 요소이다. 그러나 우리나라의 특수교육진흥법에는 아동의 진단과 배치, 개별화교육프로그램 계획 시 부모에게 의견을 진술할 기회와 보호자 교육 계획의 수립과 실시를 규정하여 부모의 참여를 유도하고 있으나, 그 실효를 거두지 못한 실정이다.

결과적으로 유아특수교육의 초점이 아동-중심에서 가족-중심으로 확대됨으로써 가족의 개별적인 강점과 요구가 장애아동의 교육프로그램에 적극적으로 활용되고 반영되어야 하는데 현재 우리나라 대부분의 유아특수교육 기관은 가족-중심의 개별화가족지원계획을 거의 실시하지 않거나 실시 중이라도 그 실효가 없는 것으로 나타났다(이미선, 김경진, 2000).

이제 우리도 유아특수교육에서의 부모 및 가족의 참여에 대한 중요성을 인식하여 현재 부분적으로 이루어지고 있는 모(母) 교육 중심의 부모교육에서 벗어나 3세 미만의 장애 영·유아가 교육받고 있는 기관으로 하여금 개별화가족지원계획을 작성하여 시행하도록 적극 권장하고, 3세 이상의 장애유아인 경우에도 필요시 이를 작성하여 시행하도록 해야 한다.

이를 위해 교수 연수 시 개별화가족지원계획 관련 강좌를 반드시 개설해야 하고, 무엇보다도 우리나라 실정에 맞는 장애아동 가족의 효율적인 참여 및 이를 위한 지원 전략과 개별화가족지원계획 개발 및 한국형 실시 모형 등을 도출하고 이를 보급하기 위한 시범 프로그램의 운영이 우선되어야 한다.

3. 치료지원 서비스 프로그램

1990년도 이후의 통합(inclusion)의 의미를 살펴보면 장애아동이 장애가 아니었다면 입학하여야 할 지역사회 학교(community school)에서 교육을 받기 위해서는 언어치료사, 작업치료사, 물리치료사 등은 일반교사가 일반학급에서 장애아동을 잘 지도할 수 있게 지원하는 역할을 하게 된다. 그리고 언어 · 작업 · 물리치료 등의 지원서비스가 수업 도중 교실에서 나와(pull-out) 치료실에서 받는 것이 아니고 교실 안에서(pull-in) 받게 하여 장애아동이 잘 적응할 수 있도록 최대한으로 도와야 한다(장혜성, 김수진, 김지영, 2000).

치료사의 역할에도 변화가 생겨서 직접 서비스를 제공하는 역할에서 협력교사, 자문, 정보제공을 위한 연수자로서의 역할에 추가하게 되었다. 언어치료 내용도 더 이상 조음, 유창성, 음질 영역에 경한 문제를 가진 아동만이 대상이 아니고, 교실 안에서 의미 있는 학습을 위해 교실 수업상황에서 말하기, 듣고 이해하기, 쓰기, 읽기 등을 지도하는 내용을 포함해야 한다(박승희, 장혜성, 2002). 예를 들어 일반보육교사와 특수 교사가 주 서비스 담당자로 결정이 되면 언어치료사는 담화시간에 장애아동에게 적절한 언어자극에 대한 내용을 두 담당자에게 자문을 하며 작업치료사는 미술시간에 장애아동에 대한 손작업, 음악치료사는 음악시간의 활동에 대해서 자문을 할 수 있으며 각 지원전문인이 적절한 시간에 직접 교실에 들어가서 함께 수업을 진행할 수 있다. 이 방법은 팀 멤버가 각 영역에 대한 정보를 서로 충분히 배우고 나누어서 결정하는 매우 성숙한 팀 형식이다(장혜성, 2002).

현재 우리나라의 치료교육의 경우를 살펴볼 때, 주로 실시되고 있는 방법은 통합보육시설에서는 수업시간 내에 함께 활동하는 것과 별도의 치료실에서 개별지도를 시행하는 두 방법을 주로 사용하고 있는 것으로 나타났다.

치료지원서비스 담당자가 유념하여야 할 것은 보육시설에서의 치료지원서비스는 병원이나 특수교육 전문기관에서 이루어지는 것과는 달리 모든 서비스의 공동의 목표는 장애아동의 통합보육이 효과적으로 이루어질 수 있도록 최대한 지원하는 것이라 할 수 있다. 그러므로 일반 교실에서 장애아동을 빼내어서 개별 지도실에서 개별적으로 지도하는 것보다는 치료지원서비스 담당자가 일반교실에 들어가서 자연적인 상황에서 적절하게 지도하는 것이 필요하다.

통합보육시설, 전담보육시설 모두 언어치료 서비스를 가장 많이 받고 있고 앞으로 필요한 서비스에 언어치료사가 많은 비중을 차지하고 있다. 현재 언어치료사를 배출하는 언어병리학과가 석사과정으로 개설된 대학이 많이 있으나 석사학위 출신의 치료사가 보육시설의 열악한 조건에서 일하기를 꺼리고 있는 실정이어서 통합시설에는 언어치료사가 많이 부족한 상황이다. 그러므로 현재 치료사에게 주는 월 10만원의 수당으로는 언어치료사가 실제로 보육시설에서 일하기에는 현실성이 없으므로 보육시설에 근무하는 치료사를 위한 근무조건의 개선이 시급하다.

현재 물리치료, 작업치료, 언어치료 등은 주로 병원, 특수전문기관에서 이루어지는 치료방법에 익숙하여져서 보육시설 안에서의 치료지원서비스와는 거리가 있는 경우가 많다. 그러므로 대학 안에서 전공과목을 이수 할 때 보육시설 안에서의 치료지원서비스로써 요구가 증가되고 있는 현 추세에 적절하게 대처하기 위하여 보육시설 안에서의 치료지원서비스에 대한 내용들이 다루어져야 한다. 물리치료학회, 작업치료학회, 언어치료학회 등과 협력하여서 보육시설 안에서의 적절한 지원서비스 제공을 위한 보수 교육들이 이루어지도록 하여야 한다.

부모들이 추가로 서비스 받고 싶은 치료지원교육은 음악치료, 미술치료, 놀이치료가 비슷하게 필요하다고 반응하였다. 그러나 이러한 치료교육을 실행 할 때에는 각 장애아동에게 맞는 필요한 치료지원서비스가 실행되어야 한다.

보육시설에 전일제 치료사가 필요하지 않은 경우에는 다음과 같은 사항들을 제안할 수 있다.

첫째, 순회 치료사 제도를 두어서 가까운 지역의 보육시설을 순회하면서 치료할 수 있는 제도가 마련되어야 한다.

둘째, 보육시설과 가까운 곳에 장애인 복지관이 있는 경우에는 치료실과 연계하여서 치료사가 보육시설에 와서 지역사회 서비스로서 치료를 하는 제도도 마련되어야 한다.

셋째, 정부의 치료지원서비스에 대한 이해와 전폭적인 지원이 마련되어야 한다.

통합보육의 전망과 발전 방향

제 6 장

1. 통합보육 프로그램의 흐름
2. 통합보육의 문제
3. 21세기 장애아 통합보육의 과제

장애아 통합보육은 장애아동과 비장애아동이 다른 점 보다는 유사한 점이 더 많으며 모든 아동들은 학습 환경을 공유함으로써 이익을 얻을 수 있다는 신념에 근거한 것이다. 그러므로 통합보육 프로그램은 모든 아동의 다양한 능력과 요구를 수용할 수 있어야 하며, 이러한 특성 때문에 표준화된 모델이나 보육 프로그램만으로는 소기의 성과를 거두기 어렵다. 우리나라보다 통합보육을 먼저 시작한 미국의 경우에도 통합보육 대상자와 교육기관의 특성에 따라 다양한 보육 프로그램을 구안하여 적용할 것을 권장하고 있다. 이러한 맥락에서 통합보육에 대한 접근방법과 통합을 촉진시키는 교수전략이 필요하며, 이를 토대로 다양한 모형과 보육 프로그램을 마련할 수 있어야 한다.

구체적으로 물리적, 사회적, 교육적 환경을 공유할 수 있는 방안과 부적응 행동의 지도 및 부모와 가족의 역할에 대해서 제언하면 다음과 같다.

첫째, 물리적 환경을 공유하기 위해서는 가능한 많은 활동을 함께 행하며 동일한 활동을 하도록 환경을 구성해야 하고, 장애아동들이 활동영역을 바꿀 때 원만하게 이동할 수 있도록 해야 한다.

둘째, 사회적 환경을 공유하도록 하기 위해서는 장애아동이 비장애아동과 적절한 사회적 관계를 형성하도록 환경을 구성하고, 정규적인 일과와 활동에 참여하여 상호작용함으로써 우호적인 관계를 형성하도록 다양한 보육프로그램을 준비해야 한다.

셋째, 교육적 환경을 공유하기 위해서는 모든 아동에게 유사한 활동을 하도록 하며, 촉진적이고 자연스러운 배치를 하며, 협동적인 목표를 가진 활동을 하도록 하고, 일과활동에 전체적으로 참여하기 어려운 경우 부분적으로 참여하도록 하며, 활동과 놀이에 근거한 교수전략을 마련하는 것이 필요하다.

넷째, 통합보육이 성공적으로 이루어지기 위해서는 통합된 장애아동의 부적응 행동을 지도할 수 있는 방안이 마련되어야 하며, 부모와 가족의 참여를 통해 상호 이해와 협조를 이끌어 낼 수 있는 구체적인 내용이 준비되어야 한다.

1. 통합보육 프로그램의 흐름

최근 장애아 통합보육 프로그램의 흐름은 다음과 같다.

첫째, 가족을 장애아동을 교육하기 위해 협력하는 동등한 파트너로서 개별화교육프로그램(IEP)을 위한 교육계획, 실행, 평가까지 참석하도록 한다.

둘째, 가정, 학교의 일상생활 안에서 기능적 기술(functional skills)을 지도하는 것이다. 기능적 기술이란 가정, 학교, 지역사회에서 독립적으로 생산적으로 수행할 수 있는 능력으로, 주로 신변처리 기술을 말한다. 이 신변처리 기술은 장애아동이 독립적으로 생활하기 위해 매우 중요한 기술이며, 인위적인 환경이 아니라 시설 · 가정에서 일상생활을 통해 반복되며 자연스럽게 지도하여야 한다. 따라서 교사와 부모가 장애아동의 조기교육 기관에서부터 자연환경 안에서 장애아동에게 필요한 기능적 기술에 대한 계획을 세워서 지도해 나가도록 한다.

셋째, 장애가 아니었더라면 지역사회에 참석할 수 있는 활동을 통해 성인이 되었을 때 한 성인으로서 지역사회에 참석하며 살 수 있는 지역사회 적응 기술(community-based skills)을 어려서부터 경험을 통해서 지도하는 것이다.

넷째, 장애아동을 위해서는 교육과정에서 놀이 활동이 매우 중요하다. 특히 장애아동의 사회성 발달을 위해서는 상호작용을 용이하게 할 수 있는 환경을 준비해야 하며, 또래아동과 상호작용을 할 수 있도록 어른(부모, 교사)의 중재역할이 매우 강조되고 있다(장혜성, 2000).

2. 통합보육의 문제

현재 우리나라에서 통합보육이 필요하다는 인식은 하고 있으나 제대로 실시되지 않는 까닭을 몇 가지 원인을 들어 설명하고자 한다.

첫째, 통합보육을 대폭 확대 실시하는 문제, 둘째, 장애유형별 장애정도에 따른 장애아동의 비율 조정 문제, 셋째, 통합교사 인센티브제 필요, 넷째, 통합보육시설에 통합보육용 고가의 교재 · 교구 및 장비 구입비 지원 문제, 다섯째, 통합보육 프로그램 개발 및 보급 문제, 여섯째, 통합보육교사 양성과정의 정착 문제, 일곱째, 특수교사 및 전문가 확보 문제, 여덟째, 가족과의 연계 문제, 아홉째, 통합보육에 대한 전반적인 인식 개선과 실천 등과 같은 다양한 문제들로 인해 통합보육의 확산이 더디게 되는 것이다. 그렇다면 이러한 원인과 문제들을 어떻게 개선하고 올바른 통합보육이 정착되기 위해서는 어떠한 것들이 실천되어야 하는가를 알아보고자 한다.

3. 21세기 장애아 통합보육의 과제

우리나라에서 장애아 통합보육이 전문적으로 논의되기 시작한지는 10년이 채 못 된다. 초등학교에 특수학급을 두어 부분 통합교육을 시행한지는 30년이 넘지만, 엄밀한 의미의 통합교육과는 거리가 있었다. 1994년 특수교육진흥법(현 장애인에 대한 특수교육법)이 개정되면서 장애아의 통합교육에 대한 생각이 일부 제도화되었지만, 우리에게서 장애아동에 대한 공식적 관심과 국가의 제도적, 행정적 지원은 너무나도 빈약했다. 따라서 장애아 통합보육을 위해 우리가 해결해야 할 과제는 그만큼 상대적으로 많고 크다. 현 21세기를 희망의 시대로 상정하고 장애아동을 위한 교육적 과제와 전망을 논의하는 것은 필연적인 일이라 할 수 있다.

장애아 통합보육은 두 가지 기본적 가정에서 출발하게 된다. 하나는 조기에 개입한다는 것이고, 둘째는 통합이라는 것이다. 첫 번째, 장애 또는 장애위험에 대한 조기중재는 아동의 발달가능성을 뒤늦게 개입보다 높여주기 때문에 효율성이 높다. 또한 조기중재는 제2, 제3의 추가 장애를 예방해 주기 때문에 중요한 의의를 지닌다. 조기중재는 이상의 이득과 함께 장애아 가족의 정신적, 물질적 지원을 위해서도 중요한 의의를 갖는다. 장애아동을 둔 부모는 말할 것도 없고, 그 형제나 관련 친족들의 심리적 부담과 손상을 감소시켜 줄 뿐 아니라 가족으로 하여금 장애아동을 돕는 효과적인 방법을 전달해 줄 수 있다. 또한 조기중재는 기관과 가정이 함께 협력 체제를 구축함으로써 기관중심 프로그램과 가정중심 프로그램의 개별적 약점을 상호 보완하는 입장에서 이루어지는 것이 보다 효과적이기 때문에 앞으로 장애아 보육은 이러한 기본 구조를 갖추어야 할 것이다.

두 번째, 장애아 보육에서 또 하나의 중요한 가정은 통합이다. 경도의 장애는 물론 중등도 이상의 장애아동도 완전통합(full inclusion)의 실현을 목표로 하는 것이 오늘날 유아특수교육의 일반적 추세이다. 완전통합은 하나의 추세일 뿐 아니라 21세기 장애아 보육의 대명제이며, 이를 위한 제반 준비를 착실하게 해야 한다는 것 이상의 과제는 없다.

그러기 위해서는 먼저, 신념의 변화이다. 장애와 비장애는 본질의 문제가 아니며 그것은 정도의 차이이거나 아니면 관점의 차이이다. 본질적 차이는 오직 차별적 대우를 받았느냐 아니냐에 있다. 통합보육은 바로 이러한 신념을 교육에서 실현하는 것이다. 통합보육이 교육 개혁적 의미를 지니게 되는 이유도 바로 교육에 대한 우리의 신념체계를 이렇게 바꾸어야 하기 때문이다.

또한 장애아 통합보육을 위해서는 우선적으로 이를 담당하는 교사, 행정가, 연구자들이 현실적인 이득을 얻을 수 있도록 집중적인 투자와 제도적 변화가 이루어져야 한다. 또한 장애아동에 관련된 지식과 기술 그리고 통합보육 관련 지식과 기술이 보육교사들에게 보편적인 지식과 기술이 되도록 교사양성 교육에서 이들 교과를 필수 교과목으로 이수케 하고 장애통합 교육관련 심화과정을 두어야 한다는 점이다. 이러한 일련의 조치로서 교육현장의 변화와 관련연구의 대폭적인 증가는 결국 장애아동과 통합보육에 대한 우리의 태도와 신념을 변화시켜 줄 것이다.

1) 통합보육 관련 인사들에 대한 전술적 요소

통합보육과 직접 관련된 인사들을 몇 가지 범주로 나누어 보면 다음과 같다.

즉, 교육전문가 집단, 교육정책입안자 집단, 일선 교육담당자 집단, 학부모집단, 장애아집단, 비장애아집단 등이다. 이들 대상 집단별로 전술적 요소들이 마련되지 않으면 통합보육을 성공적으로 성사시킬 수 없다.

이들 여러 집단 중에서 통합보육 발전에 주체적 역할을 담당할 집단은 어느 것인가를 정하는 것이 우선적으로 중요하다. 장애아동과 비장애아동 등 아동들이 주도적 역할을 담당할 수는 없을 것이며, 또한 학부모집단이 주도적 역할을 하기에는 우리나라의 경우 아직 시기상조다. 일선교사들이 주도적으로 통합보육 운동을 일으킬 수 있는 가능성은 충분히 있으나, 일선교사들의 힘을 결집시키려면 좀 더 응집력이 강한 전문가가 동참해야 할 것이다.

교육정책입안자들은 아주 중요한 열쇠를 쥐고 있지만, 우리나라에서 관료나 정치인들이 이러한 과업을 솔선해서 주도할 것을 기대하기는 쉽지 않다. 결국 소수이나 응집력이 강한 집단은 교육전문가들인데, 전문가집단은 특별히 집단이기주의에 빠져 분열되지 않는다면 선도적 역할을 가장 잘 수행할 수 있는 집단이다. 왜냐면 이들에게는 이론이라는 무기가 있기 때문이다. 다만 이들의 선도적 역할에 일선 교육담당자들이 적극 동참해야함을 재론의 여지가 없다. 이러한 연유로 인해 교육전문가 집단이 주도적 역할을 할 것을 전제로 하고, 전술적 요소를 토의하면 다음과 같다.

첫째, 교육전문가 집단에서 장애아 통합보육에 대한 심정적 합의가 이루어져야 한다. 이른바 유아교육전문가와 특수교육전문가 뿐 아니라 아동과 관련된 발달이나 상담, 복지 등을 연구하고 실천하는 전문가들이 통합보육에 합의해야만 힘이 결집될 수 있다. 그러기 위해서는 학문적 토론과 실제적 문제에 대한 격의 없는 의견교환의 자리가 꾸준히 마련되어야 할 것이다.

둘째, 교육전문가 집단은 일선교사들을 이론적으로 또 신념차원에서 설득시키는 노력을 해야 한다. 결국 통합교육보육을 실천하는 최후의 주체는 일선교사들이기 때문에 전문가들은 교사들과 하나가 될 수 있는 길을 마련해야 한다. 아마도 근래 꾸준히 이루어지는 통합보육 관련 학술 모임들은 모두 전문가 집단과 일선교사들이 하나가 되는 초석의 역할을 할 것으로 믿는다.

셋째, 전문가 집단은 통합보육을 위한 사회적 분위기를 조성하기 위해 그 당위성과 효과성을 널리 홍보해야 한다. 이미 동지가 된 일선교사들로부터 수집된 실증적 증거들을 이론이라는 무기로 포장하여 제시하고, 이를 국가적 이해관계와 시대사적 당위성으로 승화시켜야 한다. 이러한 사회적 분위기의 조성은 정치가와 관료 등 정책입안자들을 감동시켜 그들의 출세와 입지수단에 자연스럽게 동화시켜 줌으로써 통합보육의 제도적 구축과 국가예산의 할당을 진작시키자는 것이다.

넷째, 전문가 집단은 통합을 위한 제반 관련 연구에 몰두해야 한다.

2) 통합보육을 위한 교육적 준비 틀

통합보육 특히 완전통합보육을 위한 교육적 준비는 오늘날 우리 교육의 기본구조의 개혁에서부터 출발해야 한다. 몇 가지 준비과제를 살펴보면 다음과 같다.

첫째, 장애아 교육의 목표를 개별 장애아동의 발달적 욕구와 개성을 존중하고, 경쟁이 아닌 협력체제 속에서 삶의 질을 향상시키는 차원에서 설정해야 한다.

둘째, 통합보육시설을 확충해야 한다. 장애아 보육시설은 수요에 비해 공급이 매우 부족한 현실이므로 장애아 통합보육을 담당할 시설의 확충과 전문적인 서비스를 제공할 수 있는 전문 인력의 확보는 장애아 통합보육발전을 위해 해결해야 할 우선적인 과제이다. 이를 위해 현재 운영되고 있는 민간 통합보육의 활성화를 도모해야 할 것이다. 장애아 통합보육의 활성화를 위해 국고지원을 받는 보육시설의 경우에는 의무적으로 정원의 5%-10%이상을 장애아동으로 충원하도록 하고 민간시설에 대해서도 5% 이상 보육하고 있는 경우 예산지원을 통해 장애아 통합보육으로 인해 시설운영이 마이너스 요인으로 작용하지 않도록 해야 할 것이다(변용찬, 임유경, 2000).

셋째, 교사 교육체제를 개선해야 한다. 통합보육을 완성하려면 보육교사의 교육수준을 높여야 한다. 통합교사와 함께 협동 체제를 이룬다고 하더라도 일반 보육교사의 교육적 준비도는 현재로서는 너무 미흡하다. 현직 교사들에게는 순차적으로 보수교육이 시행되어야 하며, 통합교사는 보육을 전공한 이후 대학원 수준의 상급과정에서 장애아동과 특수교육에 관한 지식과 기술을 학습할 수 있도록 제도적 보완이 있어야 한다. 그리고 이들에게는 통합교사 자격증을 하나 더 수여하는 등 지위상의 혜택을 주어야 할 것이다.

넷째, 어린이집이나 유치원 등 보육시설(유아교육기관)을 공교육체제로 전환해야 한다. 공교육체제로 완전하게 자리를 잡지 못하면 국가의 여러 가지 지원이나 사회 심리적 지위 혜택을 공식화하기 어렵기 때문이다.

다섯째, 장학사, 장학관, 원장 등 보육행정 책임자들에 대한 보수교육이 실시되어야 한다. 교육행정체제도 통합보육으로 일원화시켜야 하기 때문이다.

3) 장애통합보육을 위한 정책적 지원

우리나라는 아직도 많은 장애아동들이 적절한 보육서비스를 받지 못하고 방치되어 있는 실정이다. 여기에는 여러 요인들이 있겠지만, 조기특수교육, 장애아통합보육을 받을 수 있는 기관이 양적 · 질적으로 한정되어 있고, 부모는 많은 보육비와 치료비를 지불해야 하며, 또래아동과 함께 통합보육을 받을 수 있는 시설이 확보되어 있지 않기 때문이다. 따라서 장애아통합보육 시설의 확충과 장애아동을 보육하는 시설에 대한 특별지원 및 가정의 경제적 부담지원을 실시하는데 주저하지 않도록 국가의 정책적 지원이 시급하다 하겠다.

부 록

1. 장애통합 관련 법과 정책
2. 장애통합 관련 양식
3. 장애통합보육시설 목록

1. 장애통합 관련 법과 정책

1) 장애통합 관련 법

(1) 장애인 등에 대한 특수교육법

제1장 총칙

제2조(정의) 이 법에서 사용하는 용어의 정의는 다음과 같다.

1. "특수교육"이란 특수교육대상자의 교육적 요구를 충족시키기 위하여 특성에 적합한 교육과정 및 제2호에 따른 특수교육 관련서비스 제공을 통하여 이루어지는 교육을 말한다.
2. "특수교육 관련서비스"란 특수교육대상자의 교육을 효율적으로 실시하기 위하여 필요한 인적·물적 자원을 제공하는 서비스로서 상담지원·가족지원·치료지원·보조인력지원·보조공학기기지원·학습보조기기지원·통학지원 및 정보접근지원 등을 말한다.
3. "특수교육대상자"란 제15조에 따라 특수교육을 필요로 하는 사람으로 선정된 사람을 말한다.
4. "특수교육교원"이란 「초·중등교육법」 제2조제5호에 따른 특수학교 교원자격증을 가진 자로서 특수교육대상자의 교육을 담당하는 교원을 말한다.
5. "보호자"란 친권자·후견인, 그 밖의 사람으로서 특수교육대상자를 사실상 보호하는 사람을 말한다.
6. "통합교육"이란 특수교육대상자가 일반학교에서 장애유형·장애정도에 따라 차별을 받지 아니하고 또래와 함께 개개인의 교육적 요구에 적합한 교육을 받는 것을 말한다.
7. "개별화교육"이란 각급학교의 장이 특수교육대상자 개인의 능력을 계발하

기 위하여 장애유형 및 장애특성에 적합한 교육목표 · 교육방법 · 교육내용 · 특수교육 관련서비스 등이 포함된 계획을 수립하여 실시하는 교육을 말한다.

8. "순회교육"이란 특수교육교원 및 특수교육 관련서비스 담당 인력이 각급학교나 의료기관, 가정 또는 복지시설(장애인복지시설, 아동복지시설 등을 말한다. 이하 같다) 등에 있는 특수교육대상자를 직접 방문하여 실시하는 교육을 말한다.
9. "진로 및 직업교육"이란 특수교육대상자의 학교에서 사회 등으로의 원활한 이동을 위하여 관련 기관의 협력을 통하여 직업재활훈련 · 자립생활훈련 등을 실시하는 것을 말한다.
10. "특수교육기관"이란 특수교육대상자에게 유치원 · 초등학교 · 중학교 또는 고등학교(전공과를 포함한다. 이하 같다)의 과정을 교육하는 특수학교 및 특수학급을 말한다.
11. "특수학급"이란 특수교육대상자의 통합교육을 실시하기 위하여 일반학교에 설치된 학급을 말한다.
12. "각급학교"란 「유아교육법」 제2조제2호에 따른 유치원 및 「초 · 중등교육법」 제2조에 따른 학교를 말한다.

제4장 영유아 및 초 · 중등교육

제18조(장애영아의 교육지원) ① 만 3세 미만의 장애영아의 보호자는 조기교육이 필요한 경우 교육장에게 교육을 요구할 수 있다.

② 제1항에 따른 요구를 받은 교육장은 특수교육지원센터의 진단 · 평가결과를 기초로 만 3세 미만의 장애영아를 특수학교의 유치원과정, 영아학급 또는 특수교육지원센터에 배치할 수 있다.

③ 제2항에 따라 배치된 장애영아가 의료기관, 복지시설 또는 가정 등에 있을 경우에는 특수교육교원 및 특수교육 관련서비스 담당 인력 등으로 하여금

순회교육을 제공하도록 할 수 있다.

④ 국가 및 지방자치단체는 장애영아를 위한 교육여건을 개선하고 설비를 정비하기 위하여 노력하여야 한다.

⑤ 그 밖에 장애영아의 교육지원에 필요한 사항은 대통령령으로 정한다.

제21조(통합교육) ① 각급학교의 장은 교육에 관한 각종 시책을 시행함에 있어서 통합교육의 이념을 실현하기 위하여 노력하여야 한다.

② 제17조에 따라 특수교육대상자를 배치받은 일반학교의 장은 교육과정의 조정, 보조인력의 지원, 학습보조기기의 지원, 교원연수 등을 포함한 통합교육계획을 수립 · 시행하여야 한다.

③ 일반학교의 장은 제2항에 따라 통합교육을 실시하는 경우에는 제27조의 기준에 따라 특수학급을 설치 · 운영하고, 대통령령으로 정하는 시설 · 설비 및 교재 · 교구를 갖추어야 한다.

제22조(개별화교육) ① 각급학교의 장은 특수교육대상자의 교육적 요구에 적합한 교육을 제공하기 위하여 보호자, 특수교육교원, 일반교육교원, 진로 및 직업교육 담당 교원, 특수교육 관련서비스 담당 인력 등으로 개별화교육지원팀을 구성한다.

② 개별화교육지원팀은 매 학기 마다 특수교육대상자에 대한 개별화교육계획을 작성하여야 한다.

③ 특수교육대상자가 다른 학교로 전학할 경우 또는 상급학교로 진학할 경우에는 전출학교는 전입학교에 개별화교육계획을 14일 이내에 송부하여야 한다.

④ 특수교육교원은 제1항부터 제3항까지의 규정에 따른 업무를 수행하기 위하여 각 업무를 지원하고 조정한다.

⑤ 제1항에 따른 개별화교육지원팀의 구성, 제2항에 따른 개별화교육계획의 수립 · 실시 등에 관하여 필요한 사항은 교육과학기술부령으로 정한다. 〈개정 2008.2.29〉

제25조(순회교육 등) ① 교육장 또는 교육감은 일반학교에서 통합교육을 받고 있는 특수교육대상자를 지원하기 위하여 일반학교 및 특수교육지원센터에 특수

교육교원 및 특수교육 관련서비스 담당 인력을 배치하여 순회교육을 실시하여야 한다.

② 교육감은 장애정도가 심하여 장·단기의 결석이 불가피한 특수교육대상자의 교육을 위하여 필요한 경우 순회교육을 실시하여야 한다.

③ 교육감은 이동이나 운동기능의 심한 장애로 인하여 각급학교에서 교육을 받기 곤란하거나 불가능하여 복지시설·의료기관 또는 가정 등에 거주하는 특수교육대상자의 교육을 위하여 필요한 경우 순회교육을 실시하여야 한다.

④ 제1항부터 제3항까지의 규정에 따른 순회교육의 수업일수 등 순회교육의 운영에 필요한 사항은 대통령령으로 정한다.

제27조(특수학교의 학급 및 각급학교의 특수학급 설치 기준) ①특수학교와 각급학교의 장은 다음 각 호의 기준에 따라 학급 및 특수학급을 설치하여야 한다.

1. 유치원 과정의 경우 : 특수교육대상자가 1인 이상 4인 이하인 경우 1학급을 설치하고, 4인을 초과하는 경우 2개 이상의 학급을 설치한다.

제28조(특수교육 관련서비스) ① 교육감은 특수교육대상자와 그 가족에 대하여 가족상담 등 가족지원을 제공하여야 한다.

② 교육감은 특수교육대상자가 필요로 하는 경우에는 물리치료, 작업치료 등 치료지원을 제공하여야 한다.

③ 각급학교의 장은 특수교육대상자를 위하여 보조인력을 제공하여야 한다.

④ 각급학교의 장은 특수교육대상자의 교육을 위하여 필요한 장애인용 각종 교구, 각종 학습보조기, 보조공학기기 등의 설비를 제공하여야 한다.

⑤ 각급학교의 장은 특수교육대상자의 취학 편의를 위하여 통학차량 지원, 통학비 지원, 통학 보조인력의 지원 등 통학 지원 대책을 마련하여야 한다.

⑥ 각급학교의 장은 특수교육대상자의 생활지도 및 보호를 위하여 기숙사를 설치·운영할 수 있다. 기숙사를 설치·운영하는 특수학교에는 특수교육대상자의 생활지도 및 보호를 위하여 교육과학기술부령으로 정하는 자격이 있는 생활지도원을 두어야 한다. 생활지도원의 배치 기준은 국립학교의 경우 교육과학기술부령으로, 공립 및 사립학교의 경우에는 시·도 교육규칙으로

각각 정한다.〈개정 2008.2.29〉

⑦ 각급학교의 장은 각급학교에서 제공하는 각종 정보(교육기관에서 운영하는 인터넷 홈페이지를 포함한다)를 특수교육대상자에게 제공하는 경우 특수교육대상자의 장애유형에 적합한 방식으로 제공하여야 한다.

⑧ 제1항부터 제7항까지의 규정에 따른 특수교육 관련서비스의 제공을 위하여 필요한 사항은 대통령령으로 정한다.

(2) 장애인 등에 대한 특수교육법 시행령

[시행 2010.1.1] [대통령령 제21962호, 2009.12.31, 타법개정]

제20조(순회교육의 운영 등) ① 교육장이나 교육감은 법 제25조제1항에 따른 순회교육을 하기 위하여 순회교육을 받는 특수교육대상자의 능력, 장애 정도 등을 고려하여 순회교육계획을 작성 · 운영하여야 한다.

② 순회교육의 수업일수는 매 학년도 150일을 기준으로 하여 각급학교의 장이 정하되, 순회교육을 받는 특수교육대상자의 상태와 교육과정의 운영상 필요한 경우에는 지도 · 감독기관의 승인을 받아 30일의 범위에서 줄일 수 있다.

③ 교육장이나 교육감은 순회교육대상자를 위하여 의료기관 및 복지시설 등에 학급을 설치 · 운영할 수 있다.

<u>특수교육대상자 선정 기준</u>(제10조 관련)

1. 시각장애를 지닌 특수교육대상자

시각계의 손상이 심하여 시각기능을 전혀 이용하지 못하거나 보조공학기기의 지원을 받아야 시각적 과제를 수행할 수 있는 사람으로서 시각에 의한 학습이 곤란하여 특정의 광학기구 · 학습매체 등을 통하여 학습하거나 촉각 또는 청각을 학습의 주요 수단으로 사용하는 사람

2. 청각장애를 지닌 특수교육대상자

청력 손실이 심하여 보청기를 착용해도 청각을 통한 의사소통이 불가능 또는 곤란한 상태이거나, 청력이 남아 있어도 보청기를 착용해야 청각을 통한 의사소통이 가능하여 청각에 의한 교육적 성취가 어려운 사람

3. 정신지체를 지닌 특수교육대상자
지적 기능과 적응행동상의 어려움이 함께 존재하여 교육적 성취에 어려움이 있는 사람

4. 지체장애를 지닌 특수교육대상자
기능 · 형태상 장애를 가지고 있거나 몸통을 지탱하거나 팔다리의 움직임 등에 어려움을 겪는 신체적 조건이나 상태로 인해 교육적 성취에 어려움이 있는 사람

5. 정서 · 행동장애를 지닌 특수교육대상자
장기간에 걸쳐 다음 각 목의 어느 하나에 해당하여, 특별한 교육적 조치가 필요한 사람
가. 지적 · 감각적 · 건강상의 이유로 설명할 수 없는 학습상의 어려움을 지닌 사람
나. 또래나 교사와의 대인관계에 어려움이 있어 학습에 어려움을 겪는 사람
다. 일반적인 상황에서 부적절한 행동이나 감정을 나타내어 학습에 어려움이 있는 사람
라. 전반적인 불행감이나 우울증을 나타내어 학습에 어려움이 있는 사람
마. 학교나 개인 문제에 관련된 신체적인 통증이나 공포를 나타내어 학습에 어려움이 있는 사람

6. 자폐성장애를 지닌 특수교육대상자
사회적 상호작용과 의사소통에 결함이 있고, 제한적이고 반복적인 관심과 활동을 보임으로써 교육적 성취 및 일상생활 적응에 도움이 필요한 사람

7. 의사소통장애를 지닌 특수교육대상자
다음 각 목의 어느 하나에 해당하여 특별한 교육적 조치가 필요한 사람
가. 언어의 수용 및 표현 능력이 인지능력에 비하여 현저하게 부족한 사람
나. 조음능력이 현저히 부족하여 의사소통이 어려운 사람
다. 말 유창성이 현저히 부족하여 의사소통이 어려운 사람
라. 기능적 음성장애가 있어 의사소통이 어려운 사람

8. 학습장애를 지닌 특수교육대상자
개인의 내적 요인으로 인하여 듣기, 말하기, 주의집중, 지각(知覺), 기억, 문제 해결 등의 학습기능이나 읽기, 쓰기, 수학 등 학업 성취 영역에서 현저하게 어려움이 있는 사람

9. 건강장애를 지닌 특수교육대상자
만성질환으로 인하여 3개월 이상의 장기입원 또는 통원치료 등 계속적인 의료적 지원이 필요하여 학교생활 및 학업 수행에 어려움이 있는 사람

10. 발달지체를 보이는 특수교육대상자
신체, 인지, 의사소통, 사회 · 정서, 적응행동 중 하나 이상의 발달이 또래에 비하여 현저하게 지체되어 특별한 교육적 조치가 필요한 영아 및 9세 미만의 아동

(3) 장애인 등에 대한 특수교육법 시행규칙

[시행 2008. 6.12] [교육과학기술부령 제00005호, 2008. 6.12, 제정]

제2조(장애의 조기발견 등) ① 교육장 또는 교육감은 「장애인 등에 대한 특수교육법」(이하 "법"이라 한다) 제14조제1항 또는 제3항에 따른 선별검사나 진단 · 평가를 실시하는 경우에는 별표에 따른 검사를 각각 실시하여야 한다.

② 보호자 또는 각급학교의 장은 법 제15조제1항 각 호에 해당하는 장애를 가지고 있거나 장애를 가지고 있다고 의심되는 영유아 및 학생을 발견하여 진단 · 평가를 의뢰하고자 하는 경우에는 별지 제1호 서식에 따른 진단 · 평가의뢰서를 작성하여 교육장 또는 교육감에게 제출하여야 한다.

③ 교육감 또는 교육장은 「장애인 등에 대한 특수교육법 시행령」(이하 "영"이라 한다) 제9조제5항에 따라 진단 · 평가의 결과를 영유아 및 학생의 보호자에게 알릴 때에는 별지 제2호 서식에 따른다.

제4조(개별화교육지원팀의 구성 등) ① 각급학교의 장은 법 제22조제1항에 따라 매 학년의 시작일부터 2주 이내에 각각의 특수교육대상자에 대한 개별화교육지원팀을 구성하여야 한다.

② 개별화교육지원팀은 매 학기의 시작일부터 30일 이내에 개별화교육계획을 작성하여야 한다.

③ 개별화교육계획에는 특수교육대상자의 인적사항과 특별한 교육지원이 필요한 영역의 현재 학습수행수준, 교육목표, 교육내용, 교육방법, 평가계획 및 제공할 특수교육 관련서비스의 내용과 방법 등이 포함되어야 한다.

④ 각급학교의 장은 매 학기마다 개별화교육계획에 따른 각각의 특수교육대상자의 학업성취도 평가를 실시하고, 그 결과를 특수교육대상자 또는 그 보호자에게 통보하여야 한다.

제5조(보조인력의 역할 및 자격) ① 법 제28조제3항에 따라 학교에 배치되는 보조인력은 교사의 지시에 따라 교수학습 활동, 신변처리, 급식, 교내외 활동, 등하교 등 특수교육대상자의 교육 및 학교 활동에 대하여 보조 역할을 담당한다.

② 보조인력의 자격은 고등학교를 졸업한 자 또는 이와 같은 수준 이상의 학력이 있다고 인정된 자로 한다.

2) 장애통합 관련 정책

장애아 통합보육시설에 대한 설치기준을 살펴보면, 2010년 보육사업안내에서 장애아통합보육시설은 미취학 장애아동을 3명 이상 보육하는 시설로서 시장 · 군수 · 구청장이 지정한 시설로 교사 대 아동비율 준수(1 : 3)를 전제로 하고 있다. 또한 장애아동 20명 이상 보육하는 시설은 보육시설 설치 기준 이외에 「장애아, 노인, 임산부 등의 편의 증진보장에 관한 법률」이 정하는 시설 및 설비를 갖추어야 한다고 정하고 있으며, 장애유아 보육의 교사 대 아동 비율은 영유아보육법 시행규칙에서 1 : 3으로 규정하고 장애아 9인당 특수교사 자격을 가진 자 1명이 포함되도록 하고 있다.

(1) 장애아 통합보육시설 지원(보건복지가족부, 2010)

▶ 지정대상

정원의 20%이내에서 장애아 종일반을 편성운영하거나 장애아 종일반을 별도로 편성하지 않은 채 미취학장애아를 3명이상 통합보육하고 있는 보육시설(종일반 기준임).

※ 통합시설의 장애아동(미취학, 취학 장애아 포함)은 시설정원의 20%내여야 함.

▶ 전담교사 인건비 지원 대상

시 · 군 · 구청장이 장애아 통합시설로 지정한 시설의 장애아 종일반

▶ 전담교사 인건비 지원기준

○ 장애아 종일반을 편성 · 운영하거나 미취학장애아 3명 이상을 통합보육하는

경우 장애아보육 전담교사(통합교사) 1인당 인건비를 지원

- 정부지원시설 : 장애아전담교사 월 지급액의 80%를 지원

※ 정부지원시설의 장애아 방과후 보육교사 지원

- 정부지원시설로서 장애통합시설에서 장애아방과후 전담보육교사를 배치하고 방과후 장애아동의 교사 대 아동비율 1 : 3을 준수한 경우 월지급액의 80%를 지원
- 단, 이 경우에도 장애아 종일반 지원이 3개월간 연속으로 중단되면 지정취소
- 민간지정시설 : 장애아전담교사 1인당 월 100만원을 지원

○ 장애아와 비장애아를 통합하여 보육하되 교사는 장애전담교사와 일반 보육교사가 각각 1인씩 배치되어야 함.

예) 장애아 3명 + 비장애아 20명

○ 장애아 통합을 위한 장애아전담교사 또는 특수교사를 별도로 채용하는 경우에만 인건비를 지원

- 일반 보육교사는 반드시 장애아보육 보수교육 과정을 이수한 자여야 하며, 부득이한 경우 6개월 이내에 보수교육과정 이수를 전제로 지원할 수 있음.

○ 특수교사 자격을 가진 통합교사 수당 월 10만원을 별도 지원

○ 보육 장애아동 감소 시 인건비 지급

- 최초 보육교사 인건비 지원은 미취학장애아 3명 이상을 보육하고 있을 경우에 지원을 시작하되 별도의 전담교사가 배치된 경우 미취학장애아 2명일 경우에도 지원할 수 있음.
- 통합보육 미취학장애아수가 1명으로 감소되는 경우에도 감소되는 달을 포함하여 2개월에 한하여 지원할 수 있음.

(2) 보육시설종사자의 배치기준(2005년 영유아보육법)

[1] 보육시설에 두어야 하는 보육시설종사자와 그 수

가. 보육시설의 장 1인. 다만, 영유아 20인 이하를 보육하는 시설은 보육시설의 장이 보육교사를 겸임할 수 있다.

나. 보육교사

① 만 1세 미만의 영아 3인당 1인을 원칙으로 한다.

② 만 1세 이상 만 2세 미만의 영아 5인당 1인을 원칙으로 한다.

③ 만 2세 이상 만 3세 미만의 영아 7인당 1인을 원칙으로 한다.

④ 만 3세 이상 만 4세 미만의 유아 15인당 1인을 원칙으로 한다.

⑤ 만 4세 이상 미취학 유아 20인당 1인을 원칙으로 하며, 이 경우 유아 40인당 1인은 보육교사 1급 자격을 가진 자이어야 한다.

⑥ 취학아동 20인당 1인을 원칙으로 한다.

⑦ 장애아 보육은 장애아 3인당 1인을 원칙으로 하되, 장애아 9인당 1인은 특수교사 자격소지자로 한다.

다. 간호사

영유아 100인 이상을 보육하는 시설의 경우 간호사(간호조무사를 포함한다. 이하 같다)

1인을 두어야 한다.

라. 영양사

영유아 100인 이상을 보육하는 시설의 경우 영양사 1인을 두는 것을 원칙으로 하되, 보육시설 단독으로 영양사를 두는 것이 곤란한 때에는 동일 시 · 군 · 구의 5개 이내 보육시설이 공동으로 영양사를 둘 수 있다.

마. 취사부

영유아 40인 이상을 보육하는 시설의 경우 취사부 1인을 두며, 영유아 매 60인을 초과할 때마다 1인씩 증원한다.

바. 그 밖의 종사자

시설의 규모와 특성에 따라 의사(또는 촉탁의사), 사회복지사, 사무원, 관리인, 위생원, 운전기사, 치료사 등의 종사자를 둘 수 있다.

사. 보육시설의 장이 간호사 또는 영양사 자격이 있는 때에는 간호사 또는 영양사를 겸직하게 할 수 있다.

2 통합시설 설치기준(장애전담시설과 비교)

가. 장애아만을 20명 이상 보육하기 위한 장애아 전담보육시설을 설치하는 경우에는 「장애인 · 노인 · 임산부 등의 편의증진보장에 관한 법률」에서 정한 시설 및 설비 외에 다음의 설비를 갖추어야 한다.

① 장애아가 활동하기에 충분하도록 보육시설은 장애아 1인당 7.83제곱미터 이상, 보육실(교실, 거실, 포복실, 유희실, 치료교실, 집단활동실을 포함한다)은 장애아 1인당 6.6제곱미터 이상의 면적을 확보하여야 한다.

② 집단활동실(강당, 놀이실)은 문턱 없이 접근이 가능한 통로에 연결되어야 하고 휠체어 · 보행기 등의 출입에 장애가 없어야 한다.

③ 출입구는 비상 재해 시 대피하기 쉽도록 복도 또는 넓은 공간에 직접 연결되게 설계되어야 하며, 시각장애아를 위한 점자 블럭이나 유도장치를 갖추어야 한다.

④ 옥외 피난계단의 유효 폭은 0.9미터 이상이어야 한다.

⑤ 회전문과 자재문은 금하며 자동문 설치 시 문의 개폐시간은 3초 이상을 확보하여야 한다.

⑥ 휠체어에 앉은 영유아가 문의 손잡이를 잡을 수 있어야 한다.

⑦ 계단 외에 엘리베이터 또는 기울기 1/12 이하의 경사로를 설치하여야 한다.

나. 장애아 3명 이상을 보육하는 장애아통합시설은 다음과 같은 설비를 갖추도록 노력하여야 한다.

① 2층 이상의 시설에는 엘리베이터를 설치하거나 적어도 한 곳 이상에 기울기 1/12 이하의 경사로를 설치하여야 한다.

② 출입구는 비상재해시 대피하기 쉽도록 복도 또는 넓은 공간에 직접 연결되도록 하고, 시각장애아를 위한 점자블럭이나 유도장치를 설치하여야 한다.

③ 복도, 문, 화장실은 휠체어의 출입에 장애가 없어야 한다.

④ 옥외 피난계단의 유효폭은 0.9미터 이상이어야 한다.

3 장애아 통합보육시설 설치, 운영(서울시 보육사업지침)

가. 목 적

일반 어린이집에 장애아 통합보육을 위한 환경을 조성하여 장애유형, 장애정도 등 다양한 보육수용에 적합한 서비스 제공을 통한 장애아에 대한 통합보육을 활성화하고자 함

나. 운영 : 장애아동과 일반아동의 통합반 구성 운영

다. 설비기준

영유아보육법시행규칙 별표 1에 의한 시설 및 [장애인 · 노인 · 임산부 등의 편의증진보장에관한 법률]에서 정한 시설설비를 갖춘 시설과 특수교사가 확보된 시설을 지정한다.

라. 대상시설 및 정원

① 대상시설

- 국공립시설 및 법인시설 : 정원이 100명 이상인 시설을 우선지정
- 민간보육시설 : 희망하는 시설

② 정원 : 시설정원의 범위 내에서 3명이상 장애아 통합보육

마. 장애아 통합보육시설 지정

장애아통합보육시설로 지정 받고자 하는 시설장은 운영계획서 등 구비서류를 갖추어 관할 구청장에게 특수보육시설 지정신청서(여성부 보육사업안내표 참조)를 제출하고, 구청장은 현지 확인 후, 시설현황 및 운영여건 등을 종합 검토하여 지정하고 지정서 교부

2. 장애통합 관련 양식

<table>
<tr><th colspan="2">대상아동의 기본 정보</th></tr>
<tr><td>이름 성별</td><td>생년월일 (만 세 개월)</td></tr>
<tr><td>부모(보호자)</td><td>주소</td></tr>
<tr><td>전화(집)</td><td>전화(직장)</td></tr>
<tr><td>장애유형</td><td>전담교사 담임교사</td></tr>
<tr><td>검사내용</td><td>관찰기간</td></tr>
</table>

아동에 대한 정보
1. 생육사 및 건강 상태(장애 발견과정, 특이사항)
2. 이전 교육경험 및 현재 교육상황
3. 아동의 관심사 및 일과
4. 가정환경 및 가족 구성원들의 태도
5. 가족의 요구 및 희망

출처 : 중앙보육정보센터

아동의 생육사

장애 진단명	복지카드 진단명이나 주 장애 영역 기록
생육사	발달력 중 주요 발달 과업 성취 정도
조기교육 경험	어린이집에 오기 전까지의 교육경험/ 장애 발견 과정
통합 교육 정도	현재 재원 어린이집에서의 교육 경험(년차)
현재 소속반 정보	일반아 연령, 교사 수 등
기타	참고해야 할 개인 정보

아동의 현행수준 평가표

아동이름 : (남 / 여)
생년월일 : 년 월 일 (만 세 개월)
작성교사 : / 작 성 일 : 년 월 일

신변처리

1. 소·대변 :

2. 옷 입고 벗기 :

3. 식사 및 간식 : 장점과 우선적 지도점(약점)을 서술

4. 양치질 :

사회성 (놀이 및 상호작용 기술)

1. 또래와의 상호작용

2. 성인과의 상호작용 장점과 우선적 지도점(약점)을 서술

인지(활동 이해도/ 크기, 공간, 비교 개념/ 분류/ 수 세기/ 색 이름)

장점과 우선적 지도점(약점)을 서술

소근육 (도구사용 정도, 작업수행/ 조작능력)
장점과 우선적 지도점(약점)을 서술
대근육 (신체표현 활동, 기구 사용능력)
장점과 우선적 지도점(약점)을 서술
의사소통(수행 언어력/표현 언어력)
장점과 우선적 지도점(약점)을 서술
기타(감각 반응 특이점/ 약물 복용/ 건강 상태 등)
감각 자극에 대한 민감/둔감성, 약물 복용이나 건강 상태 관련 서술

일일활동계획안

날 짜		활동 주제		
목 표				
시 간	활 동 내 용			수정 활동
평 가				

월, 주 활동계획안

주제						
목표						
기본생활습관						
일과시간	월(　일)	화(　일)	수(　일)		목(　일)	금(　일)
9 : 00 ~ 9 : 30						
9 : 30 ~ 10 : 30	언어영역	수/조작 영역	미술영역	과학영역	쌓기영역	역할영역
10 : 30 ~ 10 : 45						
10 : 45 ~ 11 : 00						
11 : 00 ~ 11 : 45						
11 : 45 ~ 1 : 00						
1 : 00 ~ 1 : 30						
1 : 30 ~ 2 : 00						
2 : 00 ~						

장단기 교수 목표				
연간 교수목표	단기 교수목표			평가
	행동	조건	기준	

관련 서비스		
특수교육 및 관련/보충 서비스	서비스 제공자	시작일 종료일

IEP 팀 구성원 및 부모 서명	
IEP 회의 날짜	
참석자(이름/직책)	
부모 서명	

개별화 연간보육계획		
영역	장기목표	단기목표
건강		
사회		
언어		
표현		
탐구		

개별화교육프로그램 수행계획

영역 :

장기목표 :

단기목표 :

기 초 선 :

종결기준 및 방법 : 최종과제 수행단계에서 성공적으로 연속 3점 이상이면 다음 단기목표로 넘어간다.

과제수행단계	교수계획		활동 유형	자료 및 형태	전이 / 고려점
	시작	종료			

개별화교육프로그램 단기목표평가

영역 :

단기목표 : 수행시기 년 월 ~ 일

평가척도 0 : 전혀 수행 못함
1 : 5회 중 1회 수행함(10회 중 2회 수행함)
2 : 5회 중 2~3회 수행함.(10회 중 5회 수행함)
3 : 5회 중 4-5회 수행함(10회 중 8회 이상 수행함)

과제수행단계	수행일	수행수준			
		0	1	2	3

개별화교육프로그램 종합평가

장기목표 :

* 출처 : 중앙보육정보센터

가 정 방 문 일 지

아 동 명		반 명	
생년월일		방문교사	
장애유형		방문일자	
상 담 자		방문시간	

가정환경	물리적 환경 – 주거, 경제 형편, 가족구성원 (관계)
상 담 내 용	
1. 아동에 대한 이해(가족 구성원들의 태도와 이해도)	
2. 생육사(장애 발견과정, 특이사항)	
3. 교육경험과 현재까지의 교육 실태	

4. 아동의 장점
5. 아동의 우선적 필요 사항들(제한점)
6. 가장 두려운 점과 앞으로의 희망 사항
7. 아동의 하루 일과
8. 기타 상담 내용

3. 장애통합보육시설 목록

〈서울지역 장애통합보육시설〉

시설명	소재지	전화번호
가락복지관어린이집	서울 송파구 가락1동 481-2	02-449-2356
가명어린이집	서울 중구 중림동 149-2	02-365-7025
가좌제일어린이집	서울 서대문구 북가좌1동 186-115	02-304-6117
강남어린이집	서울 강남구 개포동 12-46	02-451-0350
강동복지관어린이집	서울 강동구 천호동 555번지 1층 강동복지 어린이집	02-2041-7890
개미어린이집	서울 금천구 독산3동 993-30	02-855-2627
고은천사어린이집	서울 도봉구 창4동 주공18단지아파트 1805-106	02-994-0809
공릉어린이집	서울 노원구 공릉3동 389-4	02-977-0488
구립서원어린이집	서울 관악구 신림본동 409-197	02-889-5845
구립은성어린이집	서울 광진구 자양동 53-9	02-465-7476
구립천마어린이집	서울 송파구 마천1동 211-86	02-448-4218
구의2동어린이집	서울 광진구 구의2동 36-20	02-446-6435
금사어린이집	서울 성동구 금호동4가 803	02-2293-4544
금주어린이집	서울 금천구 시흥본동 881-25,6	02-808-1175
금파어린이집	서울 중랑구 망우1동 364-41	02-434-0600
금화어린이집	서울 서대문구 천연동 110	02-392-0212
길동교회부설 방주어린이집	서울 강동구 길동 406-1	02-470-6613
까리따스어린이집	서울 서초구 방배2동 3274-3	02-581-9004
꿈나무놀이방	서울 송파구 잠실5동 주공아파트 526-110	02-423-6385
꿈나무어린이집	서울 영등포구 신길6동 3741-18	02-848-1001
꿈빛어린이집	서울 노원구 월계2동 600	02-996-9375

시설명	소재지	전화번호
난우어린이집	서울 관악구 신림11동 1482-1	02-862-4547
노원어린이집	서울 노원구 상계1동 1096-1	02-936-0649
녹번복지관어린이집	서울 은평구 녹번동 산28번지 6,7호	02-352-8495
늘푸른어린이집	서울 노원구 상계10동 688	02-936-0050
다솔어린이집	서울 성북구 길음3동 905번지	02-982-8363
다솜어린이집	서울 양천구 목2동 131-3	02-2646-8909
도곡어린이집	서울 강남구 도곡동 527-6	02-572-9110
돈암2동어린이집	서울 성북구 돈암2동609-1 한진아파트 406동	02-924-6779
동대문어린이집	서울 동대문구 답십리5동 477-9	02-2213-7994
동방어린이집	서울 서대문구 남가좌1동 115-63	02-374-7861
동빙고어린이집	서울 용산구 동빙고동 7-40번지	02-795-3935
동서울어린이집	서울 광진구 구의3동 204-22	02-456-7295
둔촌어린이집	서울 강동구 둔촌동 81-4	02-474-7445
등근마음어린이집	서울 강서구 등촌동 1	02-2658-7077
마장어린이집	서울 성동구 마장동 780 마장어린이집	02-2293-9394
마천어린이집	서울 송파구 마천1동 183-56	02-406-2300
맑은샘어린이집	서울 성북구 장위1동 234-66	02-6326-6859
면목1동어린이집	서울 중랑구 면목1동 89-44	02-495-4604
목련어린이집	서울 강남구 개포동 14-2	02-3412-1998
목화어린이집	서울 성북구 하월곡2동 52-6	02-914-0709
문성어린이집	서울 관악구 신림8동 1661-15	02-856-5621
문정어린이집	서울 송파구 문정동 13-2	02-407-6307
미림어린이집	서울 관악구 신림10동 300-7	02-878-6150
발산어린이집	서울 강서구 내발산동 661-13	02-3661-8894
방죽어린이집	서울 강남구 율현동 318	02-451-2374

시설명	소재지	전화번호
방학2동어린이집	서울 도봉구 방학2동 668-7	02-955-8718
백송어린이집	서울 용산구 효창동 2-50번지	02-718-3103
버들어린이집	서울 송파구 장지동 291-1	02-403-9351
보광어린이집	서울 용산구 보광동 9-12번지 보광어린이집	02-795-2844
보성어린이집	서울 강서구 방화3동 방화2단지아파트 201-218	02-2662-6665
부리도어린이집	서울 송파구 잠실동 19	02-416-5545
부암어린이집	서울 종로구 신영동 105-10	02-396-6226
불광어린이집	서울 은평구 불광2동 205번지 2호	02-389-3122
비선어린이집	서울 노원구 공릉2동 비선아파트 관리동	02-948-2166
비안어린이집	서울 관악구 봉천8동 1530-14	02-889-0351
빗살어린이집	서울 강동구 천호동 340-39	02-477-2141
사당어린이집	서울 동작구 사당3동 1132	02-533-7155
사랑깊은어린이집	서울 서대문구 남가좌2동 339-28 3층	02-303-8347
사랑어린이집	서울 중랑구 묵동 250-25	02-973-2396
사슴어린이집	서울 노원구 월계4동 320-11 사슴3단지내	02-979-1262
삼성어린이집	서울 강남구 삼성동 89-2	02-514-6752
삼양어린이집	서울 강북구 미아2동 791-469	02-989-0259
삼전어린이집	서울 송파구 삼전동 172 삼전종합사회복지관 1층 삼전어린이집	02-421-9489
상계2동어린이집	서울 노원구 상계2동 360-5	02-939-3696
상계어린이집	서울 노원구 상계3동 101-135	02-936-5010
상일어린이집	서울 강동구 상일동 121-2	02-426-3701
새빛어린이집	서울 관악구 신림4동 501-30	02-862-1255
샛별어린이집	서울 강북구 미아6동 1357-5 삼각산 아이원플러스 201호	02-986-6925
서대문어린이집	서울 서대문구 북가좌2동 325-44	02-372-0547

시설명	소재지	전화번호
서머힐어린이집	서울 노원구 상계2동 393-12	02-952-4477
서초사랑어린이집	서울 서초구 잠원동 49-25번지	02-3478-2334
서초성모어린이집	서울 서초구 반포4동 54-9	02-594-2124
성모어린이집	서울 성동구 마장동 527-2	02-2290-3182
성북어린이집	서울 성북구 동소문동1가 1번지	02-742-1097
성아어린이집	서울 강남구 도곡동 515-15	02-575-8323
성애어린이집	서울 중랑구 신내동 479-1	02-433-2777
송파제일어린이집	서울 송파구 송파1동 106-9, 21	02-423-6128
송화어린이집	서울 성동구 송정동 73-190	02-499-5292
숭인어린이집	서울 종로구 숭인1동 55-2	02-743-7527
시흥5동어린이집	서울 금천구 시흥5동 919-15	02-892-2415
신길5동어린이집	서울 영등포구 신길5동 440-53	02-842-0364
신내어린이집	서울 중랑구 신내1동 474-1	02-432-0880
신당2동성심어린이집	서울 중구 신당2동 432-24	02-2232-6905
신바람어린이집	서울 강동구 성내동 508-1	02-478-2554
신석어린이집	서울 마포구 현석동 97	02-704-2269
신일어린이집	서울 영등포구 신길1동 465-1	02-846-8674
신정어린이집	서울 양천구 신정동 904-4	02-2606-0755
쌍문3동어린이집	서울 도봉구 쌍문3동 138-156	02-990-3261
암사어린이집	서울 강동구 암사동 510-25호 구립암사어린이집	02-3426-7543
약수어린이집	서울 중구 신당3동 366-19	02-2252-7672
어깨동무어린이집	서울 영등포구 영등포동1가 618-42 영일복지관내	02-833-7326
역촌어린이집	서울 은평구 역촌1동 26번지 45호	02-388-5612
연꽃어린이집	서울 동작구 상도3동 산77-1	02-823-3203
연세어린이집	서울 강서구 가양2동 1478 가양4종합사회복지관 내	02-2659-1302

시설명	소재지	전화번호
연화어린이집	서울 마포구 도화동 347-134	02-713-8318
열린어린이집	경기 군포시 오금동 875 퇴계주공3단지 관리소 2층	031-395-1356
영락어린이집	서울 용산구 후암동 370번지	02-775-2157
영삼어린이집	서울 영등포구 영등포동6가 53-1	02-2634-7859
영이어린이집	서울 영등포구 영등포동3가 13-9	02-2631-0283
예담어린이집	서울 동작구 상도1동 511	02-815-6893
예사랑어린이집	서울 성동구 성수2가1동 351	02-498-9733
예향어린이집	서울 강남구 포이동 273번지	02-3462-4048
오금어린이집	서울 송파구 오금동 114-31	02-403-2058
웅지어린이집	서울 성북구 길음1동 877-255	02-917-9400
원당어린이집	서울 관악구 봉천6동 1675-16	02-879-1798
월계1동어린이집	서울 노원구 월계1동 411-46	02-913-8045
으뜸어린이집	서울 광진구 자양3동 482-5	02-458-3372
은아새어린이집	서울 은평구 응암3동 123번지 19호	02-386-4498
은초록어린이집	서울 강서구 등촌3동 주공4단지아파트 등촌4 종합사회복지관 1층	02-3662-3339
은하어린이집	서울 동작구 대방동 407-40	02-821-0421
이촌어린이집	서울 용산구 이촌2동 206-1번지	02-713-9920
이화어린이집	서울 마포구 성산2동 595	02-307-8453
자양2동어린이집	서울 광진구 자양2동 669-2	02-453-7587
자양어린이집	서울 광진구 자양3동 581-2	02-452-0748
자연어린이집	서울 송파구 가락동 170-8	011-230-7073
종아이앤지어린이집	서울 중구 신당6동 현대아파트 840번지 단지내 단독	02-2233-8430
종암어린이집	서울 성북구 종암1동 79-236	02-923-8465
중계1동어린이집	서울 노원구 중계1동 413-18	02-3391-9413
중림어린이집	서울 중구 만리동1가 62-12	02-364-7534

시설명	소재지	전화번호
중앙어린이집	서울 관악구 봉천10동 890-1	02-884-5861
즐거운어린이집	서울 강서구 가양2동 가양5단지아파트 단지내	02-2668-7683
지암어린이집	서울 구로구 개봉3동 354-6	02-2686-4755
참사랑어린이집	서울 동작구 사당1동 1012-23	02-582-2072
창4동어린이집	서울 도봉구 창4동 788	02-996-3222
창일어린이집	서울 종로구 창신1동 403-17	02-763-3358
창전어린이집	서울 마포구 창전동 141-2	02-324-5131
초동어린이집	서울 종로구 돈의동 114-1	02-765-6205
초롱어린이집	서울 중랑구 중화2동 326-14	02-436-9439
큰나무어린이집	서울 성북구 상월곡동 산8-10	02-964-2919
파란꿈어린이집	서울 강동구 고덕동 503	02-481-0968
푸른어린이집	서울 강남구 자곡동 440-33	02-451-3655
푸른하늘어린이집	서울 동대문구 장안1동 393-2	02-2212-1036
품속어린이집	서울 노원구 상계1동 1019-8	02-952-2770
프란치스코어린이집	서울 강서구 공항동 687-10	02-2665-7050
하하어린이집	서울 송파구 마천동 5-19 1층	02-448-4693
합실어린이집	서울 관악구 신림10동 1714-2	02-878-0254
해나무장애인방과후교실	서울 구로구 가리봉1동 131-2	02-830-6500
햇빛어린이집	서울 용산구 청파동1가 89-68번지	02-706-1344
행복한어린이집	서울 송파구 송파동 113-2 송파여성문화회관 2층 행복한 어린이집	02-417-0891
호호어린이집	서울 노원구 월계1동 929 월계현대(A) 관리동	02-943-8133
홍은3동어린이집	서울 서대문구 홍은3동 275-64	02-391-9002
희망어린이집	서울 구로구 구로5동 1267	02-853-8853

〈경기지역 장애통합보육시설 목록〉

시설명	소재지	전화번호
의정부삼성어린이집	경기 의정부시 의정부2동 524-6	031-855-4261
의정부어린이집	경기 의정부시 의정부1동 226-10	031-844-5490
이레어린이집	경기 의정부시 신곡1동 722-1 동신아파트 관내	031-878-7227
장암어린이집	경기 의정부시 장암동 5 장암사회복지관내	031-871-0365
푸른숲어린이집	경기 의정부시 가능2동 745-15	031-871-1245
포도나무어린이집	경기 의정부시 가능2동 734-17 노인복지회관 1층	031-874-9696
새꿈어린이집	경기 의정부시 가능1동 663-2	031-877-5514
신곡건영어린이집	경기 의정부시 신곡2동 471 신곡건영아파트 단지내	031-840-7474
안말어린이집	경기 의정부시 호원1동 250-22	031-874-2244
어룡어린이집	경기 의정부시 용현동 524-2	031-853-1081
해늘어린이집	경기 의왕시 삼동 166-24	031-461-0060
거봉어린이집	경기 의왕시 월암동 651	031-461-8034
갈미어린이집	경기 의왕시 내손1동 주민센터 1층	031-426-3993
다솜어린이집	경기 의왕시 이동 501-1	031-462-1007
부곡복지어린이집	경기 의왕시 삼동 216-15번지	031-461-6050
솔지어린이집	경기 의왕시 삼동 170-33	031-462-1869
성결키즈스쿨어린이집	경기 의왕시 삼동 208-35	031-461-3957
요요어린이집	경기 의왕시 포일동 삼호아파트 441-2	031-422-8287
예쁜뜰어린이집	경기 의왕시 오전동 100번지 모락산 현대아파트 관리소 1층	031-456-5455
이천어린이집	경기 이천시 창전동 139 다목적복지회관내	031-635-4440
대월어린이집	경기 이천시 대월면 초지리 310-1	031-633-9386
백사어린이집	경기 이천시 백사면 내촌리 105	031-631-9020
하남시립은방울어린이집	경기 하남시 신장2동 521-5	031-790-2970
슬기어린이집	경기 하남시 신장1동 427-123	031-791-1982
중앙어린이집	경기 화성시 향남읍 상신리 87-15	031-354-3710
시립진안어린이집	경기 화성시 진안동 857-2	031-225-9605
시립향남어린이집	경기 화성시 향남읍 행정리 437-4	031-354-1441
시립능동어린이집	경기 화성시 능동 1084	031-613-5396

시설명	소재지	전화번호
시립숲속어린이집	경기 화성시 능동 1118	031-8015-0170
어울림어린이집	경기 화성시 반송동 시범 한빛마을 금호어울림아파트 단지내	031-613-8579
팽성남산어린이집	경기 평택시 팽성읍 남산리 산 59-7 외 7필지	031-692-3477
아기사랑어린이집	경기 평택시 지산동 장미아파트 117호	031-663-2891
초록어린이집	경기 파주시 파주읍 봉서리 231	031-954-3252
초롱어린이집	경기 파주시 광탄면 신산1리 192-5	031-947-2493
하나둘셋 어린이집	경기 파주시 금촌동 360-6번지	031-943-0841
현대아이빌어린이집	경기 파주시 교하읍 와동1리 현대1차아파트 관리동	031-947-8128
큰별어린이집	경기 파주시 금촌동 산76번지 후곡마을4단지 복지관내	031-941-1723
키즈영창어린이집	경기 파주시 금촌동 932-19	031-944-5919
꾸러기어린이집	경기 파주시 광탄면 신산1리 204-2 외 2필지	031-947-5490
뜨란채소망어린이집	경기 파주시 금촌동 새꽃마을아파트 102동102호	031-948-7964
벧엘어린이집	경기 파주시 금촌2동 801-1	031-944-0698
새유승어린이집	경기 파주시 검산동 유승아파트 파주시 검산동310번지	031-946-4321
신화창조어린이집	경기 파주시 금촌2동 931-26	031-945-1382
옹달샘어린이집	경기 파주시 조리읍 오산리 362-4	031-947-1736
영광어린이집	경기 파주시 금촌동 후곡마을 아파트 6단지 내 영광어린이집	031-957-0187
한솔어린이집	경기 포천시 일동면 기산리 79-6번지	031-533-8457
햇님어린이집	경기 포천시 어룡동 257-1 햇님어린이집	031-531-0958
솔모루어린이집	경기 포천시 소흘읍 고모리 41-3	031-544-3923
연세어린이집	경기 포천시 군내면 구읍리 710-1	031-535-1020
초록별성저 어린이집	경기 고양시 일산서구 대화동 2043-6 1층	031-916-4297
초롱초롱어린이집	경기 고양시 일산서구 일산1동 일산휴먼빌아파트 101-206 110동 105호	010-6223-9578
주은어린이집	경기 고양시 일산서구 탄현동 탄현마을 14단지아파트 주은아파트 1402동 104호	031-911-8484
위드어린이집	경기 고양시 덕양구 행신2동 무원마을5단지아파트 510동 103호	031-972-5951
청아어린이집	경기 고양시 일산서구 대화동 2215번지	031-915-5504

시설명	소재지	전화번호
하늘빛 어린이집	경기 고양시 일산서구 주엽2동 문촌마을1단지아파트 111동 105호	031-912-1198
함께하는우리어린이집	경기 고양시 일산동구 풍동 1174번지	031-907-7820
화정프뢰벨어린이집	경기 고양시 덕양구 화정동 993번지 백양빌딩 2층 202호	031-974-3701
큰사랑어린이집	경기 고양시 일산서구 탄현동 탄현마을6단지아파트 1479번지605동106호	031-914-0928
꽃과호수어린이집	경기 고양시 일산서 주엽1동 60번지 강선마을9단지아파트 단지내	031-811-0077
꾸러기들어린이집	경기 고양시 일산서구 탄현동 큰마을대림현대아파트 102-106호	031-916-1398
다비다어린이집	경기 고양시 덕양구 토당동 292-30	031-973-9743
동양아트어린이집	경기 고양시 일산서구 일산동 동양메이저아파트 108동 104호	031-924-8552
반디어린이집	경기 고양시 덕양구 주교동 569번지 2~3층	031-966-2144
성모어린이집	경기 고양시 일산서구 일산동 620-3 1층	031-975-3313
시립탄현어린이집	경기 고양시 일산서구 탄현동 1587번지	031-913-3393
시립능곡아이어린이집	경기 고양시 덕양구 토당동 335-4	031-974-7955
시립마두어린이집	경기 고양시 일산동구 마두1동 920	031-906-3566
아이사랑명지	경기 고양시 일산서 일산동 1455번지 휴먼빌아파트111동101호	031-921-9206
아가페어린이집	경기 고양시 일산동 백석동 1187번지 삼부아파트102동 103호	031-905-3055
열린어린이집	경기 고양시 일산서구 일산1동 579-2 1층	031-919-5244
예은사랑어린이집	경기 고양시 덕양구 성사1동 498-3번지	031-966-0901
시립 문원어린이집	경기 과천시 문원동 115-21	02-502-1354
학운어린이집	경기 김포시 양촌면 학운리 995	031-989-6886
초월어린이집	경기 광주시 초월읍 대쌍령리 253-27	031-762-8144
장지어린이집	경기 광주시 장지동 214-10	031-768-4532
진우어린이집	경기 광주시 도척면 진우리 441-6번지	031-764-9923
고산어린이집	경기 광주시 오포읍 고산리 230-2	031-766-2628
궁평어린이집	경기 광주시 도척면 궁평리 487	031-764-0796

시설명	소재지	전화번호
광주어린이집	경기 광주시 탄벌동 18-1	031-761-5680
매산어린이집	경기 광주시 오포읍 매산리 231-2	010-5483-9418
영성놀이방	경기 광주시 퇴촌면 원당리 275번지	031-767-9564
꿈별나라어린이집	경기 광명시 광명5동 285-8호	02-2685-2088
브니엘어린이집	경기 광명시 철산4동 466-3	02-2618-9465
시립광명어린이집	경기 광명시 광명5동 781-1 다목적 사회복지관	02-2684-5469
초록나라 어린이집	경기 구리시 토평동 389	031-565-5084
제자어린이집	경기 구리시 수택2동 465-17호	031-555-1006
하나어린이집	경기 구리시 수택2동 437-31호 하나어린이집	031-553-1316
헤럴드영어어린이집	경기 구리시 토평동 371번지 정다운 어린이집	031-556-7777
한진지혜어린이집	경기 구리시 인창동 29 한진그랑빌아파트 단지내 한진지혜어린이집	031-512-2114
파랑어린이집	경기 구리시 수택2동 657번지	031-551-8738
금나어린이집	경기 구리시 인창동 312-3	031-569-9093
나눔애어린이집	경기 구리시 수택1동 495-4호	031-567-5515
명성어린이집	경기 구리시 수택1동 495-4호	031-567-5515
백합어린이집	경기 구리시 수택2동 447-37	031-566-5064
성광사랑어린이집	경기 구리시 수택동 489-4 3층	031-553-1348
시립인창어린이집	경기 구리시 인창동 641-10	031-558-6438
시립토평마을 어린이집	경기 구리시 토평동 984번지	031-551-7942
시립동구어린이집	경기 구리시 인창동 56-36	031-557-8698
시립수누피어린이집	경기 구리시 수택2동 626-14	031-556-6438
아루마루어린이집	경기 구리시 인창동 삼보아파트 311동101호	031-551-1428
오렌지어린이집	경기 구리시 수택2동 684-11우림@101동103호	031-568-3769.
군포시립재궁동어린이집	경기 군포시 금정동 872-5번지	031-395-7179
시립화도열매어린이집	경기 남양주시 화도읍 월산리 산46-6번지	031-593-9898
시립와부어린이집	경기 남양주시 와부읍 도곡리 649-1번지	031-576-6868
예린어린이집	경기 남양주시 진건읍 용정리 816번지	031-527-9900
아이사랑통합어린이집	경기 동두천시 하봉암동 51-4	031-868-6905
춘의성심어린이집	경기 부천시 원미구 춘의동 237번지	032-612-5224
유진어린이집	경기 부천시 소사구 송내동 423-9	032-668-0933

시설명	소재지	전화번호
하늘꿈어린이집	경기 부천시 원미구 원미1동 151-1 두산아파트 103동 102호	032-663-3330
한라성심어린이집	경기 부천시 원미구 중동 1028	032-324-6754
고강성심어린이집	경기 부천시 오정구 고강본동 324-4	032-679-9706
대학어린이집	경기 부천시 소사구 소사본동 101-1번지	032-347-6979
범박어린이집	경기 부천시 소사구 범박동 155-4	032-341-0080
부천삼성어린이집	경기 부천시 오정구 여월동 10-39	032-682-8520
복사골문화센터어린이집	경기 부천시 원미구 상동 394-2	032-325-4413
소사어린이집	경기 부천시 소사구 소사본동 179	032-349-4200
심곡어린이집	경기 부천시 소사구 심곡본동 613-1	032-611-6300
오정어린이집	경기 부천시 오정구 오정동 557-18	032-671-0081
옹달샘어린이집	경기 부천시 원미구 역곡1동 201-2	032-344-4022
엘림어린이집	경기 부천시 오정구 삼정동 365-2	032-322-1735
역곡어린이집	경기 부천시 소사구 괴안동 184-9호	032-343-3676
영원어린이집	경기 부천시 원미구 역곡동 27-19	032-346-0175
한진현대서머힐 어린이집	경기 수원시 팔달구 화서2동 656번지 한진현대아파트 관리동 1층	031-241-3694
평안어린이집	경기 수원시 장안구 조원동 351-3	031-242-2257
방주어린이집	경기 수원시 장안구 조원동 519-171	011-9864-6085
새싹어린이집	경기 수원시 팔달구 매교동 208-12	031-237-8766
수원여자대학부설 어린이집	경기 수원시 권선구 오목천동 35-7	031-291-7966
시립영통어린이집	경기 수원시 영통구 영통1동 1012-5	031-202-2737
은행어린이집	경기 성남시 중원구 은행2동 743-1	031-743-2774
청솔어린이집	경기 성남시 분당구 금곡동 126번지	031-714-6335
중동어린이집	경기 성남시 중원구 중동 8번지 중동어린이집	031-734-1400
하대원어린이집	경기 성남시 중원구 하대원동 155-8	031-755-8400
태평제4어린이집	경기 성남시 수정구 태평1동 5127	031-756-9741
통통어린이집	경기 성남시 수정구 신흥2동 123-32	031-748-2963
금광2동제2어린이집	경기 성남시 중원구 금광2동 3386번지	031-733-7982
대원어린이집	경기 성남시 중원구 상대원2동 4672	031-733-3534

시설명	소재지	전화번호
단대제2어린이집	경기 성남시 수정구 단대동 70번지 여성복지회관내	031-732-2718
단대어린이집	경기 성남시 수정구 단대동 129번지	031-734-2801
복정어린이집	경기 성남시 수정구 복정동 667번지 복정어린이집	031-753-5510
산성어린이집	경기 성남시 수정구 산성동 2115번지	031-745-2428
서현어린이집	경기 성남시 분당구 서현동 89-4	031-701-1027
선경어린이집	경기 성남시 중원구 상대원1동 상대원1동	031-746-5511
성남시립상원어린이집	경기 성남시 중원구 상대원2동 2996-35번지	031-749-4636
신흥제2어린이집	경기 성남시 수정구 신흥2동 50번지	031-745-4200
신흥제3어린이집	경기 성남시 수정구 신흥3동 2819	031-742-8885
신흥어린이집	경기 성남시 수정구 신흥1동 4900번지	031-722-1272
야탑어린이집	경기 성남시 분당구 야탑동 610번지 중앙문화정보 센터 내	031-701-4451
정왕1동시립어린이집	경기 시흥시 정왕1동 1408-9	031-432-0220
현대어린이집	경기 시흥시 신천동 856-14	031-314-5332
태평몬테소리어린이집	경기 시흥시 하상동 태평아파트 관리동3층	031-317-6164
산업단지시립어린이집	경기 시흥시 정왕동 1366-5	031-433-0990
시립장곡어린이집	경기 시흥시 장곡동 798-1	031-404-5061
시립정왕2동어린이집	경기 시흥시 정왕1동 1849-8	031-432-0660
시립정왕본동어린이집	경기 시흥시 정왕동 2318-6	031-319-7934
시립군자어린이집	경기 시흥시 거모동 1776-1 시립군자어린이집	031-494-5268
시립대야어린이집	경기 시흥시 대야동 491-3	031-318-2300
시립목감복지어린이집	경기 시흥시 조남동 산9-19번지	031-403-8765
향기나는어린이집	경기 양주시 백석읍 방성리 578번지	010-3421-0140
초롱별어린이집	경기 안산시 단원구 초지동 행복한마을아파트 관리사무소 1층 초롱별 어린이집	031-410-0202
은물키드어린이집	경기 안산시 단원구 고잔동 그린빌주공아파트 702-101	031-414-5654
하나어린이집	경기 안산시 상록구 수암동 472-1	031-483-8470
해냄어린이집	경기 안산시 상록구 본오1동 898-2	031-416-2161
고은어린이집	경기 안산시 단원구 와동 712-17	031-405-5559
군자어린이집	경기 안산시 단원구 선부1동 1079번지	031-411-8789

시설명	소재지	전화번호
꿈그림나라어린이집	경기 안산시 단원구 와동 117-8	031-487-6709
밀알몬테소리어린이집	경기 안산시 상록구 월피동 522-14	031-484-1418
샛별ABC어린이집	경기 안산시 상록구 본오1동 670-6번지	031-408-7006
시립이동어린이집	경기 안산시 상록구 이동	031-409-6277
시립감골어린이집	경기 안산시 상록구 사2동 1475-3	031-416-9977
시립대덕어린이집	경기 안산시 단원구 원곡2동 936-6번지	031-491-1292
시립대부어린이집	경기 안산시 단원구 대부북동 348-5	032-886-4700
시립단원어린이집	경기 안산시 단원구 고잔1동 659-6	031-401-9585
시립루씨어린이집	경기 안산시 상록구 본오3동 1138-1	031-406-7137
시립부곡어린이집	경기 안산시 상록구 부곡동 638-5	031-416-0012
시립별★빛어린이집	경기 안산시 단원구 초지동 703-3	031-413-7053
시립본오어린이집	경기 안산시 상록구 본오1동 714	031-419-4912
시립수암어린이집	경기 안산시 상록구 수암동 497-1번지	031-482-9663
시립선부어린이집	경기 안산시 단원구 선부2동 997번지 시립선부어린이집	031-483-1004
시립성안어린이집	경기 안산시 상록구 사1동 1557-2	031-409-2103
시립와동어린이집	경기 안산시 단원구 와동 102-1	031-482-6246
시립월피어린이집	경기 안산시 상록구 월피동 521-4	031-411-4941
시립원초어린이집	경기 안산시 단원구 초지동 606-1	031-480-3319
신나라어린이집	경기 안산시 상록구 본오2동 신안1차아파트 113동 104호	031-407-2739
신우새롬어린이집	경기 안산시 상록구 사2동 신우아파트 602-102	031-409-7873
안산도움터어린이집	경기 안산시 상록구 본오3동 신안2차아파트 879-16 신안 2차 아파트 201동 103호	031-416-9581
안산삼성어린이집	경기 안산시 단원구 원곡동 762-3번지	031-508-0084.
아미어린이집	경기 안산시 상록구 본오1동 949-6	031-417-7117
우리기쁜어린이집	경기 안산시 상록구 성포동 예술인아파트 10동 108호	031-414-6442
전원어린이집	경기 안성시 공도읍 마정리 223-95	031-618-5755
협심어린이집	경기 안양시 만안구 안양3동 743-1	031-449-4701
해누리어린이집	경기 안양시 만안구 안양6동 588-48	031-441-2876
관양어린이집	경기 안양시 동안구 관양1동 1433-2	031-425-6824
늘희망어린이집	경기 안양시 만안구 안양8동 1279-4	031-449-3040

시설명	소재지	전화번호
매곡어린이집	경기 안양시 동안구 비산3동 305-43 시립매곡어린이집	031-385-1385
박달어린이집	경기 안양시 만안구 박달2동 128-2 복지회관 1층 박달어린이집	031-444-3049
신기어린이집	경기 안양시 동안구 호계2동 935-15	031-452-0525
신안양어린이집	경기 안양시 만안구 안양2동 42-20 다목적복지회관내	031-474-7565
원광어린이집	경기 안양시 만안구 석수2동 266-19	031-473-0524
시립한신어린이집	경기 오산시 양산동 한신대학교 시립한신어린이집	031-375-7578
시립나리어린이집	경기 오산시 오산동 6-10 오산종합사회복지관내	031-378-2761
시립남부종합사회복지관어린이집	경기 오산시 원동 404-10번지 시립남부종합사회복지관어린이집	031-376-6284
자이 어린이집	경기 용인시 수지구 신봉동 LG신봉자이1차아파트 관리동사무소 1층	031-896-2720
충성교회어린이집	경기 용인시 수지구 죽전2동 856번지	031-263-8619
유림어린이집	경기 용인시 처인구 유방동 288-1	031-322-3345
구갈어린이집	경기 용인시 기흥구 구갈동 578-1	031-286-7505
구성어린이집	경기 용인시 기흥구 보정동 87번지	031-263-1918
노블카운티삼성어린이집	경기 용인시 기흥구 하갈동 467번지 노블카운티삼성어린이집	031-208-8411
삼성열린생태어린이집	경기 용인시 수지구 풍덕천2동 삼성5차아파트 관리동 1층	031-305-1400
신갈꿈터어린이집	경기 용인시 기흥구 신갈동 388-199	031-283-7610
신갈어린이집	경기 용인시 기흥구 신갈동 720	031-283-2115
에이스초당어린이집	경기 용인시 기흥구 중동 초당마을주공3단지 관리동	031-679-5353
에이스성산어린이집	경기 용인시 기흥구 동백동 백현마을 주공9단지관리소 1층	031-679-5575
에이스신봉어린이집	경기 용인시 수지구 신봉동 886번지	031-896-9118
에이스용인어린이집	경기 용인시 처인구 삼가동 용인시청 556번지 용인문화복지행정타운 내	031-324-9511
여주어린이집	경기 여주군 여주읍 홍문리 251-2	031-885-2210.
전곡어린이집	경기 연천군 전곡읍 은대리 573번지	031-832-5553

참고 문헌

강남대학교 인문과학연구소(1997). 장애영유아보육프로그램. 경기도.

강의영, 윤점룡(1987). 정서장애아교육. 서울 : 도서출판 성원사.

강현희(2006). 일반유아교육기관 통합에 필요한 장애유아의 적응기술에 대한 유치원교사의 인식. 단국대학교 석사학위논문.

공계순 외(2003). 아동복지론. 서울 : 학지사.

곽준기(1993). 지체장애아 입장에서 본 조기교육의 방향. 새세대육영회.

곽지영 외(1996), 장애아동에 대한 또래집단의 태도에 관한 연구, 한국사회복지학 통권 28호.

권대도, 김수영, 임영심, 임춘금, 정정희(2005). 보육학개론. 서울 : 양서원.

김광웅(1989). 유아생활지도. 서울 : 교육과학사.

김광웅 외(2001), 장애영유아통합교육, 서울 : 도서출판 범한.

김경희, 박분희, 양미경(2000). 농어촌 영유아 보육정책 개발연구. 농림부.

김승국(1997). 특수교육학. 서울 : 양서원.

김연진(2005). 보육학개론. 서울 : 동문사.

김용주(1988), 장애아 통합교육에 대한 부모 밑 교사의 태도 조사연구, 단국대학교 교육대학원 석사학위 청구논문.

김윤옥(1994), 장애아동 통합보육에 대한 보육교사의 태도, 특수교육학회지, 제15집, 제2호.

김윤정(2004). 장애아동의 통합교육에 관한 연구. 상명대학교 석사학위논문.

김정현(1996), 장애유아 일반유치원 통합과 통합의 방해요인에 대한 특수교사와 일반교사의 인식조사, 이화여자대학교 교육대학원 석사학위 청구논문.

김태군(1997), 시각장애아동의 통합교육에 대한 맹학교 교사와 일반교사의 태도 비교

연구, 이화여자대학교 교육대학원 석사학위 청구논문.

김현숙(1996), 특수아동의 통합교육에 대한 교사변인에 따른 일반교사의 태도 연구, 이화여자대학교 교육대학원 석사학위 청구논문.

김현용 외(1997). 현대사회와 아동. 서울 : 소화.

나정, 유희정, 문무경, 이미화(2000). 유아학교 모형개발연구. 교육부 수탁연구 CR 2000-2. 한국교육 개발원.

나정, 장영숙, 문무경(2000). OECD 국가들의 유아교육과 보호 정책 및 제도 분석 연구 보고. OR 2000-1. 한국교육개발원.

나정(2003). 영유아교육과 보육 발전 방안. 교육인적자원개발 정책연구 2003-1. 한국교육개발원.

남세진(1992). 인간과 복지. 서울 : 한울아카데미.

노동부(2002). 제3차 남녀고용평등기본계획(2003-2007). 2002. 12.

도널드 베일리, 마크 월러리(2002), 장애영유아를 위한 교육, 서울 : 이회여자대학교 출판부.

박영춘(1986), 장애아를 위한 조기 통합교육의 방향탐색에 관한 연구, 이화여자대학교 교육대학원 석사학위 청구논문

박화문, 박재국, 김윤혜, 김영한, 김영경, 박미화, 이정순(2001). 장애유아의 교육과 지도. 서울 : 창지사.

보건복지부 · 한국보건사회연구원(2002). 2002년도 전국 보육실태조사 결과에 대한 토론회 자료.

보건복지부 · 한국보육교사회(2002). 보육교사 근무환경 실태조사를 통한 보육의 질 향상 방안 연구보고서.

보건복지부(2004), 보육사업지침.

서문희, 이상헌(2002). 보육사업평가. 보건복지부 · 보건사회연구원.

서문희, 이상헌, 임유경(2001). 국공립보육시설 운영 개선방안. 보건복지부 · 한국보건사회연구원.

서문희, 임유경, 박애리(2002). 2002년도 전국 보육실태조사 보고. 보건복지부 · 한국보건사회연구원.

서영숙, 김경혜(2003). 영유아보육론. 서울 : 양서원.

서울특별시(2004), 보육사업지침.

송준만, 유효순(1990). 특수아동교육. 서울 : 교문사.

신의진, 이경숙, 이재명 역(2003). 진단분류 : 0-3 영유아기 정신건강 및 발달장애 진단

분류. 서울 : 하나의학사.

신현기 등 공저(2000). 특수교육의 이해. 서울 : 교육과학사.

양옥승(2000). 유아기의 효율적인 국가인적자원 개발 · 관리 체계 확립방안 연구. 교육인적자원부.

이귀원(1996), 통합여부에 따른 학령전 장애아동 어머니의 양육스트레스에 관한 연구, 이화여자대학교 교육대학원 석사학위 청구논문

이근창(1994), 장애인의 시설 복지에 관한 연구, 사회정책 논집 제6집, 한국사회정책연구소.

이기숙, 장영희, 정미라, 홍용희(2001). 창의적이고 전인적인 인적자원 양성을 위한 유아교육혁신. 교육인적자원부.

이민식,정재권,하승민(1997). 장애인복지론. 서울 : 양서원.

이소현(1995), 유치원교사 양성교수들의 장애유아 통합에 관한 인식 조사 연구, 특수교육논집, 12

이소현, 박은혜(1998). 특수아동교육. 서울 : 학지사.

이소현, 박은혜(2001). 장애유아 통합유치원 교육과정. 서울 : 학지사.

이소희 외 4인(2005), 영유아복지론, 서울 : 현학사.

이순형 외(2003). 아동복지 이론과 실천. 서울 : 학지사.

이재연(1994). 영유아 보육시설의 안전사고 현황과 대책. 한국영유아보육학회.

이종남(1994), 장애인에 대한 일반인의 태도에 관한 연구, 성심여자대학교 대학원 석사학위 청구논문.

이창미(1996), 곡교 어린이집 사례를 중심으로 한 장애 영유아 통합보육프로그램, 이화특수교육 학술대회 발표논문집.

이창미, 장혜성, 김수진(2003), 장애아 통합보육론, 서울 : 교육과학사.

유희정, 강정희(2002). 영유아 보육서비스 다양화 및 보육인프라 확충방안. 한국여성개발원 연구보고서.

오혜경, 정소영(2003). 영유아기 장애아동의 양육부담과 가족지원. 서울 : 신정.

장동태(1995), 정신지체 특수학급 아동의 통합교육에 대한 장애요인 연구, 대구대학교 교육대학원 석사학위 청구논문.

장인협(1993), 한국 아동복지의 미래, 한국 아동복지학 창간호

장하진, 유희정, 장혜경, 김혜경, 김영옥, 강정희(2002). 보육정책 종합대책 수립방안 연구. 한국여성 개발원연구보고서.

장하진, 유희정, 장혜경, 김혜경, 김영옥, 강정희(2002). 신보육 정책 : 꿈나무 플랜. 한

국여성개발원.

정무성, 양희택, 노승연(2006). 장애인복지개론. 서울 : 학현사.

조윤경, 이계윤, 이창미, 장혜성, 김수진, 백운찬(2002). 장애아 보육 확충방안. 장애아 보육시설협의회.

진미경(1997). 특수학급 아동의 통합교육에 관한 교사의 인식연구. 부산대학교 교육대학원. 석사학위논문.

통계청(2004). 사회통계조사보고서.

한국교육개발원(2002). 교육복지 투자우선지역 지원사업계획 수립을 위한 공청회 자료(주최 : 한국교 육개발원, 후원 : 교육인적자원부).

한국교육개발원(2002). 교육통계연보.

한국보건사회연구원(2000). 영유아 보육서비스 실태분석과 종합대책 수립연구.

한국보육교사회(2001). 보육교사 근무환경 실태조사 결과보고 및 개선책 마련을 위한 정책 토론회자료집.

한국여성개발원(2002). 2002 여성통계연보.

한선화(1996), 유아기 특수아동의 통합교육에 관한 연구, 단국대학교 행정대학원 석사학위청구논문.

함철호(1996). 장애아 보육사업 효과성 평가연구, 국립사회복지연수원 연구 논문집

허계형(2003). 장애유아를 위한 개별화교육계획안의 장기목적,단기목표의 분석. 특수교육연구 제 10권. 제2호. pp. 344-363.

홍대식 역(1984), 사회심리학, 박영사.

홍순옥(1996), 정신지체유아의 통합보육에 대한 부모의식 비교연구, 대구 효성 가톨릭대학교 대학원 석사학위 청구논문.

교육인적자원부 http://www.moe.go.kr

법제처 http://www.moleg.go.kr/

보건복지가족부 http://www.mw.go.kr/

중앙보육정보센터 http://www.educare.or.kr

한국교육개발원 http://www.kedi.re.kr

통계청 http://www.nso.go.kr

Alexander, C. & Strains, P. S. (1978), A Review of Educator's Attitudes toward Handicapped Children and The Concept of Mainstreaming, *Psychology on the school, 15*

Anderson, R. L. & Fishbein, M. (1985), Prediction of Attitude from Number, Strength, and Evaluation Aspects of Beliefs about The Attitude Objective : A Comparison of Summation and Congruity theories, Psychology.

Baker, J. L. & Gottlieb, J. (1980), Attitudes of Teachers toward(p.91) Mainstreaming Retarded Children, In Gottlieb J. ed. Educating Mentally Retarded Persons in the Mainstreaming, Baltimore : University of Park Press.

Barnett, W. (1995). Long-term effects of Early Childhood Programs on cognitive and school outcoms. *The Future of Children : Long-term outcomes of early childhood programs.* Vol. 5(3). pp. 25-50.

Barnett, W., & Masse, L. (2000). Funding issues for Early Care and Education in The United States, in US Department of Education(Ed.). *US Background Report for the OECD Thematic Review.* Office of Educational Research and Improvement. Washington, D.C.

Cetron, M., & Gayle, M. (1991). *Educational Renaissance, Our schools at the turn of the century.* NY : St. Martins Press. pp. 175-187.

Connor. F. P., Williamson, G. G., & Siepp, J. M.(1987). *Program guide for infants and toddlers with neuromotor and other developmental disabilities.* New York; Teachers College Press.

Cuninggim, W.(1980). Recruited volunteers : A growing resource for teachers and students. *Teaching Exceptional Children, 12*, 108-112.

Fee, M. A., Charney, E. B., & Robertson, W. W.(1988). Nutritional assessment of the young child with cerebral palsy. *Infants and Young Children, 1(10)*, 33-40.

Guralnick, M. J. & Groom, J. M. (1987), Dyadic Per Interactions of Mildly Delayed and Nonhandicapped Preschool Children, *American Journal of Mental Deficiency, 92.*

Horne, M. D. (1985), Attitudes Toward Handicapped Students' Professional, Peer and Parent reaction, New Jersey : Lawrence Erdbaum Associates Publisher.

Kaffman. J.(1985). *Characteristics of Children's behavior disorders(3rd ed.).* Columbus. OH : Merrill.

Kamerman, S. (2000). Early Childhood Education and Care : An overview of developments in the OECD countries. *International Journal of Educatiohal Research.* Vol. 33(1). pp. 7-29.

Larrivee, B. (1981), Effect of Inservice Training Intensivity on Teacher's Attitudes toward Mainstreaming, *Exceptional Children, 48 (1).*

Levene, M., Tudehope, D., & Thearle, J.(1987). *Essentials of neonatal medicine.* Edinbourgh, England : Blackwell Scientific Publications.

Mandell, C. J. & Strain, P. S. (1978), An analysis of factors related to the attitudes of regular classroom teachers toward mainstreaming mildly handicapped children, *Contemporary Educational Psychology, 3.*

Mercer. C. D.(1987). *Students with learning disabilityes(3rd ed.).* Columbus. OH : Merrill.

Meyers, M., & Gornick, J. (2000). Early childhood education and care(ECEC) : Cross-National variation in service organization and financing. Paper prepared for at 'A Consultative Meeting on International Developments in Early Childhood Education and Care : An Activity of the Columbia Institute for Child and Family Policy', May 11-12, 2000.

Morris, S., & Klein, M. D.(1987). *Pre-feeding skills : A comprehensive resource for feeding development.* Tuscon, Arizona : Therapy Skill Builders.

Morgan, D. & York, M. E. (1981), Idears for mainstreaming Young Children, *Young Children, 36 (2).*

Myers. P. I. & Hammill. D. D.(1982). *Learning Disabilities : Basic concepts assessment practices and instructional strategies.* Austin. TX : Pro-Ed.

NAEYC(1995). Position Statement Quality. Compensation and Affordality. *Young children 51(1).*

Oberhuemer, P., & Ulich, M. (1997). Working with young children in Europe : Provision and staff training. Paul Champman. London.

OECD(1996). *Lifelong Learning for All : Meeting of the Education Committee at the Ministerial Level.* 16-17 January 1996, Paris.

Platt, J. M., & Platt, J. S.(1980). Volunteers for special education : A mainstreaming support system. *Teaching Exceptional Children*, 13, 31-36.

Pipes, P. I.(1983). *Health care professionals. In S. G. Garwood & R. R. Fewell (Eds.)* Educating handicapped infants (pp. 323-342). Rockville, MD : Aspen Systems.

Quillitch, R. H. & Risley, T. R. (1973), The Effects of Play Materials on Social Play, *Journal of Applied Behavior Analysis, 6.*

Rostaard, T., & Fridberg, T. (1998). Caring for Children and Older People : Acomparison of European policies and practices. The Danish National Institute of Social Research. Copenhagen.

Sainato, D. M. & Lyon, S. R. (1989), Promoting Successful Mainstreaming Transitions for Handicapped Preschool Children, *Journal of Early Intervention.*

Salend, S. J. & Johns, J. (1983), A tale of two teachers : Changing teacher commitment to mainstreaming, *Teaching Exceptional Children, 15 (2).*

Salend, S. J.(1984). Effective Mainstreaming. New York. Macmillan Publishing Company.

Schwartz, L. L. (1984), Exceptional Students in the Mainstream, Belmont California : Wadworth Publishing Company.

Stephans, T. M. & Braun, B. L. (1980), Measures of Regular Classroom Teacher's Attitudes toward Handicapped Children, *Exceptional Children, 46 (4).*

Smith, S. L., Fairchild, M. E. & Groginsky, S.(1995). Early Childhood Care and Education, An Investment That works, National Conference of State Legislatures, ED 382404.

Synder, L., Apolloni, T. & Cooke, T. P. (1977), Intergrated Settings at the Early Childhood Level : The Role of Nonretarded Peers, *Exceptional Children, 43.*

Yates, J. (1973), Model for Preparing Regular Classroom Teacher for Mainstreaming, Exceptional Children, 39.

Werner, D. B.(1987). *Disabled village children.* Palo Alto. CA : The Hesperian Foundation.

Whaley, L. F., & Wong, D. L.(1991). *Nursing care of infants and children.* St. Louis : C. V. Mosby.

Wolery, M., & Smith, P.(1989). Assessing self-care skills. In D. B. Bailey & M. Wolery(Eds.), *Assessing infants and preschoolers with handicaps.* (pp. 447-477). Columbus, OH : Merrill.

저자 소개

✍ 정민정

· 숙명여자대학교 아동복지학과 박사
· 현) 두원공대 아동복지과 교수

저서

· 보육학개론(공저, 태영출판사, 2006)
· 아동상담의 이론과 실제(공저, 태영출판사, 2007)
· 사회복지 프로그램 개발과 실제(공저, 창지사, 2008)

장애아통합보육론 –개정판–

초판발행 2008년 2월 15일
개정2쇄 2011년 2월 25일

정 민 정
2011. 2. 15.

저 자 정 민 정
발행인 김 현 태
발행처 태영출판사

주 소 (152-705) 서울 구로구 구로동 104-10 동남오피스텔 201호
전 화 02 · 839-3757, 839-3752
팩 스 02 · 837-3754
등 록 2005년 5월 30일 제12-421호
http://www.taeyeongbook.co.kr
E-mail tys2005@paran.com
ISBN 978-89-6302-030-3 93370
정 가 15,000원

* 잘못 만들어진 책은 교환해 드립니다.